KNAUR

CLAUDIA WENZEL

Mein Herz ließ sich nicht teilen

Eine Wendegeschichte

KNAUR

In einigen Fällen wird im Text aus Gründen der Lesbarkeit das generische Maskulinum verwendet, das sich gleichermaßen auf alle Geschlechter bezieht.

Besuchen Sie uns im Internet:
www.droemer-knaur.de

MIX
Papier | Fördert gute Waldnutzung
FSC® C014496

Originalausgabe Oktober 2024

Ein Imprint der Verlagsgruppe
Droemer Knaur GmbH & Co. KG, München

Redaktion: Ulrike Strerath-Bolz
S. 53, S. 90, S. 126, S. 130, S. 165, S. 179, S. 221:
Manfred Wenzel, Werktexte. © CWManagement
S. 87: »Andre, die das Land so sehr nicht liebten« aus:
Theodor Kramer: Gesammelte Gedichte in 3 Bänden.
Herausgegeben von Erwin Chvojka. Band 1. S. 369
© Paul Zsolnay Verlag Wien 1997 und 2005
Wir haben uns bemüht, alle Rechteinhaber*innen zu ermitteln. Rechteinhaber*innen, die wir nicht ausfindig machen konnten, bitten wir, sich an den Verlag zu wenden.
Covergestaltung: Alexandra Dohse / www.grafikkiosk.de
Coverabbildung: © JANKO | Jan Kopetzky
Satz und Layout: Adobe InDesign im Verlag
Druck und Bindung: GGP Media GmbH, Pößneck
ISBN 978-3-426-44834-2

4 6 7 5

In Dankbarkeit, Erinnerung und Liebe
meinen Eltern
Nelly und Manfred

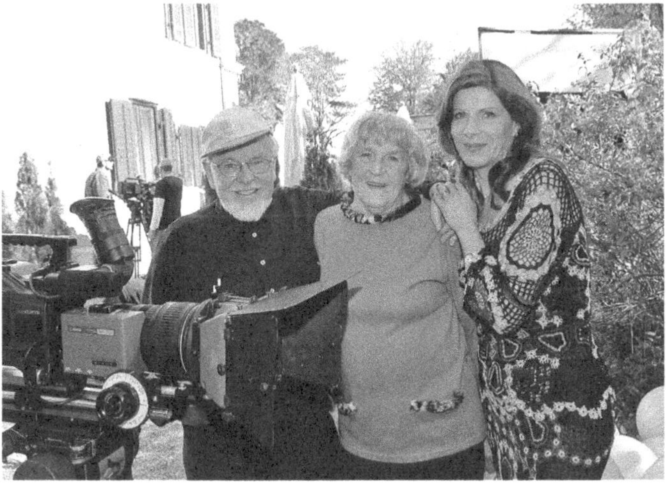

Am Set von »Sturm der Liebe« mit den Eltern

Inhalt

Vorwort

Ein Buch zum 35. Jahrestag des Mauerfalls, von einer Schauspielerin. Keine Biografie – oder doch? Ja, Geschichten aus meinem Leben, Geschichten von einer Frau, die im Osten Deutschlands aufgewachsen ist, die den unfassbaren, glücklichen Tag des Mauerfalls erlebt hat und nun seit 35 Jahren in diesem wiedervereinten Deutschland leben darf.

Wirklich schon 35 Jahre? Ich kann mich noch so genau an all die heißen Monate im Herbst 1989 in Leipzig erinnern, an die Ängste, die Hoffnungen, die Erlebnisse und, wie die meisten Deutschen, an den alles verändernden 9. November 1989: Wo ich war, was ich tat, welche Gefühle mich überkamen, als das Unglaubliche des Mauerfalls geschah! Endlich Demokratie, endlich in Freiheit leben. Endlich wieder vereint sein – ein Traum.

Wie haben sich meine Vorstellungen, Träume und Wünsche erfüllt, wie wurden die vielen Hoffnungen umgesetzt? Wie fühlt sich das an, wenn man dreißig Jahre im Sozialismus gelebt hat, in diesem System aufgewachsen und davon geprägt zu sein – und nun schon 35 Jahre im Kapitalismus zu leben? Die Erfahrungen mit zwei ganz unterschiedlichen Gesellschaftsformen haben mein Leben bestimmt, und ich bin froh, beide kennengelernt zu haben bzw. zu erleben.

Dass es aber im 35. Jahr des Mauerfalls immer noch Mauern in den Köpfen und Herzen der Menschen gibt, dass das Land immer noch in Ost und West geteilt ist – obwohl das doch eigentlich nur Himmelsrichtungen sein sollten –, das beschäftigt mich, das verwundert mich, und ja, das regt mich auf!

Warum ist das so? Ist das Desinteresse an den »anderen« so groß? Interessiert es wirklich so wenige, wer wir sind, woher wir kommen? Warum gibt es immer noch den »Ossi« und den »Wessi«? Und wer hat sich diese albernen Begriffe eigentlich ausgedacht?

Wenn mir am Tag der Maueröffnung jemand gesagt hätte, dass wir im Jahr 2024 immer noch über Ostdeutsche und Westdeutsche reden würden, ich hätte ihn für verrückt erklärt. In einer Umfrage der Zeitung *Super TV* zum Jahreswechsel 1992/1993, Thema: Was wünschen sich Prominente zum Jahreswechsel?, sagte ich damals: »Lohnangleichung, Arbeitsplätze, freundlichen Umgang miteinander, Verständnis bei den »Wessis«.« Und an all diesen Themen hat sich bis heute nichts geändert.

Vor zehn Jahren, zum 25. Jahrestag des Mauerfalls, habe ich beschlossen, etwas zu tun, um mitzuhelfen, die vielen Missverständnisse und das Unwissen der »Wessis« gegenüber der DDR-Geschichte zu ändern und mehr Verständnis zu wecken. Anlass waren Gespräche mit jungen Kollegen, die ich immer wieder bei Dreharbeiten oder im Theater führte. Diese jüngeren Leute hatten keine Ahnung von der DDR und erzählten gleichzeitig Dinge über dieses Land, denen ich nur ungläubig zuhören konnte. Also fing ich an, Erlebnisse aus meinen Jahren in der DDR und in der Wendezeit aufzuschreiben. Daraus entstand dann die Zeitzeugenlesung *Zeitenwende – Lebenswende,* die ich zusammen mit meinem Mann, dem Schauspieler Rüdiger Joswig, vor allem in Schulen hielt. Ich hatte herausgefunden, dass die deutsche Geschichte nach 1945 und besonders die DDR-Geschichte in nur zwei Unterrichtsstunden abgehandelt wurde. Oder oft gar nicht. Unglaublich!

Unterstützt von der Bundesstiftung zur Aufarbeitung der SED-Diktatur fand die Premiere dieser Lesung in Berlin in der Landesvertretung von Sachsen-Anhalt statt, meinem Heimatbundesland. Gleichzeitig hatte ich dazu eine Ausstellung organisiert: als Kuratorin von Berliner Mauerbildern meines Vaters, des Malers und Kunsterziehers Manfred Wenzel, der die Berliner Mauer von 1990 bis 1992 immer wieder gemalt hat. Die Resonanz war beachtlich. Besonders die anschließenden Gespräche und Diskussionen nach den vielen Lesungen, die wir in den letzten zehn Jahren gehalten haben, Gespräche mit Jugendlichen und Erwachsenen, haben mich in meinem Anliegen bestärkt.

Durch persönliche Erlebnisse und Erzählungen kam man ins Gespräch, tauschte seine Erfahrungen aus. Denn auch die Zuhörerinnen und Zuhörer können ja viel erzählen. Ein erheblicher Teil von ihnen stammt aus den »alten Bundesländern« und weiß wenig über die DDR und die »neuen Bundesländer«. Durchaus verständlich, sie mussten sich einfach nicht dafür interessieren. Ich kann dies sogar nachvollziehen: Wieso sollte man in diesen Teil Deutschlands schauen, wo die Russen stationiert waren, wo Sozialismus herrschte, wo die kapitalistische BRD das Feindbild war? Wo einem zwar nicht die normalen Menschen, aber doch sämtliche Staatsvertreter, nicht zuletzt an der innerdeutschen Grenze, mehr als deutlich zu verstehen gaben, dass man nicht willkommen war? Die DDR war eine fremde Welt für viele BRD-Bürger, weit weg und häufig einfach uninteressant, manchmal auch unheimlich.

In der Gegenrichtung sah es anders aus: Wir im Osten schauten immer nach dem Westen, hielten Kontakt mit Verwandten, so gut es ging, hörten Westradio und sahen Westfernsehen. Und immer war da – jedenfalls für die allermeisten – diese Sehnsucht, auch so leben zu können.

Die Westdeutschen kamen oft nur in die DDR, um Verwandte zu besuchen, und dabei erfuhren sie hautnah, wie der DDR-Bürger lebt. Aber ob sie auch immer erfuhren, wie er denkt? Vieles wurde ja nur hinter vorgehaltener Hand erzählt.

Das Touristenvisum, das es natürlich auch gab, wurde deutlich weniger genutzt; viele BRD-Bürger wussten gar nicht, dass es die Möglichkeit gab, touristische Reisen in die DDR zu unternehmen. Außerdem wurden Besuche in die DDR vonseiten des Staates erschwert: unwürdige Grenzkontrollen, Schikanen, der Tagesgeld-Zwangsumtausch von 25 DM … Dies waren keine freundlichen Einladungen in das deutsche Nachbarland.

Ja, und dann geschieht auf einmal Unerhörtes. Im Jahr 1989 gehen die DDR-Bürger auf die Straße und demonstrieren friedlich für Veränderungen in ihrem Land. In einer Diktatur! Was für eine Leistung, welch ein Mut, was für eine Kraft! Der ganze Ostblock ist im Wandel. Die Menschen wollen nicht mehr propagandistisch manipuliert werden, haben die Nase voll von einer Regierung, die sich vom Volk entfernt hat. Sie wollen Freiheit, freies Denken, Umwandlung der Gesellschaft, Mitspracherechte, Pluralismus, Reisefreiheit und … und … und …

Und dann fällt die Mauer.

1969
Der schwarze Filzstift

Es war zu meinem zehnten Geburtstag im September 1969. Voller Vorfreude auf die vierte Klasse zog ich meine Pionierkleidung an, erlebte den Fahnenappell zur Eröffnung des neuen Schuljahres und wurde wieder als stellvertretende Gruppenratsvorsitzende meiner Klasse gewählt. Alles selbstverständliche, normale Rituale, die mich als Kind mit Stolz erfüllten.

Mein Pionierleben empfand ich als Bereicherung, wurde doch durch die Pioniere unsere Freizeit am Nachmittag sinnvoll gestaltet. Man konnte im Sportverein trainieren, zur Musikschule gehen oder Schach spielen lernen. Das haben wir Kinder alle von unserem Vater gelernt: Schach spielen!, und in der Schul-AG fortgesetzt. Meine Schwester Sylvia wurde mehrmals DDR-Meisterin, spielt bis heute im Verein Schach und ist sogar Weltmeisterin im Schach in der Ü-50-Gruppe! Die Arbeitsgemeinschaft Kochen war immer besonders gefragt, weil man am Ende des Nachmittags das leckere frisch gekochte Essen verspeisen durfte. In der Schulküche kochten jeden Tag ältere Frauen das Essen frisch, aber natürlich schmeckte es uns Kindern oft nicht, und die ständigen Wiederholungen auf den Wochenplänen fanden wir langweilig. Aber die Schulspeisung gehörte zu unserem Alltag wie die Viertelliter-Milchflasche in der Vormittagspause. In unserer Schule gab es sogar ein kleines Schwimmbecken im Keller, wo wir schwimmen lernten.

Wie gesagt: Wir waren sinnvoll beschäftigt, und fast alles war kostenlos. Nur bei wenigen Aktivitäten wurde ein geringer

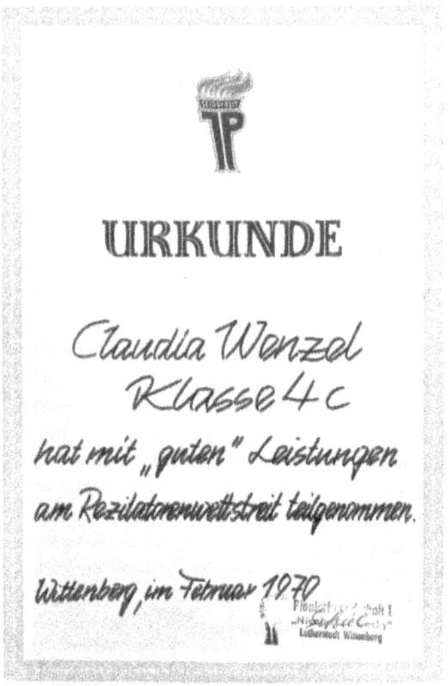

URKUNDE

Claudia Wenzel
Klasse 4c
hat mit „guten" Leistungen
am Rezitatorenwettstreit teilgenommen.

Wittenberg, im Februar 1970

Urkunde der Pionierorganisation für gute schulische Leistungen

Beitrag verlangt. Für uns Kinder aus einer kinderreichen Familie war alles frei. Dass dahinter ein Erziehungsmodell stand, das auf Indoktrination setzte, verstanden wir Kinder nicht. Den Traum von einer klassenlosen, friedlichen Gesellschaft, in der alles für die Menschen getan wurde, nahm ich gern an.

Mein Geburtstag Mitte September rückte näher, und ich freute mich auf das Geburtstagspaket von meiner Oma Ida aus dem Westen, der BRD. Da gab es alles, dachte ich als Kind; Dinge, die man sich bei uns gar nicht vorstellen konnte. In der Werbung im Westfernsehen hatte jemand von *Filzstiften* erzählt: bunte Stifte, die wie Tuschkastenfarbe malten, ohne dass man sie nass machen musste. So etwas wollte ich unbedingt haben, und so hatte ich meine West-Oma gebeten, mir diese tollen Stifte zum Geburtstag zu schenken.

Der Geburtstag kam, und auf dem Geburtstagstisch stand das Westpaket, das immer ganz besonders roch, nach Orangen, Seife, Kaffee. Westgeruch, der Duft der großen, weiten

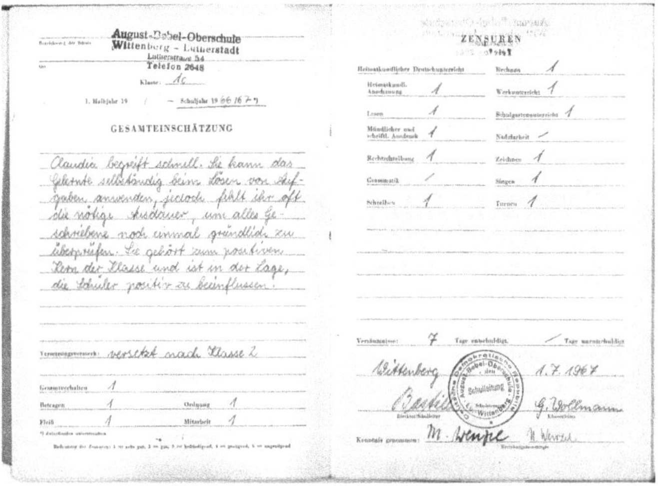

August-Bebel-Oberschule
Wittenberg – Lutherstadt
Lutherstraße 54
Telefon 2648

Klasse: 1c

1. Halbjahr 19 / – Schuljahr 1966/67*)

GESAMTEINSCHÄTZUNG

Claudia begreift schnell. Sie kann das Gelernte selbständig beim Lösen von Aufgaben anwenden, jedoch fehlt ihr oft die nötige Ausdauer, um alles Geschriebene noch einmal gründlich zu überprüfen. Sie gehört zum positiven Kern der Klasse und ist in der Lage, die Schüler positiv zu beeinflussen.

Versetzungsvermerk: versetzt nach Klasse 2

Gesamtverhalten	1		
Betragen	1	Ordnung	1
Fleiß	1	Mitarbeit	1

ZENSUREN

Heimatkundlicher Deutschunterricht		Rechnen	1
Heimatkundl. Anschauung	1	Werkunterricht	1
Lesen	1	Schulgartenunterricht	1
Mündlicher und schriftl. Ausdruck	1	Nadelarbeit	–
Rechtschreibung	1	Zeichnen	1
Grammatik	–	Singen	1
Schreiben	1	Turnen	1

Versäumnisse: 7 Tage entschuldigt, – Tage unentschuldigt

Wittenberg, den 1.7.1967

Schulleitung

Kenntnis genommen: M. Wenpe

Mein Zeugnis aus der 1. Klasse – beide Eltern haben das erste Zeugnis ihrer Tochter mit Stolz unterschrieben.

Welt! Meine Geschenke waren schön verpackt: Marsriegel, Kaugummi und Alpina-Schokolade – und die ersehnte große Packung mit dreißig Filzstiften in unterschiedlichen Farben. Was für eine Freude! Die Malstifte wurden gleich ausprobiert, und meine Geschwister durften sie auch nur kurz in die Hand nehmen. Mein Schatz!

Meine Mutter sagte wie immer: »Nichts von dem Westzeug wird mit in die Schule genommen!« Das kannten wir schon, auch wenn wir als Kinder nicht verstanden, dass sie uns und die Familie mit diesem Verbot nur schützen wollte. *Ja, wir schauen kein Westfernsehen, wir geben nicht an mit Westsüßigkeiten, und wir erzählen am besten gar nichts von der West-Oma.*

Meine Mutter war Lehrerin und Horterzieherin – der Hort war die Ganztagsbetreuung bis 17 Uhr – an der großen Wittenberger August-Bebel-Schule, und Westverwandtschaft war immer, besonders in einer Kleinstadt, ein heißes Thema. Am liebsten wäre es der DDR-Führung gewesen, wenn alle Bürger

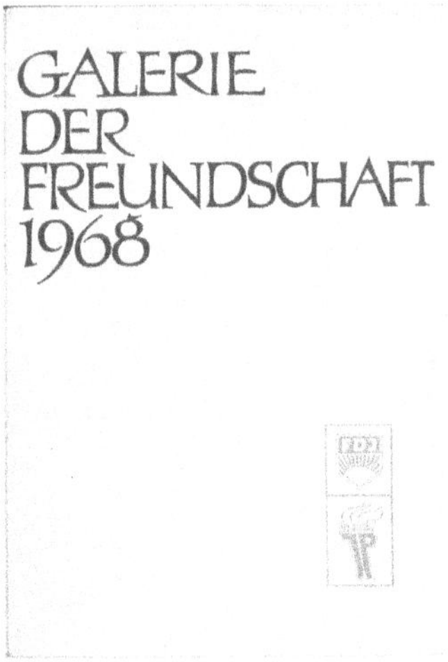

Urkunde Galerie der Freundschaft

des Landes die Kontakte zu Familienmitgliedern im Westen abgebrochen hätten. Manche DDR-Bürger taten das auch, oder mussten es tun. Wir nicht.

Ende September konnte ich es allen Mahnungen zum Trotz nicht mehr aushalten. Wie Kinder so sind, wollte ich meinen Schulkameraden diese Filzstifte zeigen und natürlich auch ein bisschen damit angeben. Also nahm ich sie heimlich mit in die Schule. Im Zeichenunterricht, als es hieß, malt doch bitte, was ihr in den Sommerferien erlebt habt, packte ich meine große Packung Filzstifte aus und begann zu malen. Als meine Lehrerin sah, dass ich keinen Tuschkasten benutzte, sondern diese Stifte, fragte sie, was das sei. Voller Begeisterung erzählte ich von den Filzstiften, die wie Wasserfarben malen, zeigte ihr die Stifte und erzählte natürlich auch, dass diese Stifte aus dem Westen von meiner Oma waren.

Die Lehrerin nahm die Packung, stellte sich vor die Klasse und sagte, die anderen Kinder, die vielleicht keine West-Oma hätten, würden doch sicher auch gern solche Stifte haben. Und schließlich würden junge Pioniere doch alles teilen. Deshalb

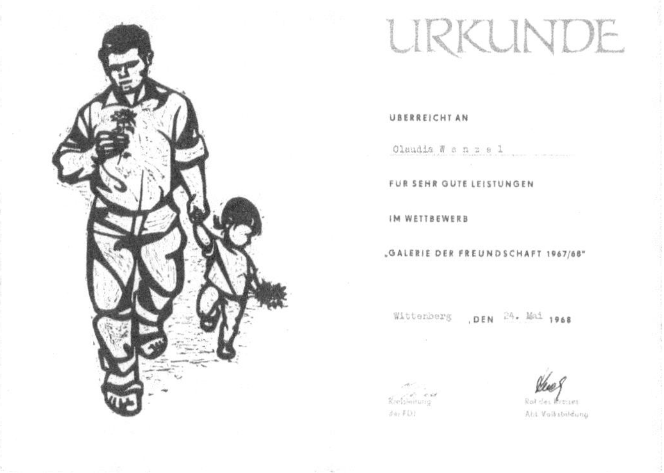
URKUNDE

UBERREICHT AN

Claudia W e n z e l

FUR SEHR GUTE LEISTUNGEN

IM WETTBEWERB

„GALERIE DER FREUNDSCHAFT 1967/68"

Wittenberg, DEN 24. Mai 1968

Kreisleitung der FDJ

Rat des Kreises Abt. Volksbildung

würde sie vorschlagen, dass sich jeder meiner Mitschüler einen Stift aussuchen dürfte.

Gesagt, getan. Ich saß da wie gelähmt und verfolgte, wie meine Filzstiftpackung immer leerer wurde. Als die Packung wieder bei mir ankam, war nur noch der schwarze Filzstift übrig. Ich wollte auf keinen Fall heulen, aber am Nachmittag im Hort ging ich zu meiner Mutter, erzählte ihr alles und weinte bitterlich.

Mutti sagte nur: »Wir reden heute Abend zu Hause in Ruhe darüber.«

Beim Abendbrot, dies war immer unser Ritual, saß die Familie zusammen. Bei fünf Kindern war ein Drei-Pfund-Mischbrot vom Bäcker für 93 Pfennige immer schnell aufgegessen. Wie jeden Abend sprachen wir über unseren Tag. Meine Eltern schimpften mich nicht aus wegen der Filzstiftgeschichte, sahen sie doch, wie sehr ich darunter litt. Aber sie wiederholten natürlich ihre schon so oft gehaltene Predigt: dass sie immer wieder gesagt hätten, dass nichts von den Westdingen mit in die Schule genommen werden sollte. Sie sagten uns auch, dass sie als Lehrer Ärger bekommen könnten, aber wir verstanden das gar nicht so richtig. Nach diesen »Ansprachen« ging mein Vater immer wortlos in sein Atelier.

So war es auch an diesem Abend. Meine Mutter saß noch mit uns Kindern am Küchentisch und griff bei der Gelegenheit gleich noch mal eine Geschichte auf, die einer meiner Schwestern kurz zuvor in der Schule passiert war. Die hatte nämlich im Zeichenunterricht, als sie gerade eingeschult worden war, Pippi Langstrumpf gemalt, eine Figur, die es im DDR-Fernsehen nicht gab (die ersten Pippi-Fernsehfolgen waren gerade im Westfernsehen gelaufen, die Pippi-Bücher gab es in der DDR erst ab 1975). Meine Schwester hatte sich rausgeredet, sie hätte sich selbst gemalt – sie hatte nämlich rote Haare und viele Sommersprossen. Trotzdem wurde meine Mutter zum Direktor der Schule zitiert und bekam einen Verweis. Als Pädagogin in einer sozialistischen Schuleinrichtung Westfernsehen zu schauen, war ein Unding. Und dann auch noch Pippi Langstrumpf, die sich ihre Welt so macht, wie es ihr gefällt! Ein Mädchen, das niemals erwachsen werden wollte, frech und witzig. Das hatte nichts mit den vorbildlichen, ordentlichen Pionieren zu tun.

Meine Mutter saß nach dem Verweis in der Schule weinend am Küchentisch. Mein Vater kam aus seinem Atelier, das gleichzeitig das Schlafzimmer meiner Eltern war, und versuchte, uns die Situation sachlich und ruhig zu erklären. Er sagte zum tausendsten Mal: »Wir erzählen keinem vom Westfernsehen, nicht von Filmen mit Pippi Langstrumpf oder anderem, was wir dort sehen. Das ist verboten, und wenn jemand davon erfährt, passieren schlimme Dinge.« Wir Kinder hatten das alles schon so oft gehört. Wir fühlten uns dann immer schuldig, irgendwie, aber letztlich begriffen wir nicht, warum und wieso.

Als meine Oma im Sommer wieder für vier Wochen zu uns in die »Zone« kam (so nannte sie die DDR immer), ging ich mit ihr in den Intershop. In solchen Läden konnte man Westwaren mit konvertierbarer Währung, also in diesem Fall mit D-Mark, kaufen. Meine Oma besuchte diesen Laden, in Wittenberg in einer Seitenstraße versteckt, während ihres Aufenthalts mit jedem Enkelkind einmal. Wir durften uns in diesem »Wunderladen«, in dem es verführerisch nach »Westpaket« roch, etwas aussuchen. Ein Buch von Pippi Langstrumpf gab es leider nicht. Das war schade, denn dieses selbstbewusste, starke Mädchen begeisterte mich. Zum Glück, sage ich heute, denn ich hätte es bestimmt auch mit in die Schule genommen. Dafür bekam ich endlich eine neue Packung Filzstifte, diesmal eine besonders große. Jetzt hatte ich also zwei schwarze Filzstifte.

1961
Niemand hat die Absicht, eine Mauer zu bauen …

Jedes Jahr in den Sommerferien fuhren meine Eltern an die Ostsee, nach Born auf der Halbinsel Darß. In den Anfangsjahren verbrachten sie die Ferien dort zu zweit, später mit uns Kindern. Mitte der Fünfzigerjahre, als diese traumhafte Region vor allem von Künstlern besucht wurde, hatte mein Vater den Darß kennengelernt. Sein Bruder, mein Onkel Karlheinz, studierte in Berlin an der Kunsthochschule Weißensee, und die Studenten aus seinem Studienjahr, unter anderen Horst Zickelbein, waren bei den Pleinair-Malereien mit ihrem Professor Horst Strempel in unterschiedlichen Quartieren in Born untergebracht. Mein Vater, der damals auch schon malte, durfte die Gruppe begleiten. Bezahlt wurde meist mit Bildern und Zeichnungen vom Ort, vom wilden Weststrand an der Küste des Darßer Waldes, von der Boddenlandschaft oder mit Porträts der alten Borner Fischer und Kapitäne.

So entstand die Liebe zu diesem Dorf auf dem Darß, wo wir durch die vielen Kontakte meines Vaters jeden Sommer »DDR-Luxusurlaub« verbringen konnten, unabhängig von FDGB-Plätzen oder staatlichen Einrichtungen, die die viel zu wenigen Urlaubsplätze nach unterschiedlichsten Kriterien zuteilten. Wir wohnten in Privatquartieren, die von Einheimischen vermietet wurden. Sie selbst zogen während der Ferienzeit in die Scheune oder in kleinere Zimmer. Nun zurück zum Sommer 1961. Vieles von dem, was ich hier erzähle, habe ich erst viel später erfahren oder verstanden – ich war in jenem Sommer ja kaum zwei Jahre alt.

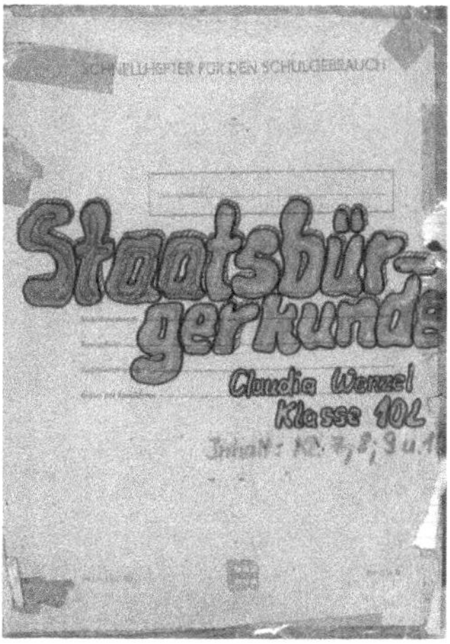

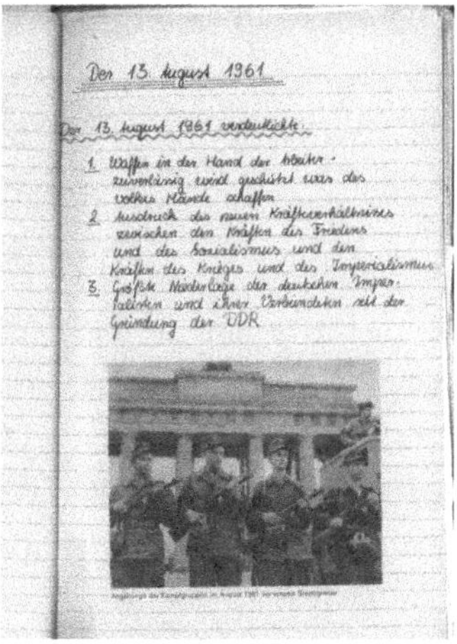

Meine Aufzeichnungen aus dem Schulfach Staatsbürgerkunde. Thema in der 7. Klasse: Warum bestehen heute zwei deutsche Staaten?

Mein Opa Karl hatte bereits Ende der Fünfzigerjahre in Bayern Arbeit gefunden. Meine Oma Ida war mit den Söhnen in Wittenberg geblieben und ihm erst nachgefolgt, als diese erwachsen wurden, Arbeit hatten und verheiratet waren. Immer wieder war in der Familie das Thema angesprochen worden, uns nachzuholen. Mittlerweile war mein Bruder sechs Jahre alt und stand kurz vor der Einschulung. Mein Bruder lebte bei unserer anderen sudetendeutschen Oma, die erst in den Fünfzigerjahren aus der Tschechoslowakei nach Wittenberg hatte kommen können. Meine Tante Herta hatte über den Suchdienst des Roten Kreuzes nach jahrelangen Bemühungen ihre Eltern und die anderen Geschwister ausfindig gemacht und die Familie meiner Mutter wieder zusammengebracht.

In diesem Jahr also, 1961, redeten die Erwachsenen darüber, den Sommerurlaub auf dem Darß zu verbringen, so wie die letzten Jahre auch, und auf der Rückfahrt im August in Berlin über die Grenze zu gehen. Meine Eltern erzählten mir später, dass dies aber alles sehr ungewiss war. Sie selbst waren unentschlossen, die Familie meines Vaters drängte, die Familie meiner Mutter, die sich nun alle in Wittenberg nach jahrelanger Suche endlich wiedergefunden hatten, wollten sie auch nicht verlieren, aber die Argumente meines Opas waren überzeugend.

Irgendwann nach der Wende, in einem Sommerurlaub auf dem Darß mit meinen Eltern, redeten wir über den Mauerfall, den letzten Sommerurlaub 1989 mit unseren komischen Gefühlen damals am Ende dieses Urlaubs. »Irgendwie wird nächsten Sommer alles anders sein …«, hatten wir da gesagt, auf die Ostsee geblickt und uns vom Meer verabschiedet, wie jedes Jahr nach den Urlaubswochen auf dem Darß.

»So ein Gefühl hatten wir schon mal«, sagte meine Mutter an diesem Abend, und dann erzählten mir meine Eltern, während wir im Sand am Weststrand saßen, noch einmal genau davon, und ich hörte ungläubig zu.

Mein Vater sagte: »Das Schicksal hat damals für uns entschieden. Wir saßen am 13. August 1961 am Strand so wie jetzt, badeten und genossen die Sonne, und als wir am Abend mit den Fahrrädern wieder in den Ort Born kamen, erfuhren wir, dass eine Mauer gebaut wird in Berlin, dass keiner mehr die Stadt in Richtung Westberlin verlassen kann.« Das Schicksal! Fünfzehn Jahre zuvor hatte es entschieden, dass die Familien ihre Heimat im Sudetenland verlassen mussten. Und jetzt entschied es, dass sie im Osten Deutschlands bleiben würden.

Von nun an lebte ein Teil der Wenzel-Familie – meine Oma Ida und mein Opa Karl – im Westen und der andere Teil, die Familie meiner Mutter, meine Oma Amler und wir, im Osten. Eine Familie, geteilt und getrennt wie das Land.

Und ein drittes Mal sollte das Schicksal im Leben meiner Eltern Einzug halten! Denn was sie nie für möglich gehalten hätten, geschah tatsächlich: Die Mauer fiel.

1971
Kindheit in der DDR

Viele Geschichten vom Alltag in der DDR sind noch nicht geschrieben, sind noch nicht erzählt. Ich erinnere mich, wie uns im Winter Freunde aus dem Ruhrgebiet besuchten und sagten, dass sie der Geruch nach Kohle an ihre Kindheit erinnere. Kohleöfen waren bis zur Wende in den meisten DDR-Haushalten normal; die Wohnungen mit Zentralheizungen, die es fast nur in Neubauten gab, waren heiß begehrt. So war das Thema Kohle in der DDR auch für uns immer aktuell. Es gab den Kohle-Bezugsschein, mit dem die Winterkohle zugeteilt wurde.
Der Zentner Kohle kostete 1,85 DDR-Mark und wurde im Sommer bestellt, weil es Sommer- und Winterpreise gab und der Sommerpreis natürlich geringer war. Im Gegensatz zu Berlin, wo von Kohleträgern die Kohlen in den Keller gebracht wurden, gab es in der Provinz diese Erleichterung nicht. Durch Beziehungen erreichte mein Vater allerdings immer öfter, dass unsere Kohle nicht vor dem Wohnhaus auf die Straße gekippt, sondern mit einem kleinen Auto auf den Hof gefahren wurde. Er verkündete stolz: »Ich hab es wieder geschafft, dass die Eidechse [ein kleines Transportauto mit dem offiziellen Namen M21] die Kohle bringt!« So war der Weg mit den Eimern zum Keller viel kürzer, und wir konnten die Kohlen auch durch das Kellerfenster reinschippen – eine große Erleichterung.

Wir Kinder versuchten, uns so gut wie möglich vor dieser Aktion zu drücken, aber am Ende liefen wir doch alle mit Eimern die Kellertreppe hoch und runter, ganz schnell, um im dunklen Keller keiner Ratte zu begegnen. Nach der sportli-

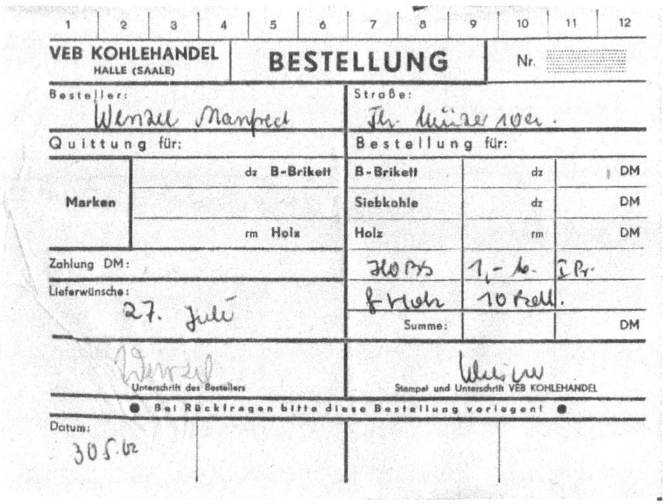

1	2	3	4	5	6	7	8	9	10	11	12

VEB KOHLEHANDEL
HALLE (SAALE)

BESTELLUNG Nr.

Besteller: Wenzel Manfred
Straße:

Quittung für: | Bestellung für:

Marken		B-Brikett	dz	DM
	dz B-Brikett	Siebkohle	dz	DM
	rm Holz	Holz	rm	DM

Zahlung DM:

Lieferwünsche: 27. Juli

Summe: DM

Unterschrift des Bestellers

Stempel und Unterschrift VEB KOHLEHANDEL

● Bei Rückfragen bitte diese Bestellung vorlegen! ●

Datum: 30.5.62

Kohlebezugsschein aus dem Jahr 1969. Sommerkohle war billiger als Winterkohle, der Preis war staatlich subventioniert.

chen Aktion sahen wir aus wie die Schornsteinfeger, und es ging ab ins Bad, wo meine Mutter den Kohleofen angeheizt hatte. Wir badeten dann immer zu zweit in der Wanne, das Wasser wurde schwarz, und eine kalte Dusche folgte, weil das warme Wasser nicht reichte. Dann wurden wieder Briketts nachgelegt, und mein Papa wartete bei einer Zigarette auf sein warmes Bad. Am nächsten Tag hatten wir alle Muskelkater, kamen uns aber sehr stark und erfolgsgekrönt vor.

Ich erinnere mich gern an die Sonntage, wenn ich mit meinen Geschwistern noch im Bett lag und mein Vater mit den typischen Geräuschen am frühen Morgen unseren Ofen im Kinderzimmer anheizte. Wenn wir dann im warmen Zimmer aufstanden und über den kalten Flur in die Küche zum Frühstück huschten, war der Sonntag perfekt.

Badetag war bei uns immer freitags. Der Ofen im Bad wurde geheizt, und wenn ich vom Training zu spät nach Hause kam, konnte es schon mal vorkommen, dass ich in das lauwarme Badewasser einer meiner Schwestern steigen musste, weil der Ofen schon wieder abgekühlt war.

Bis in die Neunzigerjahre hatte ich durchgehend Ofenheizung, wo auch immer ich wohnte. Erst als der Hausbesitzer aus dem Westen nach der Wende sein Mehrfamilienhaus in Leipzig, genauer gesagt: in Gohlis, sanierte und neue Fenster und eine Zentralheizung einbaute, konnte ich zum ersten Mal diesen Luxus genießen. Bis heute finde ich es wunderbar, wenn ich im Winter in wohliger Wärme in allen Räumen sitzen kann, und ich bin froh, mir diesen Komfort leisten zu können.

1974
Essen in der DDR

Es stimmt, Bananen gab es nicht. Nur ab und zu in den Westpaketen meiner Oma, und das war immer etwas ganz Besonderes. Dann gab es ein Butterbrot und darauf die Bananenscheiben. Wir Kinder liebten das.

Eine lustige Begebenheit in einem Supermarkt in Westberlin, kurz nach dem Mauerfall, ist mir in Erinnerung geblieben. Ein Mann hatte Bananen in seinem Einkaufswagen, das Regal mit den Bananen war leer. Da kam eine ältere Dame auf ihn zu, griff in den Wagen und nahm die Bananen heraus, während sie zu ihm sagte: »Ihr habt lange genug Bananen gegessen, jetzt sind wir dran.«

Bananen, Orangen, Südfrüchte: Das waren wirklich besondere Früchte, die es in der DDR nie gab – zumindest in der Provinz, und schon gar nicht in den Sechziger- und Siebzigerjahren.

Natürlich, Essen war immer da: Es gab den Milchladen, den Lebensmittelladen, den Bäcker und in unserem Haus eine Fleischerei. Dadurch hatten wir besondere Beziehungen zur Fleischerei Mackwitz. So gab es bei uns, ohne dass wir anstehen mussten, gute Wurst und besonderes Fleisch zum Wochenende. Jeden Freitag schrieben meine Eltern einen Zettel mit unseren Wünschen, der wurde abgegeben, und am Samstag konnten wir die Ware abholen, ohne lange anstehen zu müssen. Hintenrum, an der Wohnungstür – das fanden wir Kinder besonders toll. Wenn wir auf dem Hof spielten, bekamen wir auch ab und zu eine Wiener Wurst geschenkt, frisch aus dem Wurstkessel. Die Familie Mackwitz verwöhnte unsere kinderreiche Familie immer sehr und ertrug den Kinderlärm mit Gelassenheit.

Bis zum Tod meiner Eltern war diese Wohnung, dieser Ort, dieser Hof in der Thomas-Müntzer-Straße 10 A unser Familienmittelpunkt, und sie ist bis heute für mich verbunden mit wunderbaren Kindheits- und Jugenderinnerungen.

Es war auch in anderen Läden so: Wenn man die Verkäufer kannte, bekam man ab und zu etwas Besonderes, unter dem Ladentisch. Bückware, so nannten wir die Ware, die gar nicht erst in den Verkaufsregalen lag, weil einfach zu wenig davon da war, und für die sich die Verkäuferin unter den Ladentisch bücken musste.

Wir Kinder fanden das eintönige Angebot von Rotkohl und Weißkohl im Gemüseladen unmöglich, aber meine Eltern hatten guten Kontakt zu einer Wittenberger Gärtnerei, und so kauften wir unser Gemüse und Obst dort, saisonbedingt, was aus heutiger Sicht besonders gesund und umweltschonend ist: Im Frühjahr gab es grünen Kopfsalat, dann kamen die Radieschen, Gurken, Tomaten und irgendwann im Herbst die Pflaumen. Und dann war es Zeit für ein traditionelles Familiengericht von meinen sudetendeutschen Großmüttern Oma Ida und Oma Amler: Pflaumenknödel!

Später hat diese Knödel meine Mutter jedes Jahr im Herbst gemacht, bei uns fünf Kindern waren es über hundert, die auf dem Tisch standen. Sie hat uns allen das Rezept beigebracht. Von Generation zu Generation wurde es weitergetragen, und jetzt koche ich jedes Jahr im Herbst die wenzlisch-amlerischen Pflaumenknödel – zur Freude von Familie und Freunden.

Damals wollten meine Geschwister und ich uns beim Essen der Pflaumenknödel immer gegenseitig übertrumpfen. So zählte jeder seine Pflaumensteine auf dem Teller, und wer die meisten Steine hatte, war der Sieger. Das war meistens mein Bruder, und der hatte hinterher oft Bauchweh.

Bis heute liebe ich dieses Gericht und freue mich, wenn die

Pflaumenzeit beginnt. Dann werden mein Mann, unsere Familie, die Neffen und Nichten, Patenkinder und Freunde mit dieser Köstlichkeit verwöhnt. So wurden schon in Ost und West, in Nord und Süd diese Knödel gegessen, und meist wird für Unwissende die traditionelle Familiengeschichte dazu erzählt. Oft reden wir dann darüber, wie es war in der DDR, wie es war hinter der Mauer.

Wir sind glücklich aufgewachsen, wir haben gemeinsam gelacht, haben geliebt, haben kräftig gefeiert, und wir haben viel gearbeitet und oft gemeinsam um Tische gesessen und politisch diskutiert, auch beim Pflaumenknödel:

Pflaumenknödel
Traditionelles Familienrezept

- 2 Pfund Kartoffeln kochen, schälen und über Nacht stehen lassen.
- Mehl auf ein Brett stäuben und die Kartoffeln durch eine Kartoffelpresse drücken.
- 2 Eier, 2 Esslöffel Grieß, 1 Prise Salz und ca. 250 g Weizenmehl in die Kartoffelmasse geben und alles gut durchkneten (der Teig darf nicht an den Händen kleben bleiben, also Mehl dazu!).
- Den Teig ausrollen und in kleine Vierecke teilen (ca. 6–8 cm, je nach Größe der Pflaumen).
- Die Pflaumen mit einem Tuch abwischen (nicht waschen!). Je eine Pflaume mit Stein (wegen des Aromas) auf die Teigvierecke legen und daraus Knödel formen.
- Die Knödel in Salzwasser ca. 8 Minuten kochen (offener Topf), bis sie oben schwimmen.
- Die fertigen Knödel in eine Kasserolle legen, mit Zimt und Zucker bestreuen und dann mit heißer brauner Butter (vorher in der Pfanne auslassen) begießen.

1968
Diplomaten im Trainingsanzug

Ein Sonntag 1968. Der Wecker klingelt um 6.30 Uhr. Los geht es zum Bahnhof und dann ab in den Zug zum Wettkampf nach Halle an der Saale. Seit der zweiten Klasse trainiere ich bei der Leichtathletik-Sportgruppe Lok Wittenberg dreimal in der Woche. Im Sportunterricht bin ich durch meine guten Leistungen, besonders im Laufen, aufgefallen, und wie bei allen Sichtungen von Talenten im DDR-Schulsystem wurde ich zum Sportverein BSG (Betriebssportgemeinschaft) Lok Wittenberg geschickt.

Das Training macht Spaß, die Sportgruppe ist groß, alle Altersklassen sind vertreten. Wir trainieren mit den älteren Sportlern, manche schon über zwanzig Jahre alt, eine bunt zusammengewürfelte Gruppe mit einem aufopferungsvollen Trainer Manfred Kuschel aus Wittenberg. Im Sommer trainieren wir auf der »Kampfbahn des Friedens«, einem kleinen Stadion mit Aschenbahn, im Winter im Lenin-Park und in der Jahn-Turnhalle. Alles bestens organisiert. Sogar die Trainingsanzüge, Wettkampfsachen mit Lok-Emblem und Sportschuhe bekommen wir vom Verein gestellt. Die Wettkampfsachen sind kostenlos; für die Trainingssachen wird ein kleiner Betrag gezahlt. Lok Wittenberg wird von der Deutschen Reichsbahn – so hieß sie im Osten ja noch bis 1993 – unterstützt, sodass wir auch mit den Zügen immer mit Freifahrtscheinen zu den Wettkampforten fahren können.

In Halle ist der Kleiner-Trompeter-Crosslauf angesagt, und nach einigen Siegen bei unterschiedlichen Wettkämpfen, dies-

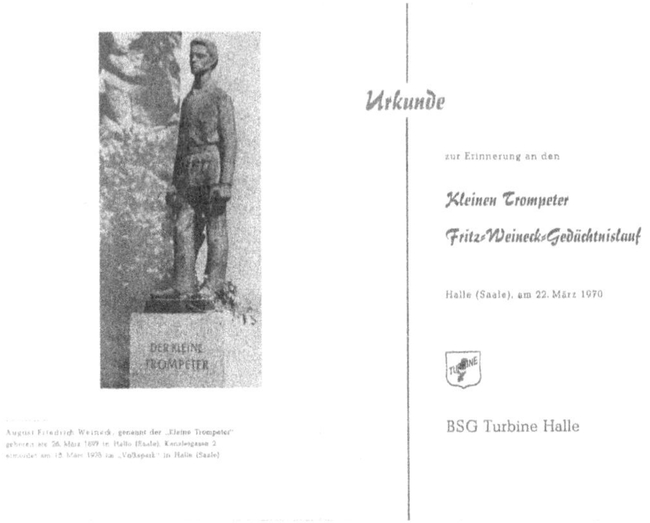

DER KLEINE TROMPETER

August Friedrich Weineck, genannt der „Kleine Trompeter"
geboren am 26. März 1899 in Halle (Saale), Kanalgasse 2
ermordet am 13. März 1925 im „Volkspark" in Halle (Saale)

Urkunde

zur Erinnerung an den

Kleinen Trompeter

Fritz-Weineck-Gedächtnislauf

Halle (Saale), am 22. März 1970

BSG Turbine Halle

In Halle ist der Fritz-Weineck-Gedächtnislauf angesagt, ein Crosslauf auf der Peißnitzinsel der Stadt.

mal auch in Halle, wird eine Trainerin von der Kinder- und Jugendsportschule »Friedrich Engels« in Halle an der Saale auf mich aufmerksam. Meine Erfolge in der Altersklasse Mädchen C sind auch immer wieder in der Presse nachzulesen.

Dazu ein Ausschnitt aus dem Artikel der Zeitung *Freiheit* vom August 1969: »Die relativ beste Leistung brachte die 9-jährige Claudia Wenzel (Lok) über 800 m der Mädchen C, sie verabschiedete sich aus der niedrigsten Klasse mit einer enormen Verbesserung ihres eigenen Kreisrekordes, der nun auf 2:54,4 min steht.«

Mein Trainer bei Lok Wittenberg sagt mir, dass man mich zu einer Sichtung besonderer Sporttalente an die Sportschule einlädt, und ich denke sofort, ja, das will ich! Mehr noch: Ich will Olympiasiegerin werden. Ich möchte auf dem Siegerpodest ganz oben stehen. Dass es auch darum gehen würde, mein Land zu vertreten, daran habe ich zu dieser Zeit noch gar nicht gedacht.

Dass dieser Staat seine Sportler benutzte, um sich Weltgeltung zu verschaffen, und ein durchorganisiertes staatliches Sportsystem hatte, konnte ich damals noch nicht durchschauen. Das Wichtigste war, die DDR-Nationalhymne zu spielen und die DDR-Fahne zu zeigen – deshalb nannte man die Leistungssportler auch »Diplomaten im Trainingsanzug«.

Mir war das alles ziemlich egal. Ich wollte nur Sport machen und erfolgreich sein. Und so fuhr ich im Sommer 1970 wieder nach Halle an der Saale, gemeinsam mit anderen Sportlern aus meiner Trainingsgruppe, und absolvierte nach Vermessungen des Körpers einige Sporttests.

Man beobachtete mich ein weiteres Jahr, in dem ich durch viele Siege in unterschiedlichen Disziplinen auffiel (Weitsprung, Sprint und Mittelstrecke) und sogar mehrfache Kreismeisterin und Bezirksmeisterin wurde.

Für meine Wettkämpfe hatte ich mir zwei Rituale – physiologisch und psychologisch – angewöhnt, die mir die nötige Kraft geben sollten. Zuerst gab es immer ein rohes Ei mit Traubenzucker und Zitrone, um mich körperlich fit zu fühlen. Für die psychologische Beeinflussung meiner sportlichen Gegner gab es in der End-Aufwärmphase auf dem Rasen das demonstrative Essen eines Mars-Riegels aus den Paketen meiner West-Oma. Diese Riegel wurden immer gesammelt und nur zu den Wettkämpfen mitgenommen. Da saß ich dann auf dem Rasen, lockerte meine Beine und verspeiste genüsslich, mit Blick auf meine Hauptgegnerin, den Riegel. Untertext: Wer Mars aus dem Westen vor dem Start isst, der muss einfach gewinnen. Liebe Gegnerin, du hast keine Chance!

Die Werbung im Westfernsehen ist überzeugend: Mars macht mobil bei Arbeit, Sport und Spiel! Und ich bin tatsächlich überzeugt, dass mir dieses Ritual hilft. Viele Siege bei Wettkämpfen und Rekorde in meiner Altersklasse über 800 Meter folgen – den Mars-Riegeln sei Dank!

Eines Tages meldet sich die Trainerin der Sportschule bei

meinen Eltern in Wittenberg zu einem Gespräch an. Man möchte mich mit Beginn des neuen Schuljahres im September 1972, kurz vor meinem dreizehnten Geburtstag, auf die Sportschule zum SC Chemie Halle einladen, in die Leichtathletik-Klasse.

Ich bin begeistert. Meine Eltern nicht. »Claudia, willst du das wirklich? Auf ein Internat nach Halle, nur noch ab und zu an den Wochenenden, wenn kein Wettkampf ist, nach Hause? Willst du tatsächlich auf die Sportschule?«, fragen sie mich. Die Entscheidung überlassen sie jedoch mir.

Und ja, ich will, ohne genau zu wissen, was mich dort erwartet. Ich will Leistungssport machen, träume von großen Wettkämpfen in der weiten Welt. So fahre ich Ende August 1972 als Zwölfjährige mit meinen Eltern im Zug nach Halle. Mit gepackten Koffern in ein neues, anderes Leben. Bei der Verabschiedung im Internat von meiner Mutter und meinem Vater sehe ich beide weinen: »Komm bitte sofort nach Hause zurück, wenn es dir hier nicht gefällt, das ist nicht schlimm«, sagen sie mir mehrmals.

Auch für mich sind die ersten Wochen härter, als ich erwartet habe. Heimweh, Sehnsucht nach meinen Geschwistern und die Umgewöhnung, im Internat mit drei fremden Mädchen ein Zimmer zu teilen, fallen mir nicht leicht. Auch das anfängliche viele Training und der Konkurrenzkampf innerhalb der Trainingsgruppe sind neu für mich. Aber das Ziel vor Augen, eine große Sportlerin zu werden und mein Land bei den Wettkämpfen zu vertreten, lässt all meine Befindlichkeiten unbedeutend erscheinen.

Wir trainieren hart, täglich zwei, manchmal sogar drei Trainingseinheiten. Dazu kommt die Schule. Wenn ich mir heute meine Trainingstagebücher anschaue, frage ich mich, wie ich das alles geschafft habe.

Aber meine Trainingsgruppe, aus gleichaltrigen Mädchen bestehend, versteht sich hervorragend, und unsere Trainerin,

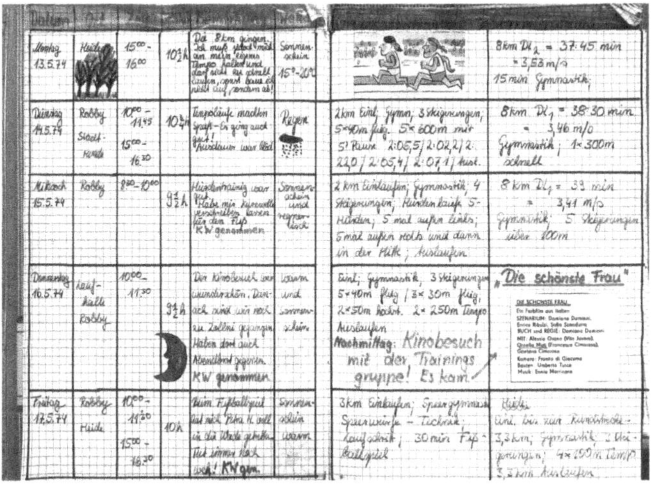

Seite aus meinem Trainingstagebuch im Jahr 1974, meinem zweiten Jahr auf der Sportschule

die selbst einmal Vize-Europameisterin und 1964 sogar Olympiateilnehmerin war – in Tokio, wo zum vorerst letzten Mal eine gemeinsame deutsche Mannschaft antrat – und dort die 800 Meter lief, ist uns ein großes Vorbild.

Sonnabend nach der Schule fahre ich oft mit dem Bummelzug nach Hause. Zwei Stunden dauert die Fahrt von Halle nach Wittenberg. Mein Papa holt mich meistens vom Bahnhof mit dem Fahrrad ab, meine Tasche kommt auf den Gepäckträger, und dann laufen wir zu uns nach Hause. Auf dem Weg erzähle ich, wie die Woche war, berichte vom Stand meiner Trainingsleistungen und von allem, was mir auf dem Herzen liegt. Diese vertrauten Gespräche mit meinem Vater bedeuten mir sehr viel, denn das selbstständige Leben mit all den Anforderungen und dem Leistungsdruck ist nicht einfach.

Wenn wir zu Hause ankommen, verteile ich an meine Geschwister Bananen oder Orangen, die ich in der Woche für sie aufgespart habe. Die Verpflegung für uns Sportler ist hervorragend, abgestimmt auf die Sportart, natürlich mit viel Obst und Gemüse und eben auch mit den exotischen Früchten, die man in den Läden so gut wie nie bekommt.

Die Jahre an der Sportschule haben mich geprägt: Selbstdisziplin, Ausdauer, Durchhaltevermögen. Alles Eigenschaften, die mir in meinem weiteren Leben sehr geholfen haben und bis zum heutigen Tag, besonders auch in meinem Beruf, von Vorteil waren und sind.

Meine Trainerin, Waltraud Kaufmann (verheiratete Pöhlitz), eine wunderbare, beeindruckende Frau, sollte 1974 mit der Nationalmannschaft zu einem Wettkampf nach Schweden fahren. Einen Tag vor dem Abflug bekam sie mitgeteilt, dass sie als Betreuerin der Sportler nicht mitreisen dürfe, natürlich ohne Begründung. Wir spürten an den Tagen danach beim Training, dass diese willkürliche Entscheidung sie sehr traf.

Auch unter uns Sportlern spielte das Thema, wer wohl später mit ins kapitalistische Ausland zu Wettkämpfen reisen dürfte, eine große Rolle. Wir waren als sogenannte Nachwuchskader alle überprüft worden, was wir Kinder damals natürlich nicht wussten. Aber die Art der Machtausübung in der DDR war immer unberechenbar, wie wir nun am Beispiel unserer Trainerin mitbekamen. Sie war als aktive Sportlerin eine echte Diplomatin im Trainingsanzug gewesen, hatte so viele Siege für die DDR errungen – und nun verweigerte man ihr als Trainerin die Reise ins kapitalistische Ausland. Für mich war sie die Beste, weil sie auch nach Rückschlägen und dann, wenn ich die gesetzten Ziele nicht erreichte, immer an mich glaubte.

1976 verletzte ich mich bei einem Wettkampf schwer: Achillessehnenriss. Eine lange Trainingspause folgte. Dann kündigte im Sommer 1976 zum Ende meines zehnten Schuljahres auch noch meine Trainerin, ich kam in eine neue Trainingsgruppe, wo ich mich mit dem Trainer nicht verstand und auch

Meine Trainerin

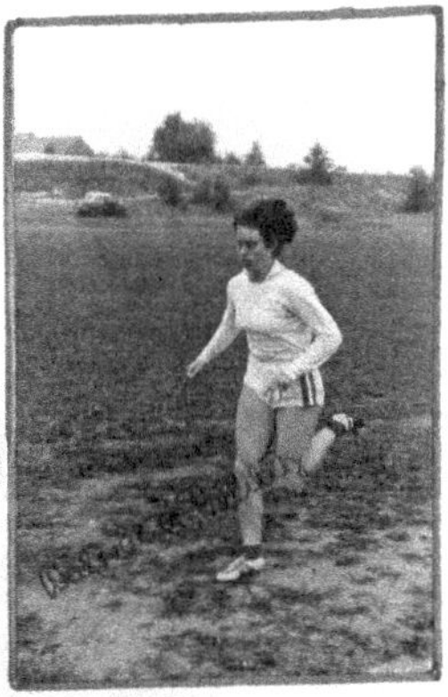

Meine Trainerin und mein großes sportliches Vorbild: Waltraud Pöhlitz-Kaufmann

meine Leistungen nicht besser wurden. Daraufhin entschloss ich mich, die Sportschule zu verlassen, zurück nach Wittenberg zu gehen und dort mein Abitur zu machen. Eine Entscheidung, die mir sehr wehtat – die Olympischen Spiele 1976 in Montreal konnte ich mir im Fernsehen nicht ansehen, weil ich so sehr darunter litt, dass meine Sportlerlaufbahn beendet war.

Später erfuhr ich, dass der Mann meiner Trainerin sich 1979 beim Europapokal in Italien von der DDR-Nationalmannschaft abgesetzt hatte und in die BRD gegangen war. Meine Trainerin stellte einen Ausreiseantrag zur Familienzusammenführung und wurde gekündigt. Nach jahrelangem Warten konnte sie 1984 mit ihrer Tochter zu ihrem Mann ausreisen. So unmenschlich konnte dieses System sein.

Nach der Wende habe ich mich auf die Suche nach ihr gemacht und sie in der Nähe von Köln gefunden. In vielen Gesprächen mit ihr habe ich erfahren, wie schwer diese Jahre hinter der Mauer für sie waren. Sie hat mir auch erzählt, was der Grund war, warum sie damals nicht nach Schweden fahren durfte. Es hieß, sie habe Kontakte zu einem in den Westen geflohenen Ehepaar, und daraus wurde der Verdacht konstruiert, sie könnte in Schweden die Möglichkeit nutzen, ebenfalls zu fliehen. Sie wurde von Mitarbeitern der Staatssicherheit ununterbrochen verhört und musste 27 Stunden im Gefängnis »Der rote Ochse« in Halle verbleiben.

Misstrauen und Unterstellungen boten dem Regime immer wieder Anlass, die Biografien von DDR-Bürgern zu zerstören und sie so in Situationen zu bringen, die ihnen gar keine andere Möglichkeit mehr ließen, als das Land zu verlassen. Umso schöner ist es, wenn ich heute mit ihr telefoniere oder einen Kaffee trinke und spüre, wie sehr sie das Leben mit ihrer Familie genießt.

1959
Frauen in der DDR

Sechs Wochen nach meiner Geburt bringt mich meine Mutti in die Krippe in die Zimmermannstraße in Wittenberg. Mein Vater hat diesen Tag, Montag, den 2. November 1959, in seinem Tagebuch so beschrieben: »Claudia zum ersten Mal in die Kinderkrippe gebracht. Nelly vergoss Tränen auf dem Weg dorthin. Nelly fing wieder an zu arbeiten.«

1950 wurde in der DDR das Gesetz über den Mütter- und Kinderschutz und die Rechte der Frauen beschlossen: Verlängerung des Wochenurlaubs auf fünf Wochen vor und sechs Wochen nach der Geburt eines Kindes; das Kindergeld wurde auf 20 Mark erhöht.

Die Krippe, von der im Tagebuch meines Vaters die Rede ist, war eine Ganztagseinrichtung für kleine Kinder bis drei Jahre und lag auf dem Weg zur August-Bebel-Schule, wo meine Mutter als Lehrerin und Erzieherin tätig war. Der Krippenplatz war garantiert, damit die junge Mutter wieder arbeiten gehen konnte. Meine Mutter war nun wieder berufstätig, verdiente ihr eigenes Geld und war gleichberechtigt, wie es in der Verfassung der DDR von 1949 stand.

Ich hätte sie fragen sollen, ob sie damals lieber noch länger zu Hause geblieben wäre, aber wenn ich mich an meine Kindheit erinnere, dann sind eigentlich alle Mütter arbeiten gegangen. Das war normal. Ich kannte keine Hausfrau in unserem näheren Umfeld. Die Frauen gingen arbeiten und meisterten – im wahrsten Sinne des Wortes – die Familie, ihre Arbeit und den Alltag. Das Wort »Emanzipation« wurde bei uns nicht be-

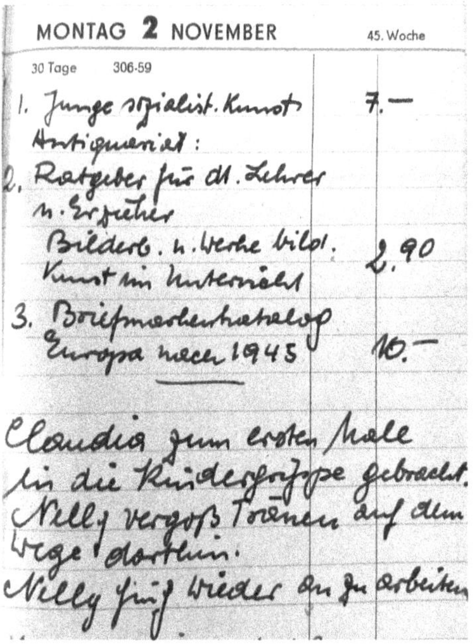

MONTAG 2 NOVEMBER 45. Woche

30 Tage 306-59

1. Junge sozialist. Kunst 7.–

Antiquariat:

2. Ratgeber für d. Lehrer u. Erzieher

Bilderb. u. Werke bild. Kunst im Unterricht 2.90

3. Briefmarkenkatalog Europa nach 1945 10.–

Claudia zum ersten Male in die Kindergruppe gebracht. Nelly vergoß Tränen auf dem Wege dorthin.

Nelly fing wieder an zu arbeiten.

Notiz meines Vaters aus seinem Kalender von 1959

nutzt oder thematisiert, darüber wurde auch nicht nachgedacht: Die Frauen waren gleichberechtigt, arbeiteten in Betrieben, im Büro, in der Werkstatt, auf der LPG, im Geschäft, überall! Das war ganz selbstverständlich.

Meine Mutter war eine starke, selbstbewusste Frau. Im Alter von vierzehn Jahren, kurz vor dem Ende des Zweiten Weltkriegs, war sie mit ihrer älteren Schwester Herta aus ihrer Heimat, dem Sudetenland, geflüchtet. Auf Bitten ihrer Mutter zogen die beiden Mädchen allein los, da keiner wusste, was wird, wenn die Russen kommen. Solche Erfahrungen haben sie, haben mittelbar aber auch mich geprägt.

Doch auch meine Großmütter, die Kriege erlebt hatten, Kinder allein aufziehen mussten, da die Männer im Krieg waren, die vertrieben wurden und nach 1945 wieder neu anfingen, die ein kaputtes Land aufbauten, haben mich geprägt. Die Frauen gab es im Osten wie im Westen, und ich bin ihnen dankbar, weil sie mir eine große Portion Selbstbewusstsein, Durchhaltevermögen und Optimismus vermittelt haben.

Diese Frauengeneration hat bis heute meinen größten Respekt: Kriegsgeneration, Trümmerfrauen, hart arbeitende Frauen. Ich habe nie verstanden, warum es für die Generation von Frauen keine besondere Rente gibt.

Meine Oma Ida ging auch wegen der besseren Rente in den Westen zu meinem Opa, der bereits in Bayern arbeitete. Meine Oma Amler lebte bei uns in Wittenberg, hatte eine geringere Rente und unterstützte besonders meine Mutter sehr bei den häuslichen Arbeiten: Wäsche waschen, aufräumen, am Wochenende Essen kochen … Wir hatten keine Waschmaschine, keine fertige Babynahrung, keine Wegwerfwindeln. Und die häuslichen Arbeiten wurden ja immer mehr, als meine weiteren Geschwister geboren wurden: 1962 Sylvia – da wurde der Schwangerschaftsurlaub auf sechs Wochen vor der Geburt und acht Wochen nach der Entbindung erhöht – und 1964 (Schwangeren- und Wochenurlaub insgesamt vierzehn Wochen) die Zwillinge Cornelia und Monika. Meine Mutter ging weiterhin arbeiten, mit einem bezahlten Haushaltstag im Monat.

Heute frage ich mich oft, wie sie das geschafft hat. Mein Bruder, 1955 geboren, wuchs die ersten Jahre bei meiner Oma Amler auf, die ein paar Straßen weiter bei meiner Tante Herta ein Zimmer hatte. Für meine arbeitende Mutter war dies eine Erleichterung und für meine Oma ein Glück, diesen Enkel nach all den Kriegswirren und den schweren Jahren danach bei sich zu haben.

Meine Geschwister und ich gingen alle in die Krippe und dann in den Kindergarten. Es waren für uns gute Zeiten, und wir haben es genossen, in der Gemeinschaft aufzuwachsen, gemeinsam zu spielen, zu essen, zu lachen. Ich habe nichts vermisst. Bei der Vorbereitung dieses Buches habe ich meine Geschwister noch einmal gefragt, wie sie das wahrgenommen haben, und sie alle haben mir voll und ganz bestätigt: Es war eine gute Kindheit, wir haben davon profitiert.

Nach dem Mauerfall waren wir flexibel genug, die sich neu bietenden Chancen zu nutzen. Jede und jeder von uns hat einen neuen Lebensweg im vereinten Deutschland gefunden. An den Werten, die wir von unserem Elternhaus mitbekommen hatten, änderte sich ja nichts: Ehrlichkeit, Fleiß, Freundlichkeit, Respekt vor der Leistung und dem Leben anderer Menschen waren und blieben unsere »Leitplanken«. Und wir blieben ihnen auch im wiedervereinten Deutschland treu.

Meine Schwester Sylvia hat zu DDR-Zeiten an der Humboldt-Universität in Berlin Tierproduktion studiert, aber ihr Institut, an dem sie gearbeitet hatte, wurde 1991 aufgelöst. Sie absolvierte dann ab 1994 noch ein weiteres Studium und ist jetzt Diplom-Finanzwirtin.

Meine Schwester Monika wurde Krankenschwester und arbeitete in einem Altersheim. Nach der Wiedervereinigung erfüllte sie sich einen Traum und gründete mit der Familie ihres Mannes ein eigenes Unternehmen. Das war mutig, denn Startkapital hatten die meisten DDR-Bürger nicht. Schulden machen, Kredite aufnehmen – all das war für uns absolutes Neuland, so etwas kannten wir nicht. Tatsächlich machte es vielen Angst, und es gehörte Mut dazu, ein derartiges Wagnis einzugehen.

Meine Schwester Cornelia arbeitet bis heute als Lehrerin in Sachsen-Anhalt, wo sie als Grundschullehrerin nach der Wende nicht verbeamtet wurde (nur die Schulleiter wurden dort Beamte). Außerdem sind die Lehrer dort eine Gehaltsstufe niedriger eingestuft als in den meisten anderen Bundesländern. Zum vierzigjährigen Dienstjubiläum hat sie eine Prämie von 500 Euro erhalten (die sie natürlich versteuern muss). Und seit April 2023 muss sie eine Stunde in der Woche mehr arbeiten als in den meisten anderen Bundesländern, wegen Lehrermangels.

Abgesehen davon, dass dies viel über die Wertschätzung des Lehrerberufs und die Bedeutung aussagt, die der Erziehung unserer Kinder beigemessen wird, ist dies auch ein konkretes Beispiel dafür, welche Ungerechtigkeit in unserem Land existiert. Das ist schwer zu erklären oder zu verstehen im Jahr 35 nach dem Mauerfall. Ein Politiker sagte, im deutsch-deutschen Einigungsprozess hätten wir »nicht alle mitgenommen«. Ja, das stimmt, und es ist bis heute deutlich zu spüren.

Und trotzdem: Ich kenne viele wunderbare Frauen, die »im Osten« auch für weniger Geld volle Leistung bringen und dabei auch noch sehr glücklich sind – so wie meine Schwestern.

1978
Mauerblümchen

Mit achtzehn Jahren, als eine der Jüngsten, beginne ich im August 1978 mein Studium für Schauspiel an der Theaterhochschule »Hans Otto« in Leipzig. Endlich geht es los, das ersehnte, erhoffte und erkämpfte Studium. Nach mehreren vergeblichen Anläufen an den drei Schauspielschulen, die es in der DDR gab – Rostock, Berlin, Leipzig –, bin ich endlich auf dem Weg zu meinem Traumberuf: Schauspielerin. Ich darf das werden, was meine West-Großmutter Ida, Vertriebene aus dem Sudetenland, immer werden wollte. Uns Kindern hat sie bei ihren Sommerbesuchen Lieder vorgesungen, dazu getanzt und selbst geschriebene Gedichte vorgetragen. Und sie hat auch von Wenzels Gasthaus erzählt, das meinem Uropa in Wolfsberg (heute Vlčí Hora in Tschechien) gehörte, mit Tanzsaal und Bühne, wo sie manchmal auftrat. Diese Erzählungen haben mich geprägt und meinen Wunsch sicher verstärkt.

Ich bin stolz, dass ich die Aufnahme an die Schauspielschule geschafft habe, und meine Oma freut sich mit mir. Das Studium kostet nichts, obwohl diese Ausbildung sicher sehr teuer ist. Zwanzig Studentinnen und Studenten beginnen mit viel Einzelunterricht, Reiten, Tanzen, Szenenstudium, sich auf die Bühnen der DDR vorzubereiten. Fünfzehn Jungs, fünf Mädchen – klug aus damaliger und auch heutiger Sicht. Es gibt nun mal einfach weniger Frauenrollen.

Ich bekomme ein monatliches Stipendium von 120 DDR-Mark, weil ich aus einer kinderreichen Familie komme. Meine Eltern hätten mir mit fünf Kindern sicher nicht diese finanzielle Unterstützung geben können.

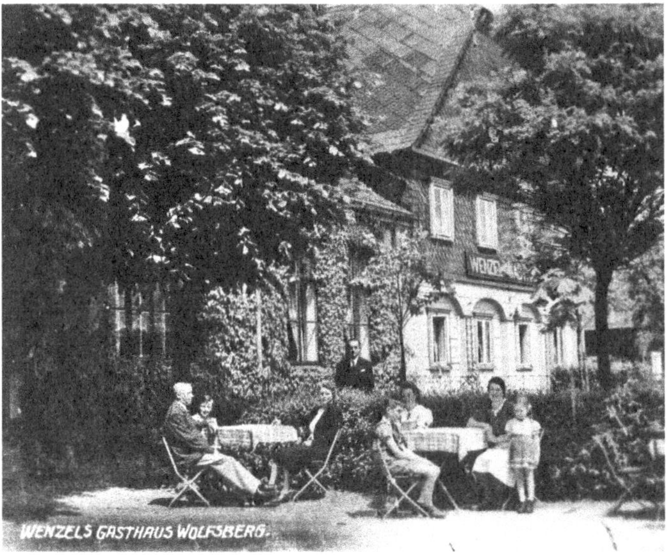

Wenzels Gasthaus meiner Urgroßeltern in Wolfsberg / Nordböhmen, 1930

Für uns Schauspielstudenten gibt es kein Studentenheim, sondern in alten, zum Teil baufälligen Häusern in Leipzig sogenannte Studentenwohnungen. Ich ziehe mit meiner Kommilitonin Silke Matthias (u. a. bekannt aus der ZDF-Serie *Soko Wismar*) in eine Zweiraumwohnung unterm Dach. Toilette eine halbe Treppe tiefer, Kohleöfen, einfache Fenster, im Winter friert immer alles ein, aber ich bin glücklich.

Das Studium an der Theaterhochschule »Hans Otto« beginnt aber nicht gleich mit Improvisation, Sprecherziehung, Fechten usw., sondern mit drei Wochen Arbeit in der sozialistischen Produktion: auf einer LPG (Landwirtschaftliche Produktionsgenossenschaft) in Schenkenberg bei Leipzig. Dieses Zusammensein und Zusammenarbeiten dient dem Kennenlernen, der Bildung eines Kollektivs, dem Einblick in die Tätigkeiten unserer Arbeiter und Bauern und der Wertschätzung ihrer Arbeit.

Das kenne ich schon vom »UTP«-Unterricht unserer Oberschule, dem »Unterrichtstag in der sozialistischen Produktion«, der einmal im Monat auf unserem Stundenplan stand. Besonders die Bevölkerungsschicht der Intelligenz, also die Kinder von Eltern, die keine Arbeiter und Bauern waren, sollten Respekt vor der werktätigen Bevölkerung entwickeln. Schließlich hat die DDR den Anspruch, ein Arbeiter- und Bauernstaat zu sein.

Genau mitten in diesen drei Wochen stirbt meine Oma Ida. Sie war gerade noch im Sommer, wie jedes Jahr, ein paar Wochen bei uns. Diese Zeit war immer geteilt zwischen ihren beiden Söhnen, die in der DDR lebten, mein Onkel Heinz in Neubrandenburg und mein Vater in Lutherstadt Wittenberg. Für meine Oma war es schwer, ihre Söhne, die Familie und besonders uns Enkelkinder so weit weg zu wissen, und wir Kinder konnten auch nie richtig verstehen, warum wir unsere Oma nicht besuchen durften.

Wenn sie, genervt von der langen Zugfahrt und den Grenzkontrollen, bei uns ankam, stürzten wir uns auf die Westbrote und Bananen, die sie als Zugverpflegung dabeihatte. Dann trennte sie den Saum ihres Kleides auf und holte das versteckte Westgeld heraus (man durfte offiziell ja nur eine bestimmte Summe einführen). Dieses Geld war nicht zuletzt für die Intershop-Ausflüge mit uns Enkelkindern vorgesehen. Manchmal schraubte sie noch die Thermoskanne auf und zog auch dort ein paar Scheine heraus. Dann lächelte sie verschmitzt, hatte sie doch die Grenzkontrolleure wieder einmal ausgetrickst.

Sie schimpfte auf das ganze System der DDR und erklärte, so ein komischer Dachdecker, der gar nicht richtig sprechen könne (gemeint war Erich Honecker), sei doch wohl nicht in der Lage, ein Land zu regieren. »Aber man sieht ja hier überall, wozu das führt«, beendete sie ihre Predigt regelmäßig.

Ich fand das lustig, wie meine Oma sich aufregte, obwohl

meine Eltern ihr immer zu verstehen gaben, vor uns Kindern doch nicht so zu reden. Sie erzählte uns viel vom Westen, und wie schön es dort sei, und ich höre sie heute noch sagen, wenn sie unsere kleine Speisekammer betrat: »Immer nur Rotkohl und Weißkohl und Kartoffeln, was ist das denn hier für ein Gemüseangebot? Diese Art von Kartoffeln bekommen im Westen nur die Schweine zu fressen.«

Wobei ich sagen muss, der viele Rotkohl- und Weißkohlsalat hat uns sicher nicht geschadet. Ja, etwas mehr Abwechslung wäre schön gewesen, aber heute weiß ich, wie gesund das war!

Nun war meine Oma tot, genau in dem Moment, als ich anfing, ihren Traum zu leben: Ich wurde Schauspielerin.

Tagebuchnotiz vom 25. August 1978
(drei Tage nach ihrem Tod)

Liebe Omi, Du hattest Dich so gefreut, als ich meinen Studienplatz erhielt, denn Du wolltest in Deiner Jugend auch so etwas werden. Aber Deine Eltern wollten es nicht. Ich wollte Dir in vielen Briefen schreiben, wie es läuft, was wir lernen, probieren und studieren. Es sollte nicht sein. Aber mit dem heutigen Tag will ich Dir zu Ehren versprechen, alles einzusetzen, um eine gute Schauspielerin zu werden.

Mein Vater durfte nicht zur Beerdigung seiner Mutter nach Garching an der Alz in Bayern fahren. Am 22. August 1978 starb sie, am 26. August war die Beerdigung. Meine Eltern, beide Lehrer, mein Vater Kunsterzieher an den Erweiterten Oberschulen (heute Gymnasien) in Wittenberg und Piesteritz, standen im Dienst der Schulerziehung der DDR und stellten mehrere Anträge beim Kreisschulrat, der SED-Kreisleitung, der Polizeibehörde auf Besuchsreise in die BRD. Es ging nur darum, ein Visum für meinen Vater zu bekommen, die Familie wäre sowieso als Pfand zurückgeblieben und hätte zur Beerdigung auf keinen Fall mitreisen dürfen.

Er bekam das Visum nicht. Meine Mutter, eine sehr resolute Person, setzte alle Hebel und Beziehungen in Bewegung, drohte sogar damit, an die Öffentlichkeit zu gehen. Nichts half, die Entscheidung der Behörden stand fest: keine Einreise in die BRD zur Beerdigung der Mutter.

Diese Unmenschlichkeit, dieses Misstrauen einem Vater von fünf Kindern gegenüber machten mich damals als junge FDJlerin (Freie Deutsche Jugend) zum zweiten Mal sehr nachdenklich, was unser System anging.

Den ersten Einschnitt hatte ich schon 1976 erlebt, als der Liedermacher Wolf Biermann nach einer Konzertreise in die BRD nicht wieder in die DDR einreisen durfte. Wie konnten sie das machen? Ihn nicht nach Hause lassen, nur weil er sich kritisch über das politische System der DDR geäußert hatte!

Doch die Sache mit der Beerdigung meiner Großmutter ging mir näher, denn ich sah, wie sehr mein Vater litt. Binnen weniger Tage bekam er graue Haare.

Viele Jahre später erzählte er mir, dass ein SED-Funktionär auf Kreisebene damals in einem Gespräch zu ihm sagte: »Sie sind nicht in der Partei, ich werde dafür sorgen, dass Sie nicht in den Westen fahren.« Was dann auch geschah. Nach der Wende traf mein Vater diesen Mann wieder, der nun in der CDU war und die Tagespolitik in meiner Heimatstadt Lutherstadt Wittenberg ungeniert mitbestimmte. Und sich – natürlich – an nichts erinnern konnte …

Dass mein Vater kein Parteimitglied war, hatte seinen Grund. Im Jahr 1945, als die Vertreibung der Sudetendeutschen mit Verfolgung und brutalen Misshandlungen vollstreckt wurde, hatte meine Oma Ida ihre beiden Söhne, meinen elfjährigen Vater und meinen dreizehnjährigen Onkel, in die Sporthalle ihres Dorfes geführt. Sie hatte ihnen die blutverschmierten

Wände und Fußböden gezeigt, wo so viele Männer verprügelt oder gar totgeschlagen worden waren. (Schon im Juli 1944 hatte der tschechoslowakische Exil-Staatspräsident Edvard Beneš eine Botschaft an die Untergrundbewegung in seinem Land übermittelt, in der er forderte, dass unmittelbar nach Kriegsende »möglichst viele [Deutsche] erschlagen werden«[1].) Und meine Oma hatte ihre beiden Söhne beschworen, niemals in eine Partei einzutreten.

Mein Vater hatte sich daran gehalten, was ihm viele Schwierigkeiten als Lehrer im Schulsystem der DDR einbrachte. Dass genau dies aber irgendwann dazu führen würde, dass er bei der Beerdigung seiner geliebten Mutter nicht an ihrem Grab stehen könnte, das hätte er sich niemals vorstellen können. Wer hätte so etwas 1945, nach dem entsetzlichen Krieg und der Vertreibung, für möglich gehalten?

Nach der Wende 1990 bin ich mit meinen Eltern sehr bald nach Bayern gefahren, um das Grab meiner Großeltern zu besuchen. Zwölf Jahre nach dem Tod meiner Oma standen wir zum ersten Mal da. Ich habe meinen Vater noch nie so weinen sehen.

Zurück ins Jahr 1978 und zu meinen Anfängen an der Schauspielschule. Am 5. September fand die Immatrikulationsfeier statt, nachdem wir unsere drei Wochen Arbeit in der sozialistischen Landwirtschaft abgeleistet hatten.

Im Frühjahr, als ich meinen Studienplatz bekam, hatte ich meine sogenannte Studienverpflichtungserklärung unterschrieben. Dies musste man tun, sonst hätte man mit dem Studium nicht beginnen können.

Meine Hoffnung war, dass man mich nicht zurück nach Lutherstadt Wittenberg schicken würde, ans Elbe-Elster-Theater. Es galt als tiefste Provinz. Ich wollte, geboren und aufgewach-

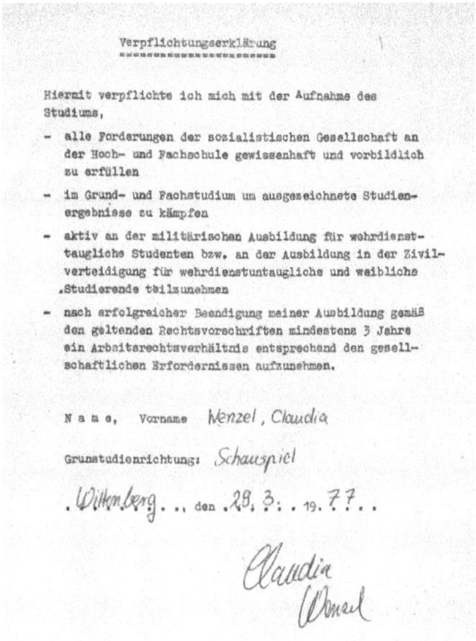

Verpflichtungserklärung

Hiermit verpflichte ich mich mit der Aufnahme des Studiums,

- alle Forderungen der sozialistischen Gesellschaft an der Hoch- und Fachschule gewissenhaft und vorbildlich zu erfüllen
- im Grund- und Fachstudium um ausgezeichnete Studienergebnisse zu kämpfen
- aktiv an der militärischen Ausbildung für wehrdiensttaugliche Studenten bzw. an der Ausbildung in der Zivilverteidigung für wehrdienstuntaugliche und weibliche Studierende teilzunehmen
- nach erfolgreicher Beendigung meiner Ausbildung gemäß den geltenden Rechtsvorschriften mindestens 3 Jahre ein Arbeitsrechtsverhältnis entsprechend den gesellschaftlichen Erfordernissen aufzunehmen.

Name, Vorname Wenzel, Claudia

Grundstudienrichtung: Schauspiel

Wittenberg, den 28.3.1977

Claudia Wenzel

Nach bestandener Aufnahmeprüfung an der Schauspielschule »Hans Otto« in Leipzig musste ich ein Jahr vor Studienbeginn diese Verpflichtungserklärung abgeben.

sen in dieser Stadt, endlich raus, zumindest in die enge »Weite« der Republik.

Das Studium in Leipzig war der Beginn. Und danach, 1982, kam ein Engagement an einer der renommiertesten Bühnen der DDR: am Leipziger Schauspielhaus. Ich hatte wirklich das Gefühl, »es geschafft zu haben«.

1979/80 Studentenaustausch in Moskau

Im zweiten Studienjahr findet ein Studentenaustausch zwischen dem staatlichen Institut für Theaterkunst GITIS in Moskau und meiner Schauspielschule »Hans Otto« in Leipzig statt. Einige Studentinnen und Studenten werden ausgewählt, und nach einigem Zittern erfahre ich zu meiner riesengroßen Freude, dass ich dazugehöre. Meine erste große Reise steht an!

Ich bin zwanzig Jahre alt und sehr aufgeregt. Reisen in den Westen sind undenkbar, jedenfalls für mich. Reisen in die sozialistischen Bruderländer sind offiziell möglich, aber man braucht ein Visum dafür, und am ehesten geht das, wenn man Teil einer Reisegruppe ist. Doch auch Gruppen von Studenten können solche Reisen machen, und es gibt Fahrten im Dienste des kulturellen Austauschs, so wie wir es jetzt vorhaben.

Vor allem die größeren Metropolen der Sowjetunion stehen bei solchen Reisen auf dem Programm: Leningrad, Minsk, Kiew, Moskau. Es gibt auch regelrechte Studienreisen zu den historischen Anziehungspunkten dieses riesigen Landes: die Kirchen des Kreml, das bedeutende russisch-orthodoxe Kloster Sagorsk oder Susdal, rund 220 Kilometer nordöstlich von Moskau gelegen und Hauptstadt des Goldenen Rings – eine der ältesten Städte Russlands. Diese Reisen sind sehr begehrt, und die Wartelisten sind lang.

Meine Eltern haben Anfang und Ende der Achtzigerjahre zwei solche Studienreisen mitgemacht, organisiert von der Volksbildung für Gruppen von Lehrerinnen und Lehrern. Sie kamen mit vielen wunderbaren Eindrücken zurück, und einige Bilder meines Vaters haben ihren Ursprung dort. Bis heute spürt man beim Betrachten die ganz besondere Stimmung dieser Kunstwerke, das Eintauchen in die Tiefen der Kultur, die Tragik, Schwere und Schönheit russischen Lebens.

Und nun darf also ich nach Moskau fahren. Meine Eltern sind fast so begeistert wie ich über diese Aussicht, sie gönnen mir diese besondere Erfahrung sehr.

Wir steigen am Ostbahnhof in Berlin in den Zug ein, der uns innerhalb von eineinhalb Tagen nach Moskau bringen soll. In den Vier-Bett-Abteilen, sehr einfach, aber praktisch ausgestattet, machen wir es uns sogleich gemütlich: Essen und Getränke werden ausgepackt, wir besuchen uns gegenseitig in den Abteilen, haben jede Menge Spaß. Schon kurz nach der Abfahrt wird von der Zugbegleiterin – auf Russisch heißen diese Frauen Deschurnaja, zu Deutsch: Diensthabende, und jede ist für einen Waggon zuständig – der Samowar für den guten russisch-grusinischen schwarzen Tee angeheizt, der auf Wunsch in den typisch verzierten Teebechern mit dünnwandigen Glaseinsätzen und zusammen mit Prjaniki, einem russischen Lebkuchengebäck, gereicht wird.

Die Fahrt geht durch Polen, über Warschau. Unendliche Weite, riesige Wälder, große Seen ziehen an uns vorbei. Wir sitzen zusammen, reden, trinken und laden unsere Zugbegleiterin zu einem Getränk ein. Der Kontakt fällt uns leicht, da wir alle in der Schule Russisch gelernt haben, unsere erste Fremdsprache, wenn auch nicht unbedingt unser Lieblingsfach. Jetzt erweist es sich als praktisch, dass ausreichend Vokabeln und Sätze vorhanden sind, denn die Verständigung ist kein Problem. Die Russin in ihrer Uniform ist herzlich und erzählt voller Stolz, dass die Abteile, die Waggons, in der DDR gebaut wurden. Immer wieder fällt im Gespräch das Wort Druschba – Freundschaft. Sie fragt uns Mädchen, ob wir dünne Nylon-Strumpfhosen dabeihätten, zum Tauschen. Ja, haben wir –

man hat uns schon darauf vorbereitet, dass die Strumpfhosen geradezu als inoffizielles Zahlungsmittel dienen. Und tatsächlich, dafür gibt es drei Flaschen Wodka, nicht zuletzt zur Freude unserer Kommilitonen.

Wir hatten uns vorher informiert, was man mitbringen kann, was man gegen Rubel tauscht oder womit man jemanden besticht, sollte es nötig werden. Begehrt sind DDR-Feinstrumpfhosen von Esda, die Antibabypille und DDR-Jeans, die wir selbst gar nicht tragen, weil sie in unseren Augen zu hässlich sind. Wir wollten und besorgten uns immer die West-Jeans von Levis und Wrangler.

Am Grenzübergang Brest, wo wir Polen verlassen und in die Sowjetrepublik Weißrussland/Belarus hineinfahren, wird die Reise erst einmal für über drei Stunden unterbrochen. Sämtliche Räderachsen werden für die breitere Schienenspur ausgewechselt, die in der Sowjetunion genutzt wird: Während der Großteil der europäischen Bahnen auf der sogenannten Normalspurweite von 1435 mm fährt, sind es in der Sowjetunion 1520/1524 mm. Wir sollen im Zug bleiben, und fasziniert schauen wir von unseren Fenstern aus zu, wie die Achsen der Wagen gelöst werden, der Zug gleichzeitig hydraulisch angehoben wird und die breiteren Räderachsen unter den Zug gesetzt werden. Eine beeindruckende technische Meisterleistung!

Weiter geht es Richtung Minsk und dann nach Moskau. Angekommen auf dem Belarussischen Bahnhof werden wir gleich von einer Gruppe Studenten des GITIS-Instituts und unseren Gastgebern mit Blumen, Brot und Salz empfangen. Meine Wittenberger Schulfreundin Kerstin, die seit unserem gemeinsamen Abi-Abschluss in Moskau an der Medizinischen Universität Pigorov studiert, steht auch auf dem Bahnsteig, und wir verabreden uns für einen der nächsten Tage. Das haben wir schon vor Wochen besprochen, schließlich gibt es noch keine Mobiltelefone, und das Festnetz in Moskau ist sehr limitiert.

Unser Studienleiter, G. Neubauer, spricht perfekt Russisch, und so haben wir für die nächsten Tage auch einen Dolmetscher an unserer Seite. Wir gehen mit den Studenten zu einer Metro-Station und fahren gemeinsam an den inneren Stadtrand zum GITIS-Institut und zum Internat, wo wir übernachten werden. Die Metro-Stationen sind gewaltig; lange Rolltreppen führen in die Tiefe. So etwas hatte ich bis dahin noch nicht gesehen! Eine Station ist schöner als die andere, richtige Prachtbauten sind das, kleine Paläste. Voller Bewunderung fahren wir durch Park Kultury, Arbatskaja, Majakowskaja, Roter Platz, um nur einige zu nennen.

Die Metro wird in den nächsten Tagen unser Fortbewegungsmittel sein. Das Metro-System funktioniert perfekt, im Dreiminutentakt fahren die Züge, sind sauber und bequem und billig. Fast jeder Fahrgast hat ein Buch oder eine Zeitung in der Hand, das finde ich beeindruckend.

Das Internat ist sehr spartanisch eingerichtet und erinnert eher an eine Kaserne. Auf der Toilette fehlen die Türen, Wasserhähne sind abgeschraubt, aber uns ist das alles ziemlich egal: Am Abend sitzen wir in gemütlicher Runde in einem Zimmer mit unseren liebenswerten russischen Schauspielstudenten, die alle irgendwelche Köstlichkeiten mitgebracht haben, und reden über die nächsten Tage. Ein Vorspiel unserer einstudierten Schauspielszenen ist geplant, ein Besuch des Roten Platzes und der Besuch des Lenin-Mausoleums, ein Besuch in der Kreml-Ausstellung, ein Theaterbesuch im berühmten Majakowski-Theater (wo man eigentlich nie Karten bekommt), eine Einladung zur Familie einer Studentin und, und, und … Die Herzlichkeit und Gastfreundschaft sind umwerfend. Ich spüre deutlich, unsere neuen Freunde wollen uns *ihr* Moskau zeigen, ihre wunderbare Stadt, auf die sie so stolz sind.

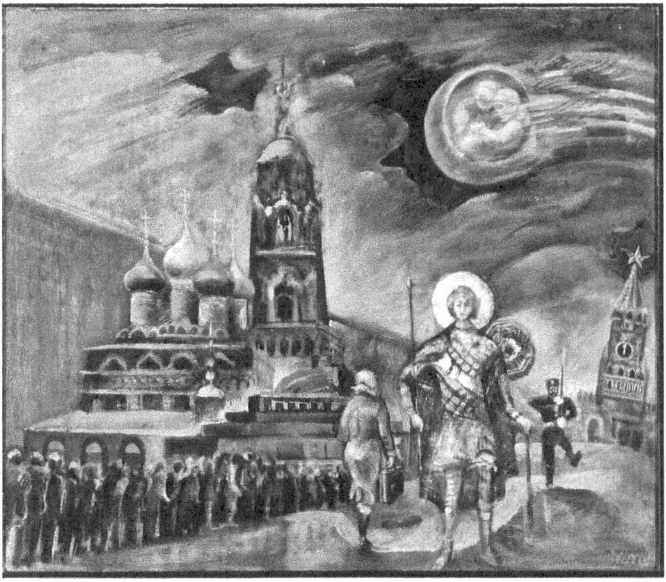

»Traumhafte Begegnung mit der Ikone des Heiligen Mercuri auf dem Roten Platz in Moskau«, Mischtechnik auf Hartfaser, 1978–81, Manfred Wenzel

An einem der Nachmittage treffe ich mich mit meiner Freundin Kerstin. Sie holt mich im GITIS ab, und wir fahren mit der Metro ins Zentrum der Stadt. Ich habe viele Fragen: Warum sind die Einkaufsläden so erschreckend leer? Bis auf die Grundnahrungsmittel Brot, Butter, Käse, Mehl und Eier gibt es fast nichts zu kaufen, zumindest liegt nichts in den Läden. Kerstin erklärt mir das System: Wenn es besondere Waren gibt, informiert man sich gegenseitig unter Freunden und Verwandten und fährt mitunter durch die ganze Stadt, um dies oder das auf Vorrat zu kaufen. Auf Gemüsemärkten muss man handeln und ein gutes Auge für die Ware haben.

Wir schlendern über den Roten Platz, gehen an der nicht enden wollenden Schlange von Menschen vor dem Mausoleum vorbei. Alle wollen den toten Lenin sehen. Für viele Touristen, aber auch für die vielen Russen aus dem Land ist es der Höhepunkt eines Moskau-Besuchs. Wir Studenten müssen ihn auch sehen, ihren Lenin, das geben uns unsere Gastgeber zu verstehen. Vor zwei Tagen haben sich unsere russischen Schauspielstudenten in die lange Schlange gestellt, während wir durch den Kreml wandelten. Kurz bevor der Eintritt ins Mausoleum anstand, waren wir wieder rechtzeitig da und liefen wie alle an dem Glassarg vorbei. Die Russen verneigten sich, waren voller Emotionen. Ich sah zum ersten Mal einen Toten, einbalsamiert, im Anzug, den großen berühmten Lenin. Klein war er, dieser Mann, und mir fiel das Lied über Lenin von Johannes R. Becher (zur Musik von Hanns Eisler) ein: »Er rührte an den Schlaf der Welt, mit Worten, die Blitze waren, sie kamen auf Schienen und Flüssen daher, durch alle Länder gefahren …«[2] Wir alle kennen dieses Lied, gesungen von Ernst Busch. Seine gesungenen Lieder als Brecht-Schauspieler sind im Chansonunterricht ein Muss. Ich kann also sagen: Ich habe ihn gesehen, den berühmten Toten, den kommunistischen Revolutionär und Begründer der Sowjetunion.

Zurück zu Kerstin und unseren Bummel über den Roten Platz. An den Straßenecken stehen unzählige Buden – na ja, meistens ist es nicht mehr als ein Tischchen mit einem Kanister – mit dem russischen Erfrischungsgetränk Kwass. Davon habe ich schon gehört, und ich will es unbedingt probieren. Für ein paar Kopeken kaufen wir von den alten russischen Mütterchen, sie sehen wirklich aus wie aus einem anderen Jahrhundert, dieses gesunde, leckere Getränk aus fermentiertem Brot. »Es ist so was wie das russische Nationalgetränk«, sagt Kerstin. Und die Erzählungen darüber sind nicht übertrieben: Kwass schmeckt sehr erfrischend und ein wenig säuerlich, ich kann gar nicht genug davon bekommen.

Im berühmten GUM-Kaufhaus sehen wir uns nach kleinen Geschenken um. Es ist anders organisiert als die großen Kaufhäuser, die man im Westen, aber auch bei uns kennt, eher wie eine heutige Shoppingmall, mit vielen kleinen Läden, die ihre unterschiedlichen Waren anbieten. Als Mitbringsel bieten sich Matroschkas an, aber auch Becher mit russischer Lackmalerei, bemalte Holzlöffel und Keramikteller. Vieles davon habe ich heute noch.

Zusammen mit Kerstin gehe ich auch in eine der Buchhandlungen. Die Menschen hier lesen viel, nutzen die zahlreichen öffentlichen Bibliotheken und sind zumeist sehr gebildet. Bücher und Schallplatten sind billig, sie kosten nur ein paar Rubel. Ich kaufe, wie meine Studienkollegen, viele Bücher in deutscher Sprache: die berühmten russischen Autoren, Kunstbände und vieles, was bei uns nicht zu bekommen ist. 1 Rubel und 50 Kopeken kosten manche Bücher nur, das ist doch unglaublich! Aber dahinter steht politisches Kalkül: Alle sollen die gleichen Möglichkeiten haben, sich Bücher und Bildung zu leisten.

Im berühmten Hotel Moskwa am Roten Platz möchte ich unseren Nachmittagsbummel beenden und Kerstin zu einem Eis einladen. In der DDR ist das Moskauer Eis, meistens ein cremiges Vanilleeis zwischen zwei Waffeln, geradezu legendär. Der Hotelportier begrüßt uns freundlich, als er unsere deutsche Sprache wahrnimmt, und begleitet uns in ein Restaurant. Da sitzen auch viele andere deutsche Touristen, denen wir gleich ansehen, dass sie aus Westdeutschland sind. Kerstin weist den Kellner darauf hin, dass wir keine Devisen haben, nur DDR-Geld und Rubel. Freundlich bittet man uns daraufhin, im anderen Teil des Hotelrestaurants Platz zu nehmen. Wir DDR-Bürger sind wegen des »falschen« Geldes und des »falschen« Passes Gäste zweiter Klasse, das empfinde ich in diesem Moment sehr stark, aber wir werden trotzdem als Freunde behandelt. Das Moskauer Eis schmeckt ohnehin in beiden Teilen des Restaurants gleich gut.

Als Kerstin dem Kellner in ihrem perfekten Russisch erzählt, dass ich Schauspielstudentin bin, zu Gast im GITIS, sind dem Mann alle Vorschriften egal: Er holt uns – auf Kosten des Hauses – noch eine Portion Eis. Und er lässt uns nicht gehen, bevor wir auch noch zwei Gläser mit »sto Grammow Wodka« (100 Gramm Wodka, in Russland wie übrigens auch in Griechenland berechnet man den Schnaps nach Gramm, nicht nach Millilitern) auf sein Wohl getrunken haben.

Ja, Künstler werden in Russland besonders verehrt und bewundert. Dies erlebe ich am Abend auch im Majakowski-Theater. Oleg Tabakow, ein berühmter Film- und Theaterschaffender der UdSSR, hatte uns an einem der Tage seine Arbeit mit Schauspielschülern am *Dschungelbuch* vorgestellt. Das hat uns sehr beeindruckt, genau wie die Gespräche über die Schauspielmethoden von Stanislawski und Brecht, die auch an unseren Schauspielschulen in der DDR vermittelt werden. Nun hat er also auch noch Theaterkarten für uns besorgt.

Vor dem Theater steht eine lange Schlange von Menschen, viele wollen noch eine Karte ergattern. Es gibt auch noch einige, natürlich unter der Hand, und man muss handeln. »Das ist jeden Abend so«, sagt Oleg Tabakow, »obwohl das Stück schon ewig läuft.« Theatervorstellungen, Ballett, Konzerte kann sich jeder leisten. Der Eintritt ist sehr billig.

Wir sehen eine Aufführung eines bedeutenden russischen Autors. Theaterstücke von Puschkin, Gogol, Ostrowski, Tschechow, Gorki, Bulgakow, Aitmatow, um nur einige zu nennen, sind auch bei uns Studenten sehr beliebt, werden an den Theatern der DDR vielfach aufgeführt, und in meiner weiteren Theaterkarriere werde ich das Glück haben, in einigen von ihnen spielen zu können. Neben der Mascha in den *Drei Schwestern* von Anton Tschechow spiele ich am Leipziger Theater auch noch die Hexe Hella in *Der Meister und Margarita* von Michael Bulgakow.

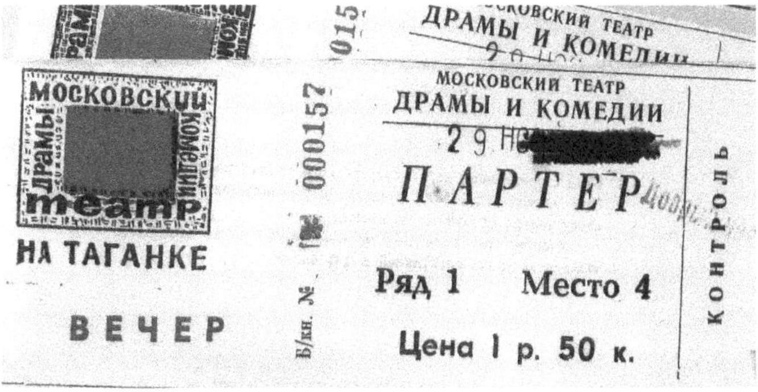

Eintrittskarte für das Moskauer Taganka-Theater 1980 – 1 Rubel und 50 Kopeken kostete der Besuch der Vorstellung.

Die großartigen Schauspieler werden an diesem Abend am Ende von ihrem Publikum gefeiert. Ich werde nie vergessen, wie ich mich wunderte, dass so viele Theaterbesucher beim Hineingehen Blumen in der Hand hatten. Das kannte ich nur von Premieren. Aber hier warf und übergab am Ende der Vorstellung gefühlt die Hälfte der Zuschauer Blumen als Zeichen ihrer Verehrung und des Dankes. Das hat mich zutiefst berührt, zumal man mir versicherte, das sei immer so. In solchen Momenten konnte man ganz besonders spüren, wie unglaublich wichtig den Russen Kunst, Kultur und Bildung nach Jahrhunderten der Knechtschaft im Zarenreich waren.

Am letzten Abend waren wir zu einer Studentin nach Hause eingeladen. Ihr Vater, ein Funktionär, hatte eine herrliche Wohnung auf dem Gorki-Prospekt, einer jener Stalin-Prachtalleen, die es in Ostberlin auch gibt. Eine Wohnung über zwei Etagen, Aufzüge, Müllschlucker, Badezimmer, purer Luxus für russische Verhältnisse. Die Tafel war für uns Studenten überreich gedeckt. Zwei alte Babuschkas, die Großmütter, saßen in der Küche und formten fleißig Pelmeni und andere russische Köstlichkeiten. Wir staunten sehr, was so alles auf dem Tisch stand, angesichts der gähnenden Leere in den Läden. Nun, hier wurde jedenfalls aufgetafelt, und es fehlte scheinbar an nichts. Durch meine Freundin Kerstin wusste ich, dass die Beschaffung von Lebensmitteln mit viel Aufwand verbunden war. Aber die Gastfreundschaft der Russen war wirklich legendär, so etwas habe ich nie wieder erlebt. Egal, wo wir waren, wir wurden eingeladen, und für uns wurde nur das Beste auf den Tisch gestellt. Dazu genug Wodka, und das Fest, die Feier begann mit einem Maß an Herzlichkeit und Freundlichkeit, das mich immer wieder tief berührte.

Wir reden und philosophieren über Kunst, übers Theater, über die DDR, die UdSSR und unser Leben. Ich höre zum ersten Mal einen Spruch von dem großen russischen Schriftsteller Anton Tschechow: »Das Leben ist das Leben, etwas anderes ist nicht bekannt«, sagt Valentina, die Frau unserer Gastgeberfamilie. Später lese ich das Originalzitat von Tschechow, das er an seine Frau, die Schauspielerin Olga Knipper, schrieb: »Du fragst: Was ist das Leben? Genauso könnte man fragen: Was ist eine Mohrrübe? Eine Mohrrübe ist eine Mohrrübe, und etwas anderes ist nicht bekannt.«[3] Da ist sie, die russische Seele, diese tiefe Melancholie, dieses Suchen nach dem Sinn des Lebens.

Kurzer Einschub: In meiner ersten Ehe war ich mit Andreas K. verheiratet. Seine Großmutter hat noch am Zarenhof in St. Petersburg gelebt, seine Mutter wurde in Russland geboren. Er wuchs bei seiner Großmutter und Mutter auf, und er hatte viel von dieser »russischen Seele« in sich.

Die letzte Nacht in Moskau ist kurz nach diesem wunderbaren Abend, wir feiern und tanzen so ausgiebig, dass wir unsere Rückfahrt fast verpassen. Irgendwie hat sich unser Studienleiter in der Abfahrt geirrt oder durch den Restalkohol die Abfahrtszeit verwechselt. In letzter Minute, mit hängender

Zunge und total aufgeregt, erreichen wir den Zug zurück nach Berlin. Unsere Köpfe sind randvoll mit Eindrücken von diesem großen Land, von Moskau, von den Menschen und ihren Geschichten. Einige Gespräche bleiben in meinem Kopf, noch lange nachdem wir wieder in Deutschland angekommen sind. Fast jede Familie hat bei der Befreiung Deutschlands vom Faschismus ein Mitglied auf den Schlachtfeldern verloren. Die vielen Denkmäler für die gefallenen Soldaten der Roten Armee, immer mit Blumen geschmückt und immer verehrt von der Bevölkerung, die vielen alten Männer mit ihren Uniformen, die mir auf den Straßen Moskaus begegneten, behängt mit militärischen Auszeichnungen und Orden, haben mich noch mal auf ganz andere Weise spüren lassen, was dieser Zweite Weltkrieg angerichtet hat. Von da an war der 8. Mai, der »Tag der Befreiung«, ein wichtiger Tag auch für mich ganz persönlich. Bis 1967 war er ein Feiertag in der DDR und dann immer ein Tag mit besonderer Würdigung und Demonstrationen.

Bis heute gehe ich am 8. Mai an das Sowjetische Ehrenmal im Tiergarten an der Straße des 17. Juni und lege für die während des Zweiten Weltkriegs gefallenen sowjetischen Menschen – mehr als 9 Millionen Soldaten und mehr als 14 Millionen Zivilisten – Blumen nieder. Auch nach dem Angriffskrieg von Putin gegen die Ukraine habe ich dies in den letzten zwei Jahren getan. Ich bin traurig darüber, dass die Politiker meines Landes nicht in der Lage sind, zu differenzieren zwischen früheren Leistungen und Entwicklungen der Sowjetunion und der heutigen putinschen Politik. Das Ehrendenkmal ist am 8. Mai eingezäunt, von Polizisten bewacht, und die Gedenkbekundungen werden immer weniger. Am 8. Mai 2024 habe ich Folgendes erlebt:

Ich fahre mit meinen Blumen zum Ehrenmal. Die Straße des 17. Juni ist bis zur »Goldelse« gesperrt, in Vorbereitung der Fußball-EM. Man kann aber über den Tiergarten zu dem

Denkmal für die gefallenen sowjetischen Soldaten gehen. Fünf Polizeiautos sind davor postiert. Links und rechts neben dem Denkmal, etwas versteckt, stehen Polizisten. Ich bin mit einem Paar die einzige Besucherin und frage die beiden, warum sie hier sind. »Gegen das Vergessen und aus Mitgefühl für die gefallenen Soldaten, die uns vom Faschismus befreit haben«, lautet die Antwort.

Genau das denke ich auch und schaue traurig auf die wenigen Kränze und Blumen, die vor dem Denkmal liegen. Ich bin enttäuscht, dass wir jetzt gerade hier nur zu dritt stehen, und hoffe, dass es im Laufe des Tages weitere mutige Besucher geben wird, die dieses wichtige Zeichen der Dankbarkeit setzen.

Ehrlich gesagt, ich habe nie verstanden, dass der 8. Mai, dieser wichtige Tag in der deutschen Geschichte, nach der Wiedervereinigung kein gesetzlicher Feiertag wurde. Mir ist klar, dass es in den ersten Jahren und Jahrzehnten schwierig war, das Ende des Zweiten Weltkriegs, das für viele Deutsche noch einmal mit großer Not und viel Elend einherging, zu feiern. Viele Westdeutsche bezeichneten diesen Tag, der im Osten immer »Tag der Befreiung« hieß, ja noch lange als »Tag der Kapitulation« oder »Tag des Zusammenbruchs«.

Doch in den Achtzigerjahren änderte sich die Haltung dazu. Der damalige Bundespräsident Richard von Weizsäcker bezeichnete 1985 in einer viel beachteten Rede vor dem Bundestag den 8. Mai als »Tag der Befreiung«: »Und dennoch wurde von Tag zu Tag klarer, was es heute für uns alle gemeinsam zu sagen gilt: Der 8. Mai war ein Tag der Befreiung. Er hat uns alle befreit von dem menschenverachtenden System der nationalsozialistischen Gewaltherrschaft«, so von Weizsäcker. Und seine Rede endete mit dem Appell: »Ehren wir die Freiheit. Arbeiten wir für den Frieden. Halten wir uns an das Recht. Dienen wir unseren inneren Maßstäben der Gerechtigkeit. Schauen wir am heutigen 8. Mai, so gut wir es können, der Wahrheit ins Auge.«[4]

Diese Rede von Richard von Weizsäcker war nicht unumstritten in Westdeutschland, aber sie wurde zu einem Wendepunkt in der westdeutschen Erinnerungskultur. Hätte es sich nicht gelohnt, diesen Tag, der eine gemeinsame Erfahrung aller Deutschen markiert, zum gemeinsamen Feiertag zu machen? Wäre nicht ein Feiertag am 8. Mai, nach der Wiedervereinigung Deutschlands, die vor allem durch die Politik und Kompromissbereitschaft der damaligen Sowjetregierung unter Führung von Gorbatschow möglich wurde, ein gutes Zeichen gewesen?

Mir fällt dazu eine Textstelle ein, sie stammt aus dem Drama *Drei Schwestern* von Anton Tschechow, das 1901 am Moskauer Künstlertheater uraufgeführt wurde. Mascha sagt am Ende in dem Theaterstück: »Irgendwo in der Mitte der Zeit gibt es die Möglichkeit, sich immer wieder falsch zu entscheiden, wieso ist das so?«[5]

1982
Mein erstes Theaterengagement am Leipziger Schauspielhaus

Nach vier Jahren Schauspielstudium, davon zwei Jahre am Studio Leipzig, folgt für uns Schauspielstudenten das berühmte Intendantenvorspiel, das im Leipziger Kellertheater stattfindet. Dazu werden alle Intendanten der Theater der DDR eingeladen, und wir spielen verschiedene einstudierte Szenen-Studien vor: Bei mir sind es Szenen aus dem Theaterstück *Woyzeck* von Büchner (in der Rolle der Marie), aus *Gutenachtgeschichten* von O'Casey die Angela, übrigens zusammen mit Frank Apitz – heute u. a. bekannt aus der ARD-Serie *Notruf Hafenkante* –, aus *Die Hose* von Sternheim (die Luise). Und ich singe zwei Chansons.

Danach »kaufen« die Intendanten die Schauspielschüler für ihr Theater »ein«, wie es bei uns an der Theaterhochschule hieß. Die Kriterien sind unterschiedlich: An einem Theater fehlt eine junge Frau, an einem anderen zwei junge Männer … Wie auch immer, alle bekommen einen dreijährigen Absolventenvertrag. Die Ausbildung war hervorragend, und nun können wir als Anfänger die wichtigen Berufserfahrungen sammeln. Wir haben unser Handwerk gelernt und können es jetzt erweitern, verbessern, perfektionieren – an der Seite erfahrener Schauspieler und Regisseure. Und keiner ist arbeitslos.

Ich habe das große Glück, durch meine Rolle des Gretchens im *Faust I* von Goethe, die ich schon am Leipziger Schauspielhaus spiele, dort auch engagiert zu werden. Diese Besetzung und Arbeit, noch als Schauspielstudentin im Jahr 1981, hat mir

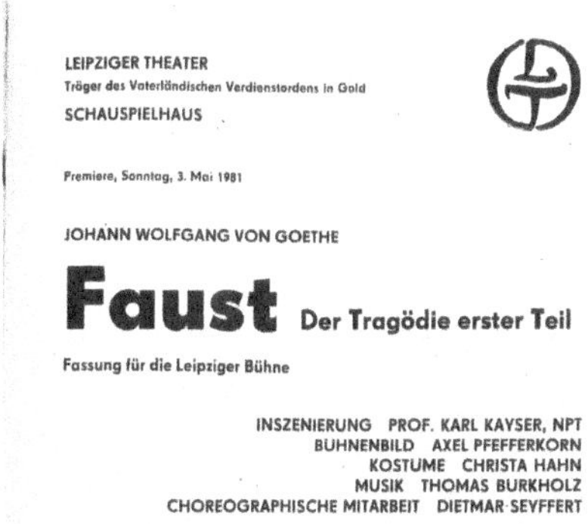

LEIPZIGER THEATER
Träger des Vaterländischen Verdienstordens in Gold
SCHAUSPIELHAUS

Premiere, Sonntag, 3. Mai 1981

JOHANN WOLFGANG VON GOETHE
Faust Der Tragödie erster Teil
Fassung für die Leipziger Bühne

INSZENIERUNG PROF. KARL KAYSER, NPT
BUHNENBILD AXEL PFEFFERKORN
KOSTUME CHRISTA HAHN
MUSIK THOMAS BURKHOLZ
CHOREOGRAPHISCHE MITARBEIT DIETMAR SEYFFERT

Programmheft Goethe Faust I am Leipziger Theater (Premiere 3. Mai 1981)

die ersehnte Tür geöffnet und ich habe die Chance genutzt. Glück gehört zu meinem Beruf dazu, und der Glücksumstand in diesem Fall war, dass gerade in dieser Zeit der Intendant vom Leipziger Theater diese Inszenierung vorbereitete und ein junges, nicht blondes Gretchen suchte. Er war an der Schauspielschule und sah sich verschiedene Szenen-Vorspiele von mir an. Meine Studentengastrolle am Leipziger Schauspielhaus als Margot Frank (die Schwester von Anne Frank) in der Inszenierung *Das Tagebuch der Anne Frank* hatte ihn wohl überzeugt und neugierig auf mich gemacht.

Es war eine harte Arbeit, als Anfängerin diese große Rolle in einem Ensemble von gestandenen Schauspielern zu proben. Zweifel sowohl aufseiten der Regie als auch bei mir prägten diese anstrengende, intensive Probenarbeit. Auch die Erfahrungen mit dem Theaterbetrieb, mit Wohlwollen, Neid und Intrigen im Ensemble waren für mich neu. Aber ich kämpfte mich durch, mit Fleiß, Ausdauer und meinem Siegeswillen, gelernt in der Sportlerzeit, diese große Frauengestalt von Goethe mit meinen Möglichkeiten zu gestalten. Ich wollte auf keinen Fall umbesetzt werden, ich wollte sie spielen!

Die Premiere kam. Diese erste große Nervosität werde ich nie vergessen. Mein Auftritt wurde für mich und das Leipziger Schauspielhaus ein Erfolg. Mein Bruder, der zu dieser Zeit noch in Berlin Kulturwissenschaft studierte, kam extra zu der Premiere nach Leipzig. Er, der mich immer unterstützte und auch ermutigt hatte, diesen Beruf zu wählen, der meine ersten Rollenausschnitte mit mir einstudierte, mit denen ich mich an der Schauspielschule bewarb, damals zu Hause in der Thomas-Müntzer-Straße. Nachts nach der Premierenfeier saß er mit mir in meiner Studentenwohnung in der Sternwartenstraße. Wir begossen mit viel Alkohol diesen Einstieg in meinen Traumberuf: meinen ersten Theatererfolg.

1984
Jenseits der Mauer I

Meine durchaus kritische Haltung zur DDR war für mich kein Anlass, das Land zu verlassen oder bei einem Gastspiel im Westen zu bleiben. Ich kannte aus meinem Freundeskreis einige Künstler mit Ausreiseanträgen in die BRD. Ich verstand ihre Situation, dass sie gehen wollten, dass sie in der DDR so nicht mehr leben konnten. Doch mein Entschluss stand fest: Ich wollte bleiben.

1984 steht dieser Entschluss zum ersten Mal richtig auf dem Prüfstand: Mein erstes Gastspiel in der BRD, meine erste Reise mit dem Leipziger Theater ins nichtsozialistische Ausland steht an. Sie müssen mich mitnehmen, denn ich spiele das Gretchen, die weibliche Hauptrolle im *Faust I* von Goethe. Diese Rolle kann nicht einfach umbesetzt werden, wie man es mit einigen Kollegen tut, die keine sogenannten Reisekader sind. Also werde ich nun Reisekader sein, nach einem Gespräch mit meinem Intendanten, dem damaligen Mitglied des Zentralkomitees der SED, Professor Karl Kayser. Dieser erzählt mir, dass ich bei dem Gastspiel vielen Verführungen des bösen Kapitalismus werde widerstehen müssen. Ich erfahre von ihm, dass er volles Vertrauen in mich setzt, dass ich wiederkommen werde und nicht in der BRD bleibe. Er persönlich habe sich schließlich für mich verbürgt.

Während er redet, denke ich die ganze Zeit, was will der eigentlich? Meine Familie, meine Freunde, mein damaliger Freund, alle leben hier, was soll ich in der BRD? Natürlich kenne ich Kollegen mit Ausreiseanträgen, und ihr Alltag als Antragsteller auf Ausreise in die BRD ist mir abschreckendes Beispiel genug.

Nachdenklich macht mich allerdings ein Gespräch mit zwei Herren, die wenig später bei mir auftauchen, um noch mal alle Papiere für das Gastspiel zu kontrollieren und mit mir zu besprechen. So ganz nebenbei und zwischendurch erzählen sie mir, was mit meiner Familie passiert, wenn ich nicht wiederkomme. Mein Bruder könnte nicht weiter auftreten mit seinem Liedertheater »KARLS ENKEL«, meine Eltern würden wohl in der Kleinstadt Wittenberg viele Schwierigkeiten bekommen, und mein Vater könnte ganz sicher nicht mehr als Kunsterzieher an den Erweiterten Oberschulen (heute Gymnasien) unterrichten. Meine Schwestern könnten ihre Ausbildung nicht beenden … Und so weiter und so fort. Sippenhaft nennt man das wohl.

Ich bin zum Glück naiv und instinktiv klug genug, den beiden Herren wie auch zuvor schon meinem Intendanten zu versichern, dass ich gar nicht die Absicht hätte, im Westen zu bleiben. »Was soll ich da?«

Das war meine einzige direkte Begegnung mit Mitarbeitern der Staatssicherheit, zumindest soweit mir dies bewusst ist. Mag sein, dass ich bei anderer Gelegenheit Leuten von der Stasi begegnet bin, ohne es überhaupt zu bemerken, aber diese beiden waren leicht zu erkennen. Sie waren betont freundlich, aber später fiel mir auf, dass sie sich nicht einmal namentlich vorgestellt hatten.

Kurz vor dem Gastspiel des Leipziger Schauspiels und meiner ersten Westreise bekam ich allerdings überraschend Besuch von einem Bekannten aus meiner Sportlerzeit an der Kinder- und Jugendsportschule in Halle an der Saale. Er stand eines Tages vor meiner Wohnungstür, war »ganz zufällig« in der Nähe und hatte meine Adresse angeblich im Theater bekommen. Ja, und da hatte er sich gedacht, er könnte doch mal bei mir vorbeischauen. Auf dem Sofa sitzend, plauderte er munter über alte Zeiten, wollte sehen, wie ich jetzt wohne und wie es mir so ginge als Schauspielerin. Später wurde mir klar, warum er diesen Überraschungsbesuch bei mir machte. Er hatte offensichtlich den Auftrag, nachzuschauen, ob noch alles da war in meinem Haushalt. Und er sollte meine Stimmung, meine Einstellung zu dem Gastspiel überprüfen. Nach der Wende erfuhr ich, dass er IM (Informeller Mitarbeiter) der Staatssicherheit war.

Aber nun gut: Das lag alles hinter mir, und offenbar hatte ich die Sorgen der staatlichen Stellen zerstreuen können, und los ging's. Ich fuhr also im Bus mit dem Leipziger Schauspielensemble in den untergehenden, dahinsiechenden Kapitalismus, die feindliche BRD, wie ich es in der Schule gelernt hatte.

Als wir über die innerdeutsche Grenze fahren, gehen mir viele Gedanken durch den Kopf. Was für eine unmenschliche Grenzanlage, was für ein brutales Bauwerk! Man hatte ja keine Vorstellung davon, was hinter der Mauer oder dem Grenzzaun noch alles kam: der sogenannte Todesstreifen. Das sind schon sehr beklemmende Gefühle, als die Grenzer durch den Bus laufen und mit Spiegeln und Hunden darunterschauen. Meine Oma fällt mir ein und Freunde, die immer von den nervtötenden, oft unmenschlichen Grenzkontrollen berichteten und darüber fluchten. Dann haben wir die Grenze hinter uns, und ich denke, das ist also der andere Teil deines Landes, hier haben deine Oma und dein Opa gelebt, die du nie besuchen durftest. Ach, wenn die beiden das noch erlebt hätten, dass ich mit dem Leipziger Ensemble in der BRD auftrete!

Während wir durch das Land in Richtung Ludwigshafen fahren, wo unser Gastspiel stattfinden soll, fällt mir ein Liedtext von Nina Hagen ein: »Alles so schön bunt hier …« Und ich habe tatsächlich auch das Gefühl, die Luft ist anders. Zum ersten Mal wird mir durch den Kontrast so richtig bewusst, wie grau, trist und kaputt mein Land ist. Hier kommt mir alles so sauber vor, und die Häuser sehen schön aus!

Tagebuchnotizen
Sonnabend, 25. April 1984

Vor der Probe laufe ich durch die Stadt, der Markt ist aufgebaut. Oh, die vielen Blumen und das Obst-Angebot! Ich gehe in einen Supermarkt, und das Angebot an unterschiedlichen Lebensmitteln erschlägt mich. Ich will nur einen Joghurt kaufen, aber es gibt so viele Sorten, dass die Auswahl schwerfällt. In Leipzig kommt Mittwochnachmittag der LKW aus dem VEB Molkereiprodukte und bringt drei Kisten, eine Stunde später sind sie ausverkauft. Eine andere Welt.
20 DM Tagegeld habe ich bekommen, das wird gespart für Klamotten und eine Platte von Udo Lindenberg.
Ich laufe zur Probe 10 bis 14.30 Uhr, abends 19 Uhr Vorstellung im Ludwigshafener Pfalzbau »Faust I«, ein volles Haus, ein tolles Publikum und ein schöner Erfolg. Mein Gretchen bekommt Bravos!

Die paar Tage fliegen nur so dahin. Ich lerne viele freundliche Menschen kennen, gewöhne mich etwas an den Konsumrummel – es gibt einfach alles!

Am letzten Abend werde ich eingeladen, und ich verbringe meine letzte Gastspielnacht bei einer Fete von Theaterleuten und Westdeutschen aus unterschiedlichen Berufsgruppen in Mannheim. Man redet auf mich ein, ich solle bleiben. Der Schauspielleiter vom Mannheimer Theater bietet mir spontan einen Vertrag an. Ich bin in entsetzlichen Gewissensnöten, bekomme mein Weltbild nicht mehr zusammen. Frage mich, warum hatte ich das Pech, im anderen Teil Deutschlands geboren worden zu sein? Das ist doch auch mein Land, man spricht meine Sprache, das sind auch meine Landschaften, es ist unsere gemeinsame deutsche Geschichte! Vor allem die Offenheit in den Diskussionen und Gesprächen beeindruckt mich. Ich bekomme eine Ahnung von einer Art Freiheit, die ich bisher so nicht kannte.

Im Morgengrauen des letzten Gastspieltages komme ich in mein Hotel zurück. Dort sitzen bei der Rezeption, auf mich wartend, ein Dramaturg und die Sekretärin des Intendanten und reden aufgeregt auf mich ein. Wie verantwortungslos von mir, erst jetzt zu erscheinen, mein Zug fährt in zwei Stunden! Ich solle sofort auf mein Zimmer gehen, das hätte ein Nachspiel. Man hat wohl gedacht, ich setze mich ab und tauche nicht wieder auf.

Zwei Stunden später fahre ich mit der Sekretärin zum Bahnhof. Da ich in den anderen Stücken nicht besetzt bin und dort nicht mitspiele, war diese Zwei-Personen-Rückreise von vornherein so geplant. Auf dem Bahnsteig große Überraschung: Abschiedsparty von den Freunden, mit denen ich letzte Nacht geredet, diskutiert und gefeiert habe. Wildfremde Menschen, gerade erst kennengelernt, bringen Geschenke und Briefe.

Die Sekretärin fordert mich immer wieder auf, sofort in den Zug zu steigen. Im letzten Moment steige ich tatsächlich ein, aber es fällt mir schwer. Ich fahre zurück in ein Land, in *mein* Land, in dem ich eingesperrt bin. Das wird mir zum ersten Mal so schmerzhaft bewusst. Keine der Einladungen, die man mir zugesteckt hat und die ich jetzt in meinem Gepäck trage, werde ich wahrnehmen können. Was ist das für ein Land, das seine Menschen einsperrt?

Diese Tage haben mich verändert und meine Sicht auf die DDR verschoben.

Der krönende Abschluss meiner ersten Westreise folgt an der Grenze. Von meinem gesparten Tagegeld habe ich mir tatsächlich eine Platte von Udo Lindenberg gekauft. Sie liegt ganz oben in meinem Koffer. Bei der Zollkontrolle sagt der Gren-

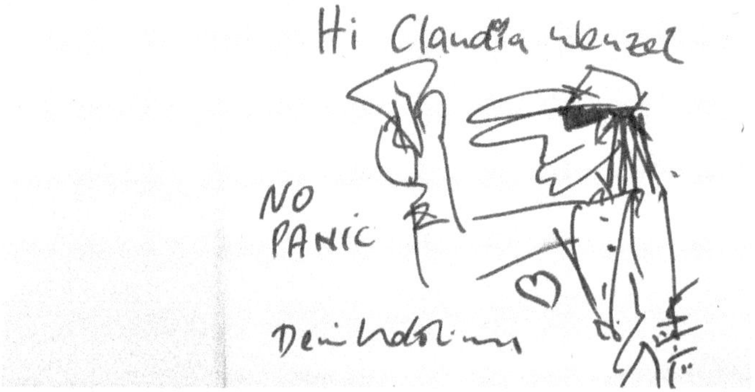

Meine ganze Freude: eine persönliche Widmung von Udo Lindenberg, nach dem Mauerfall

zer: »Was ist das?« Ich: »Eine Platte von Udo Lindenberg!« Der Beamte: »Das ist kapitalistisches Gedankengut, die Platte wird einbehalten!« Daraufhin entgegne ich: »Geben Sie mir die Platte wieder, Sie können froh sein, dass ich überhaupt zurückgekommen bin!«

»Mitkommen!« Der Zöllner und ein Grenzbeamter führen mich in ein leeres Abteil. Da sitze ich nun und warte. Irgendwie ist mir inzwischen fast alles egal. Angst habe ich keine, ich bin einfach nur wütend.

Eine Viertelstunde später sehe ich meine Reisebegleiterin und Aufpasserin, die Sekretärin des Intendanten, mit den Grenzern reden. Die Tür geht auf, ich bekomme meine Platte wieder, und meine Reisebegleiterin sagt: »Claudia, wir hatten so ein schönes, erfolgreiches Gastspiel in der BRD. Sie sind eine junge, hochbegabte sozialistische Künstlerin, machen Sie sich doch bitte nicht alles kaputt mit irgendwelchen unbedachten Handlungen und Äußerungen.« Dann geht unsere Reise weiter, mit Udo Lindenberg im Gepäck – ein kleiner Sieg.

Die restliche Fahrt verbringe ich schweigend in unserem Abteil, schaue durch das schmutzige Zugfenster auf das graue Land. Als wir wieder in Leipzig sind, gehe ich zu meiner

Freundin, der Ärztin Marion G., und lasse mich eine Woche krankschreiben.

Ab jetzt ist alles anders. Mein Blick auf das Land, in dem ich glücklich und wohlbehütet aufgewachsen bin, hat sich merkbar verändert.

Nachtrag: In den Neunzigerjahren traf ich bei einem ZDF-Sommerfest in Hamburg Udo Lindenberg. Ich erzählte ihm meine Geschichte, und Wochen später signierte er mir diese Platte an der Bar im Hotel Atlantic in Hamburg bei einem Gläschen Eierlikör.

1985
Mauerliebe

Im Frühjahr 1985 bin ich bereits das dritte Jahr festes Ensemblemitglied des Schauspielhauses Leipzig und habe sehr viel zu tun. Neben ersten TV- und Kinoarbeiten spiele ich am Theater Klassiker, Gegenwartsstücke und Musicals und natürlich auch Komödien, darunter das unverwüstliche Stück *Der Raub der Sabinerinnen* von Franz und Paul von Schönthan.

Das Stück ist gerade hundert Jahre alt geworden, läuft bereits seit 1983 und feiert riesige Erfolge beim Publikum, dank eines hervorragenden Striese, den Fred-Arthur Geppert spielt. Ich stehe in der Rolle der Marianne auf der Bühne, eine der Gollwitz-Töchter, angelegt als Bürgerdämchen zwischen Naivität und Laszivität.

Mein Bühnenpartner, im Theaterstück mein Ehemann, wird krank, und um die ausverkauften Vorstellungen nicht ausfallen zu lassen, wird nach einem Schauspieler gesucht, der diese Rolle schon einmal gespielt hat und den Part übernimmt, um die Vorstellungen zu retten. Rüdiger Joswig aus Cottbus wird uns zu den kurzfristigen Übernahmeproben angekündigt.

Unser Intendant, Prof. Karl Kayser, ruft vor Probenbeginn das Ensemble zusammen und teilt uns Folgendes mit: »Wir haben einen Schauspieler gefunden, der die Rolle von Dr. Leopold Neumeister übernehmen kann. Dieser Joswig hat allerdings bereits 1982 einen Ausreiseantrag gestellt. Er ist ein Dissident und Verräter unseres Landes. Deshalb sollten Sie alle nur dienstlich mit ihm sprechen und die Proben und Vorstellungen auf keinen Fall für private Gespräche nutzen. Wir haben leider keinen anderen Schauspieler gefunden, der in der

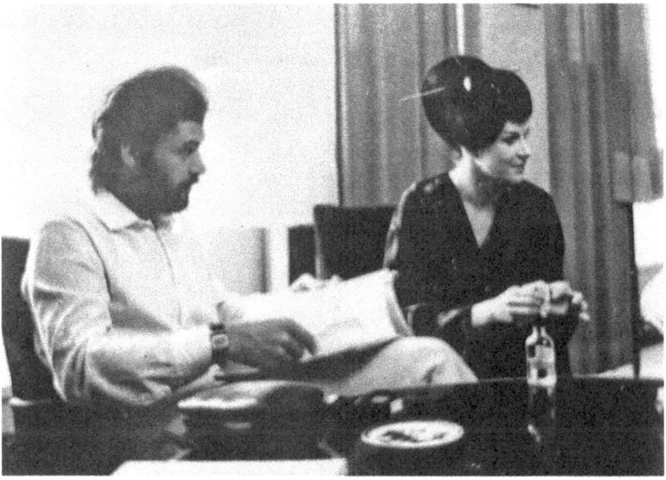

Im Konferenzraum des Leipziger Theaters 1985 –
erste Begegnung mit Rüdiger Joswig

Kürze der Zeit diese große Rolle übernehmen kann. Joswig hat die Rolle in Cottbus gespielt, gleicher Regisseur, ähnliche Inszenierung.«

Ich bin mal wieder sprachlos über die Art der Machtausübung durch unseren Intendanten, der gleichzeitig Mitglied des ZK der SED ist. Aber irgendwie haben wir uns alle daran gewöhnt, also gibt es kaum eine öffentliche Reaktion auf diese Ansprache; jeder geht in seine Garderobe und denkt sich seinen Teil.

In Künstlerkreisen weiß man, wer das Land verlassen will, wer gehen durfte oder immer noch von den zuständigen Behörden schikaniert wird. Ich bin in Leipzig mit einem Künstlerehepaar mit Ausreiseantrag befreundet. Er ein bekannter Maler, Hans-Hendrik Grimmling, seine Frau Stefanie Ketzscher ist Fotografin, und ich weiß, wie deren Alltag aussieht. Solche Schicksale sind abschreckende Beispiele für uns!

Rüdiger Joswig kommt, und ich bin einfach neugierig auf diesen Schauspieler, der seit drei Jahren mit seiner Familie auf die Genehmigung seiner Ausreise wartet. Ich gehe mit diesem interessanten, sehr gut aussehenden Kollegen unsere gemeinsamen Szenen durch, und natürlich reden wir auch über seinen Ausreiseantrag.

Ich will wissen, wie es ihm geht, wovon er lebt, wie er von staatlicher Seite behandelt wird. Wir sitzen allein im sogenannten Konferenzraum und plaudern.

Der Inspizient schaut mehrmals herein, und ich sage: »Wir machen Text!« Ja, so war man erzogen, instinktiv hatte man für den Fall einer politisch brenzligen Situation immer die passende rettende Antwort parat.

Als Bühnenpaar haben wir auch einige schöne Liebesszenen. Eigentlich normale Arbeit, der Bühnenkuss, die Blicke, die Berührungen, aber diesmal ist da mehr mit diesem wunderbaren Kollegen, das spüre ich. Während der Vorstellungen sitzen wir immer allein im Konferenzraum, dem Aufenthaltsraum der Schauspieler. Sonst sitzen meine Kollegen auch hier, spielen Skat oder Schach und rauchen. Er fragt mich, warum keiner der Schauspieler hier ist während der Vorstellungen.

Ich gebe ihm eine ausweichende Antwort. Jahre später, als wir uns wiedersehen, erzähle ich ihm von der Ansprache des Intendanten im Vorfeld seines Gastspiels.

Nach einer der Vorstellungen lädt er mich noch auf ein Glas Wein in sein Hotelzimmer ein. Ich gehe nicht mit, obwohl ich ziemlich verknallt in ihn bin. Aber die Vernunft sagt mir: Ich bin verheiratet, er hat eine Familie – und einen Ausreiseantrag.

Wir bleiben in lockerem Kontakt, bis ich erfahre, dass er im Frühjahr 1987, nach über vier Jahren Wartezeit, endlich nach Westberlin ausreisen durfte.

Nach dem Mauerfall, im April 1992, begegnen wir uns in Leipzig wieder. Große Wiedersehensfreude, lange Küsse, diesmal keine Bühnenküsse, und unsere Liebesgeschichte beginnt. Heute, 35 Jahre nach dem Mauerfall, sind wir seit 21 Jahren verheiratet, glücklich wie am ersten Tag und dankbar für das Ende der deutschen Teilung, weil es sonst dieses Happy End nicht gegeben hätte.

1987
Die Mauergeschichte meines Mannes

Im Jahr 1982 stellte mein zukünftiger Mann, der Schauspieler Rüdiger Joswig, einen Ausreiseantrag. Nach vierjähriger »Wartezeit« durfte er im Frühjahr 1987 die DDR Richtung Westberlin verlassen. Seine Beweggründe, dieses Land hinter sich zu lassen, konnte ich verstehen und möchte sie hier auch gern erwähnen, um zu erklären, wie sich viele DDR-Bürger gefühlt haben in den Siebziger- und Achtzigerjahren. Die zehn Jahre Altersunterschied machen sich in dieser Ausreisegeschichte bemerkbar, war doch die Zeit unter Ulbricht eine andere als unter Honecker. Besonders wir jungen Menschen, die den Krieg und die Aufbauzeit unmittelbar danach nicht erlebt hatten, wünschten uns vor allem mehr Freiheit, wurden immer skeptischer der Staatsmacht gegenüber und spürten die Verlogenheit der Regierung.

Für mich stand, wie gesagt, ein Ausreiseantrag in dieser Zeit trotzdem nicht zur Debatte. Ich wollte in der DDR leben, arbeiten und mich als junger Mensch einbringen. Ich wollte streiten und diskutieren, obwohl dies immer schwerer wurde in meinem Land. Aber das war meine Entscheidung, mein Weg – andere haben sich anders entschieden, und das ist ihr gutes Recht.

Mein Mann Rüdiger Joswig wurde vier Jahre nach dem verheerenden Krieg in einer Arbeiterfamilie geboren. Nach heutigem Verständnis würde man die Familie als arm bezeichnen. Er war das vierte Kind, und sein Vater war erst ein Jahr zuvor, 1948, aus russischer Kriegsgefangenschaft zurückgekehrt. Als er später in einem seiner vielen Ausreiseanträge schrieb, er sei in der SBZ (Sowjetische Besatzungszone) geboren worden, führte das zu wüsten Beschimpfungen. Er beharrte darauf, da die DDR erst vier Monate nach seiner Geburt, im Oktober 1949, gegründet wurde. Seine Eltern, gezeichnet und angstgeprägt vom grausamen Krieg und von der Nazidiktatur, überließen ihn der indoktrinierenden Erziehung der Schule, und er nahm den Traum von der neuen, klassenlosen, friedlichen Gesellschaft an. Aus der kleinstädtischen Enge Anklams ging er zum Studium der Philosophie in die große Stadt Leipzig. Er betrachtete sich als parteiloser Kommunist, der die DDR zum Positiven verändern wollte, zu einer Gesellschaft gleichberechtigter, aktiver, freier Menschen. Schnell stellte Rüdiger fest, dass dieses Studium im Sozialismus nicht seinen Vorstellungen entsprach. Deshalb ließ er sich exmatrikulieren und wechselte zur Schauspielschule in Leipzig.

Zum ersten Mal dachte er darüber nach, die DDR zu verlassen, als man den Liedermacher Wolf Biermann fernmündlich aus der Staatsbürgerschaft schmiss: einen Künstler, dessen einziges »Verbrechen« darin bestand, seine Meinung gesagt zu haben. Er erzählte mir später, dass dies ein erster Anlass war, aber eben noch ein äußerer Anlass, einer, der Herz und Hirn noch nicht genug ergriffen hatte. Und die Angst vor der Staatsmacht saß ihm immer im Nacken.

Bekanntschaften und spätere Freundschaften mit jungen Menschen aus Westdeutschland sollten für ihn weitere wichtige Anstöße werden. Er spürte, dass diese Freunde ähnliche Träume und Wünsche hatten wie er. Sie waren gar nicht so verschieden. Doch im Unterschied zu ihm durften sie überall hinfahren und konnten immer Bananen kaufen … So wuchs in ihm mehr und mehr das Unverständnis einem Staat gegenüber, der die Unterordnung und Anpassung zum Lebensprinzip erhoben hatte, und Reformen waren nicht in Sicht.

Seine Situation in der DDR der Siebzigerjahre beschreibt er

im Rückblick so: »Ich wollte nicht nur im kleinen privaten Kreis flüsternd meine Meinung äußern dürfen, wollte lesen und sehen, was mich interessierte, nicht, was mir Funktionäre vorschrieben, wollte reisen, wohin es mich zog, nicht eingesperrt sein hinter einer nur unter Lebensgefahr überwindlichen Mauer. Ich wollte meine Freunde im sogenannten feindlichen, kapitalistischen Ausland besuchen dürfen, wollte wirklich die Wahl zwischen mehreren Parteien – auch oppositionellen – haben, wollte nicht mehr der staatlichen Willkür ausgeliefert sein.« Kurz und gut: Er war an dem Punkt angekommen, dass er in diesem Land, wo er einmal überzeugter parteiloser Kommunist gewesen war, nicht mehr leben wollte.

Also ausreisen. Ja, aber wie? Familienzusammenführung war nicht möglich, da er keine Familienmitglieder im Westen hatte, und da er verheiratet war und Kinder hatte, kam für ihn der gefährliche illegale Weg auch nicht infrage. Wobei: Er bekam sogar das Angebot einer Fluchthilfeorganisation, die ihn und seine Familie mit einem Hubschrauber aus der Tschechoslowakei nach Bayern ausfliegen würde! Aber der Preis, 250 000 DM, war viel zu hoch, und außerdem war diese Option lebensgefährlich.

Er begann, vehement Privatreisen, Besuche und letztlich, wie damals mehrere Schauspielkollegen, ein Arbeitsvisum für die BRD und Westberlin zu beantragen. Einige seiner Kollegen hatten ein solches Visum bekommen, weil man sie unbedingt in der DDR halten wollte. Sie pendelten nun also zwischen Ost- und Westberlin. Er wusste, seine Chancen standen schlecht, ein solches Arbeitsvisum zu bekommen, aber nachdem dieser Antrag abgelehnt worden war, hatte er einen guten Grund, einen Antrag auf endgültige Ausreise zu stellen. Das war kurz vor Weihnachten 1982, und dieser Antrag wurde dann auch prompt Anfang Januar 1983 abgelehnt.

Es folgten sechsunddreißig schriftliche und unzählige bei der »zuständigen Behörde« mündlich vorgetragene Anträge.

Monat für Monat, unermüdlich und mit politisch immer schärferen Begründungen.

Text einer weiteren Eingabe an den Rat der Stadt Cottbus
Abteilung für Inneres / Sektor 04
Betrifft: Genehmigung zur Wohnsitzverlegung nach Berlin (West) und Entlassung aus der Staatsbürgerschaft der DDR

Hiermit beantragen wir, uns o. g. Genehmigung zu erteilen.
Wir sind durch nichts zu bewegen, von unserem Begehren Abstand zu nehmen. Sollte dieser Antrag wiederum abgelehnt werden, bitten wir Sie, uns diese Entscheidung schriftlich mitzuteilen und auf jeglichen mündlichen Bescheid bzw. Aussprachen zu verzichten.
Wir sind geboren auf einer Erde, und als deren Bürger begreifen wir uns. Die Bergpredigt Jesu und die Theorie der Gewaltlosigkeit Gandhis sind uns näher als jede noch so wissenschaftlich fundierte Ideologie. Unser Entschluss, die DDR zu verlassen, ist endgültig, und nichts und niemand wird je unsere Reintegration ermöglichen können.

Cottbus, den 4.3.1984
Unterzeichnet von Rüdiger Joswig
und seiner damaligen Frau

Was folgte, waren vier Jahre Wartezeit und Arbeitslosigkeit. Rüdiger Joswig bekam als sehr bekannter DDR-Schauspieler keine Angebote mehr, wurde in bereits mit großen Rollen besetzten DEFA- und Fernsehproduktionen umbesetzt, arbeitete als Tellerwäscher, Kellner, Betonierer. Entbehrungen und Verzweiflung bestimmten seinen Alltag. Aus dieser Situation heraus entschied er sich am 3. Oktober 1986 im wunderschönen Cottbuser Jugendstiltheater zu einer Aktion, die auch böse hätte ausgehen können.

Die Gelegenheit war günstig: Das Cottbuser Jugendstiltheater, ein Sehring-Bau wie das Theater des Westens in Westberlin, wurde nach einer Teilsanierung wiedereröffnet. Zu diesem großen Ereignis war entsprechend hoher Besuch angekündigt, nicht zuletzt Prof. Dr. Kurt Hager, Mitglied des Politbüros, Chefideologe und zuständig für die Durchsetzung der linientreuen sozialistischen Kulturpolitik. Außerdem sollte Hermann Axen kommen, ebenfalls Politbüromitglied, und natürlich Werner Walde, der 1. Sekretär der Bezirksleitung der SED Cottbus und damit der Provinzfürst, wie wir diese Herren damals nannten.

Hager war übrigens derjenige, der in einem Interview mit dem *Stern* vom 12. April 1987 auf die Frage, ob die DDR nicht ähnlich wie die Sowjetunion umgestaltet werden müsse, antwortete, man müsse ja auch nicht die eigene Wohnung tapezieren, nur weil der Nachbar es täte.[6] Ein Spruch, der wie Honeckers kühne Behauptung, die Mauer werde noch in hundert Jahren stehen, in die Geschichte eingegangen ist.

Der Besuch dieser hohen Herren in Cottbus ließ damals bei Rüdiger Joswig den Entschluss reifen, die Gelegenheit zur Übergabe eines Briefs zu nutzen. Aber wie sollte er als Ausreisewilliger an Eintrittskarten für die Eröffnungsfeier kommen? Der größte Teil war ohnehin schon an ausgesuchte Gäste gegangen, und die wenigen, die von Mitgliedern des Theaters reserviert wurden, wollten diese natürlich selbst nutzen. Eine Freundin, Maskenbildnerin am Haus, war dann aber doch bereit, ihm ihre Karte zu überlassen. Der Brief mit der Bitte um Genehmigung der Ausreise und einer Darstellung des Martyriums in den letzten vier Jahren war schnell geschrieben, aber wie und wann würde er ihn übergeben?

Wenn mein Mann mir heute von seinem damaligen Plan erzählt, dann denke ich immer: O Gott, das war doch selbstmörderisch! Man kann es wirklich nur mit seiner verzweifelten Lage erklären. Sein Platz im Theater befand sich im zweiten Rang, gefühlt 30 Meter von der Loge entfernt, in der die Herren Funktionäre sitzen würden. Bei solchen Anlässen wurde zumeist die DDR-Nationalhymne gespielt, bei der natürlich die tabuisierte Strophe von »Deutschland einig Vaterland« in vorauseilendem Gehorsam nicht gesungen wurde. Doch genau das hatte er vor:

Auferstanden aus Ruinen,
Und der Zukunft zugewandt,
Lass uns Dir zum Guten dienen,
Deutschland einig Vaterland.
Alte Not gilt es zu zwingen,
Und wir zwingen und wir zwingen sie vereint,
Denn es muss uns doch gelingen,
Dass die Sonne schön wie nie über Deutschland scheint! [7]

Um so die Aufmerksamkeit der Herren Volksvertreter auf sich zu lenken und dann durch den Saal zu rufen: »Herr Hager, Herr Axen, ich möchte Ihnen einen Brief übergeben!« Er saß allerdings so, dass er die Loge nicht einmal sehen konnte, und die Hymne wurde dann auch gar nicht gespielt. Heute sagen wir: »Die Glücksgöttin Fortuna stand ihm bei, und alle Schutzengel noch dazu.« Wenn diese Aktion funktioniert hätte, er wäre sicher für längere Zeit ins Gefängnis gewandert.

Also Planänderung: Er nahm sich vor, in der Pause so schnell wie möglich nach unten zu gehen und die Herren abzufangen. Keine Chance, die Staatsvertreter waren schon im hinteren Teil des Theaters verschwunden. Also wieder ein neuer Plan. Nach der Pause wollte er so lange wie möglich zögern, zurück in den Theatersaal zu gehen, und rauchend vor dem Eingang stehen bleiben. Man wusste, dass die hohen Gäste erst am Ende der Pause hereinkommen würden, wenn alle anderen bereits saßen. Das erste und das zweite Klingelzeichen ertönten, und plötzlich wurde er von einem Herrn, der unbemerkt neben ihm erschienen war, aufgefordert, seinen Platz einzunehmen. Er stieg also die Treppe Richtung Rangfoyer hoch und sah Hager und Walde – Axen war nicht gekommen – in Richtung Loge gehen.

In Sekundenbruchteilen wusste er, was zu tun war: Hager ansprechen – nicht zu laut, denn das wäre stillos, aber auch nicht zu leise, denn würde er nicht gleich gehört, dann wären genügend dienstbare Geister da, die ihn abdrängten und unbemerkt verschwinden ließen. Mit dem Satz »Herr Professor Hager, ich möchte Ihnen einen Brief übergeben« ging er auf ihn zu.

Hager hatte ihn zum Glück sofort gehört und drehte sich um. Mit der letzten Silbe des Satzes stand Rüdiger Joswig vor dem persönlichen Bewacher von Hager. Hager gab dem Bewacher ein Zeichen, sodass dieser den Weg freigab. Erstaunlich locker, als passiere ihm das jeden Tag, reagierte Hager und begann sogar ein Gespräch mit Rüdiger: Wer er sei, was er mache usw.

Da sein Ziel erreicht war – Hager hatte den Brief in seine Brusttasche gesteckt und nicht etwa an einen seiner Mitarbeiter weitergegeben –, unterbrach Rüdiger das Gespräch höflich mit der Bemerkung, dass das jetzt wohl zu weit führen würde. Er bitte ihn lediglich, den Brief zu lesen, aus dem er alles erfahren würde.

Um ihn herum herrschte absolute Stille. Einige Besucher kannten ihn natürlich, aber wie er damals aussah! Langes, zum Zopf gebundenes Haar, Vollbart. Er hatte sich vorgenommen, bis zur Ausreise weder Kopf- noch Gesichtshaare zu kürzen, was ihm mit dem Zopf gelang, der Bart musste doch ab und zu geschnitten werden, damit er nicht immer in der Suppe hing. Zweireiherjackett aus den Fünfzigerjahren, schwarzes Hemd, schwarze Hose. Er war ein Außenseiter, ein Abweichler, und das sah man ihm auch an. Doch er hatte es geschafft: Ein schlichter Bürger der DDR hatte einem hohen Volksvertreter einen Brief übergeben, und kein Bewacher oder Stasi-Mitarbeiter hatte dies verhindern können.

Als er das Theater verlassen wollte, stürzte im Treppenhaus ein Stasi-Mitarbeiter auf ihn zu. Voller Hass blickte er ihn an, weil er diese Tat nicht hatte vereiteln können. Doch Rüdiger blieb unbehelligt. Während er nach Hause ging, blickte er immer wieder über die Schulter, um zu sehen, ob ihm jemand folgte. An die folgenden Stunden erinnert er sich nicht mehr.

Am nächsten Tag war die Aktion Stadtgespräch und wurde je nach politischer Einstellung verurteilt oder bewundert. An den Theatern der DDR machte die Kunde von seiner Tat in Windeseile ihre geflüsterte Runde. Auch ich hörte in Leipzig davon.

Ein halbes Jahr danach, im März 1987, war Familie Joswig ausgebürgert, entlassen aus der Staatsbürgerschaft der DDR, kurzzeitig staatenlos und endlich dort, wo sie leben wollten.

Jahre später, wir waren inzwischen schon miteinander verheiratet, besuchte ich mit meinem Mann das Cottbuser Theater. Wir standen auf der Treppe im Foyer, und er spielte mir voller Emotionen die Situation von damals vor, die ganz gewiss seine Ausreise beschleunigt hatte.

Denn im März 1987, als die Ausreise bewilligt wurde und er zum zigsten Mal zum Rat der Stadt zitiert wurde und zu dem Mitarbeiter sagte: »Spielen Sie kein Spiel mit uns« – denn es gab immer wieder Ausreisewillige, die nach Erledigung aller Formalitäten inklusive Abmeldung des Wohnsitzes und Auflösung ihres Haushalts noch monate- oder gar jahrelang nicht ausreisen durften –, sagte der Mitarbeiter zu ihm: »Herr Joswig, wir können kein Spiel mit Ihnen spielen. Hinter Ihrer Ausreise steht eine hohe Persönlichkeit.«

Damit war klar, Hager hatte dafür gesorgt, dass die lange Reise des Schauspielers Rüdiger Joswig nach vier Jahren und drei Monaten mit der Durchquerung der Mauer in der Friedrichstraße, dem Tränenpalast (wie er im Volksmund hieß), nach Westberlin endlich endete.

Aus seiner Stasi-Akte erfuhr er Anfang der Neunzigerjahre, dass der 1. Sekretär der SED-Bezirksleitung Cottbus, Werner Walde, der Chefideologe der SED Kurt Hager und Stasi-Chef Erich Mielke am Rande einer Politbürositzung entschieden hatten, dass Joswig und Familie ausreisen dürfen. Laut Stasi-Akte hatte er bis 2013 ein Einreiseverbot in die DDR. Das Ende der DDR machte dieses Verbot nichtig. 1990 fuhr er völlig unbehelligt durch den Osten nach Cottbus, um Freunde zu besuchen.

1988
Rentnerzug im November

Ein Jahr bevor die Mauer fiel, machte es der Rentenausweis möglich: Meine Mutter durfte als Frührentnerin in den Westen fahren. Dem Interzonenzug, der von Ost nach West fuhr, wurde immer, wenn man irgendwo an einem Bahnhof stand und er vorbeizuckelte, neidvoll nachgeschaut. Nun durfte endlich meine Mutti damit in den Westen fahren, und alle waren wir aufgeregt und beneideten sie um diese Fahrt zu einer ehemaligen Schwiegertochter und ihrem Enkelkind Karla. Zum Glück gab es diese Verwandten und damit einen Grund, in die BRD zu fahren – einfach so als Touristin hätte sie nämlich nicht reisen dürfen. Alle Kinder gaben ihr Zettel mit, auf denen stand, was sie unbedingt mitbringen sollte: Gummibärchen, Jeans, Schallplatten, Kassettenrekorder usw. Wir hatten irgendwie und irgendwo getauscht. Eins zu sieben war der »schwarze« Kurs, 1 DM gleich 7 Ostmark. Illegal? Ja, aber trotzdem vollkommen normal.

Als sie von ihrer Westreise zurückkam, hielt der Zug in Leipzig. Er war bekannt als der Rentnerzug, in dem all die älteren Herrschaften mit großen Koffern, Taschen und Kisten saßen und für ihre Verwandten die ersehnten Westsachen mitbrachten, von den vermeintlich reichen Brüdern und Schwestern im Westen. Ich lief an dem Tag auch zum Bahnhof in Leipzig, um meine Mutter zu begrüßen und mitgebrachte Dinge in Empfang zu nehmen.

Ein Blick auf den Bahnsteig: Viele Familien, die ihren alten Verwandten halfen, die mitgebrachten Sachen zu tragen. Ich lief den Bahnsteig hoch und runter und suchte meine Mutter, bis ich sie endlich aus einem Fenster winken sah. Wir hatten zehn Minuten Zeit, bis der Zug sich wieder in Bewegung setzte Richtung Wittenberg. Sie reichte mir eine Tüte mit getragenen Sachen von meiner Ex-Schwägerin, die gewünschte Jeans, Süßigkeiten und Kosmetik aus dem Fenster.

Ich schaute hinein in diesen überladenen Zug: überall Kartons, große gefüllte Plastikbeutel, das reinste Warenlager. Aufgeregt erzählte sie, wie schön es im Schwabenland war, sie hatte viel gesehen und so viel zu erzählen. Sie drehte immer ihre Augen nach rechts und gab mir zu verstehen, dass in ihrem Abteil irgendein Parteifunktionär säße und sie jetzt nicht so reden könne. Und ich solle schnell nach Wittenberg kommen.

Der Zug setzte sich wieder in Bewegung, und da stand ich nun also auf dem Bahnhof mit meinen Westtaschen – und war traurig. *Die Rentner lässt man fahren ins kapitalistische Ausland, nach Westdeutschland, und uns?,* dachte ich.

Ab 1964 beschloss die DDR, dass Rentner einmal im Jahr für vier Wochen in die BRD oder Westberlin reisen dürfen, um Verwandte zu besuchen. Männer ab fünfundsechzig Jahren, Frauen ab sechzig. Und so saßen wir jungen Menschen oft in gemütlicher Runde und sprachen sehnsuchtsvoll davon, dass wir bald … in dreißig Jahren … auch den bösen, krisengeschüttelten Kapitalismus bei seinem Dahinsiechen (so unsere Lehrerin in Staatsbürgerkunde) besuchen und genießerisch beobachten könnten.

1988
Jenseits der Mauer II
(Wir müssen hierbleiben)

Ich war noch zweimal zu Gastspielen in der BRD, und jedes Mal fiel mir das Zurückkommen schwerer. Bei den Theatertourneen blieben immer Kollegen im Westen; meistens setzten sie sich nach der letzten Vorstellung ab. Schweigend saß ich, wie alle anderen, im Bus auf der Rückfahrt in ein erstarrtes Land. Es können doch nicht alle gehen! Aber die, die das Land verändern wollten, liefen gegen Mauern, wurden schikaniert, sogar weggesperrt, auf jeden Fall aber bestraft. Bürger der DDR, die blieben und Kritik am System äußerten, hatten ein schweres Leben. Man musste klug sein.

Ich hatte mir bei diesem Gastspiel einen Sony-Walkman gekauft und spielte nun eine Kassette von Zupfgeigenhansel ab, einem Folk-Duo, das in den Siebzigern und Achtzigern sehr bekannt war in der BRD, aber auch bei uns jungen DDR-Bürgern. Aus dem Busfenster in die vorbeiziehende Landschaft schauend hörte ich das Lied:

Andre, die das Land so sehr nicht liebten,
War'n von Anfang an gewillt zu gehen
Ihnen – manche sind schon fort – ist besser
Ich doch müsste mit dem eignen Messer
Meine Wurzeln aus der Erde dreh'n …

(Text von Theodor Kramer,
Vertonung von E. Schmeckenbecher)[8]

Mein Gefühl, ich muss zurück in mein Land und um Veränderungen, um meine Zukunft in meiner Heimat kämpfen, war richtig und gut in diesem Moment. Das soll meine Regierung sein, diese fremde, abgeschottete Truppe? Gewählt vom Volk fürs Volk? Sie hatten doch jeglichen Kontakt zu »ihren« Arbeitern und Bauern verloren! Ich versuchte in Diskussionen, in Versammlungen des Theaters auf die Widersprüche in dieser Gesellschaft hinzuweisen. Ich wollte daran mitwirken, die verlogene Gesellschaft meines Landes aus ihrer Lethargie zu reißen.

Unser Blick ging damals immer in die Sowjetunion – *Perestroika* war das Wort! Und das hieß: Veränderung! Das wollten wir jungen DDR-Bürger auch, unbedingt. Wir waren Künstler, wir standen auf der Bühne. Und wir wussten, Kunst hat die Macht, auf Missstände hinzuweisen. Wir können unsere Bühnen dafür nutzen.

Perestroika, Gorbatschow, das waren für uns Orientierungspunkte. Wir diskutierten über Artikel, die in der Zeitschrift *Sputnik* (auf Deutsch: Begleiter, bezog sich aber natürlich auch auf den ersten sowjetischen Satelliten im All) erschienen.

1988 wurde diese Zeitschrift in der DDR verboten. Aber Gorbatschow und seine Politik der Veränderungen waren und blieben für uns Lichtblicke. Gorbatschow, der große Politiker, der die Wiedervereinigung erst möglich machte. Ohne diesen großen letzten Generalsekretär der KPdSU und Staatspräsidenten der Sowjetunion hätte es all die Veränderungen 1989 nicht gegeben. Als umso beschämender empfand ich es, dass bei seiner Beerdigung kein deutscher Politiker an seinem Grab auf dem Moskauer Friedhof stand und diesem großen Staatsmann die letzte Ehre erwies. Ausgerechnet Viktor Orbán nahm als einziger EU-Politiker daran teil.

Aber zurück ins Jahr 1988: In dieser aufgewühlten Zeit wurde ich in dem gegenwartskritischen russischen Stück *Blaue Pfer-*

de auf rotem Gras von Michail F. Schatrow besetzt. Das Stück hat zwei Ebenen: den Blick in den heutigen Tag und den Blick zurück in die Sowjetunion von 1920. Es beginnt mit dem Text: »Wir alle stammen aus der Revolution, wir befragen und verhören die Vergangenheit aus Neugier und wollen den heutigen Tag begreifen.«[9]

Ich sprach bei den Proben, in den Diskussionen zu unserer Arbeit über den heutigen Blick – Perestroika bedeutet Veränderung – das Thema an, dass wir hier auf der Bühne in dem heutigen Teil des Theaterstückes aktuelle Tagespolitik behandeln können und müssen. Ich wollte, wie so viele DDR-Bürger, positive Veränderungen. Aber die greisen Machthaber meines Landes wehrten sich gegen die dringend notwendigen Reformen. Sie regierten unbeirrt an ihrem Volk vorbei.

Wie schon mein späterer Mann Rüdiger Joswig in seiner Ausreisebegründung formuliert hatte: »Ich wollte nicht nur im privaten kleinen Kreis flüsternd meine Meinung sagen.« So ging es mir jetzt.

Mein Bruder, der in der DDR ein bekannter Liedermacher war und auch heute zu den bekanntesten und aufrichtigsten Künstlern dieser Szene gehört, versuchte mir Mut zu machen. Mit seiner freien Theatergruppe »KARLS ENKEL« (Karl von Karl Marx und Karl Valentin), die immer kurz vor dem Berufsverbot stand, wies er auf die Probleme in der DDR hin. Zu der Zeit war er auch schon als das bekannte Clownsduo WENZEL/MENSCHING unterwegs. Ihr kabarettistischer Abend »Letztes aus der Da Da eR« war für viele DDR-Zuschauer ein Lichtblick. Das Bühnenprogramm wurde 1990 bei der DEFA (Regie: Jörg Foth) als Filmsatire auch verfilmt: ein Abgesang auf die DDR.

Die Haltung meines Bruders, sein Mut und seine klare Sicht haben mich immer inspiriert. Die Gespräche mit ihm waren für mich sehr wichtig und prägend.

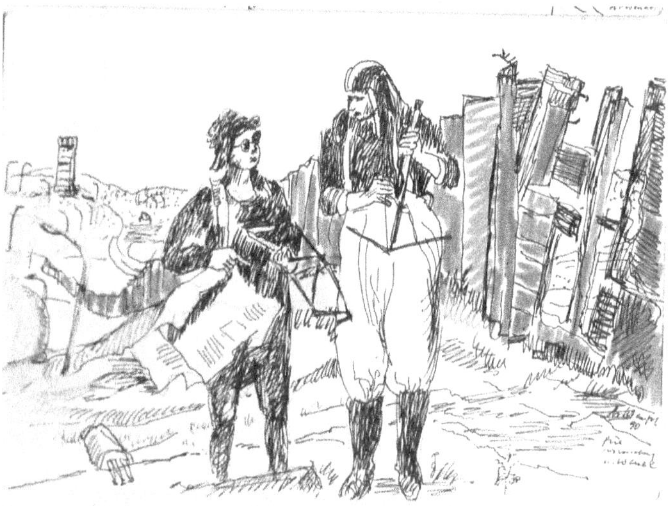

Clownsduo Wenzel/Mensching, aus dem Film
»Letztes aus der Da Da eR«, Zeichnung, 1990, Manfred Wenzel

Es dauerte nicht lange, dann fiel ich mit meinen vielen Fragen und Diskussionen bei den Theaterproben zur konkreten Lage in der DDR auf. Dies blieb auch den oberen Etagen nicht verborgen. Mein Intendant ließ mich zu sich rufen. Er war immer darüber informiert, was auf den Proben stattfand. »Du diskutierst zu viel, du hast offenbar keine Lust, diese Rolle zu spielen. Nun, ich finde, es ist auch nicht deine Rolle.« Und schwups, schon war ich umbesetzt.

Ich war nicht traurig darüber, begriff aber immer mehr, wie unliebsam und verdächtig Zweifler und Fragesteller waren. Viele wurden einfach aus dem Verkehr gezogen. Das war bei mir nicht der Fall; so eine Umbesetzung ist nicht vergleichbar mit den beruflichen Schikanen, die viele andere Kritiker des Systems erlebten. Manche wurden ins Gefängnis gesperrt oder ohne große Umstände mit einem Pass zur Ausreise aus dem Land »zwangsbeglückt«. Möglichst weg mit diesen Querulanten, den Unruhestiftern.

Bei meinem Bruder war es Ende der Achtzigerjahre auch so weit: Man bot ihm an, in den Westen zu gehen. Er wollte nicht gehen – was sollte er »drüben«? Unser Leben war doch hier in diesem Land! Wir wollten dieses Land verändern und erhalten, das waren unsere Hoffnungen und Absichten. Wir verstanden nicht, wie die überalterte Parteiführung immer weiter am Volk vorbeiregieren konnte, wie uns Dinge erzählt und durch die Presse vermittelt wurden, über die wir nur noch lachten!

Aber die Stimmung im Land war von Angst, Enttäuschung, Gleichgültigkeit, aber zum Glück auch von Protest geprägt.

Das galt nicht nur für uns Künstlerinnen und Künstler, es war in allen Berufszweigen so. Witze und sarkastische Sprüche über das Land wurden zum Alltag. Ende der Achtziger einer ganz besonders, und der war nicht mal lustig: »Der Letzte macht das Licht aus.«

Mai 1989
Letzte Kommunalwahlen in der DDR

Niemand konnte ahnen, dass die Kommunalwahl in der DDR am 7. Mai 1989 die letzte Wahl in diesem Land sein würde. Trotzdem – die politische Situation war insgesamt schwierig, und im Vorfeld der Wahl gab es viele Gespräche unter Freunden und Kollegen. Der Verdacht, dass das von der Staatsführung gewünschte Ergebnis nur noch mithilfe von Manipulationen erreichbar sein würde, lag inoffiziell und höchstens halb ausgesprochen in der Luft.

Am Wahlsonntag war ich in Berlin bei meiner Schwester. Mein Schwager, der an der Humboldt-Universität Berlin beschäftigt war und politisch schon immer sehr interessiert gewesen war, fragte mich, ob ich mit in ihr Berliner Wahllokal kommen möchte. Er hatte sich darauf vorbereitet, bei seiner Stimmabgabe einer erkennbaren Manipulation entgegenzutreten. Da die Zahl der Wahlberechtigten pro Wahlbezirk öffentlich bekannt gemacht wurde, vermutete er, dass auch die konkrete Zahl der Stimmzettel dem entsprach, um eventuelle Neinstimmen durch Manipulation personell leicht zuordnen zu können. Seine Absicht war, diese Hintertür mit seinem Wahlakt zu erkunden und womöglich offenzulegen.

Mir gefiel diese Idee, und ich ging mit, obwohl man mich zuerst nicht in das Wahllokal lassen wollte, da mein Wohnsitz in Leipzig war. Wenige Minuten vor Schließung des Wahllokals stand nun also mein Schwager in der Wahlkabine. Außer ihm und mir befand sich in dem kleinen Wahlraum noch etwa ein Dutzend Leute, die einen ordnungsmäßigen Wahlverlauf absichern sollten. Wer mit Ja stimmen wollte, konnte den Wahlzettel einfach falten und in die Wahlurne geben. Auch Streichungen einzelner Namen, es waren circa acht bis zehn, änderten nichts an der Wertung als Jastimme. Für eine Neinstimme musste jeder einzelne aufgeführte Kandidat sauber waagerecht durchgestrichen werden. Das kreuzweise Durchstreichen der gesamten Liste auf dem Wahlzettel wurde nicht als Neinstimme gewertet, sondern machte den Wahlzettel ungültig. Wir hatten uns alle vorher genau informiert; ich hatte meine Stimme bereits am Vormittag in Leipzig abgegeben.

Mein Schwager wandte nun also den Trick an, den er sich ausgedacht hatte. Er wartete einige Minuten in der Wahlkabine, trat dann heraus und sagte dem Wahlleiter, er habe sich aus Versehen falsch entschieden und benötige deshalb einen neuen Wahlzettel. Das löste erst mal einige Verwunderung und dann eine heftige Diskussion unter den Wahlhelfern aus. Zuerst sollte er ihnen den »falsch ausgefüllten« Wahlzettel übergeben, was er aber mit Hinweis auf das Wahlgeheimnis ablehnte. Nach weiterer Diskussion im Kreis der Wahlhelfer bekam er einen neuen Stimmzettel: Er hatte sein Ziel erreicht.

Nachdem der ausgefüllte Stimmzettel kurz vor Schließung der Wahllokale glücklich in der Urne gelandet war, gingen wir eine kleine Runde spazieren und begaben uns dann wieder zum Wahllokal. Wir wollten nämlich bei der Stimmauszählung dabei sein – schließlich fand diese Auszählung ja öffentlich statt, wir bewegten uns also vollkommen im Rahmen der Gesetze. Allerdings wurden solche Aktivitäten genau beobachtet, und so waren wir denn auch die Einzigen, die es wagten, von diesem Recht Gebrauch zu machen. Aber das war uns egal, und ehrlich gesagt, freuten wir uns auch ein bisschen über die irritierten Gesichter der Offiziellen.

Nun erfolgte die Auszählung durch die Wahlhelfer, und es dauerte gar nicht lange, dann wurde die Zahl der Jastimmen bekannt gegeben. Die Zahl der Nein- und ungültigen Stimmen wurde nicht genannt. Mein Schwager verwies auf die Vorgabe des Wahlgesetzes, das er bei sich hatte, und zitierte daraus, dass diese verkürzte Prozedur unzulässig sei: Die Zahl der Nein- und ungültigen Stimmen müsse konkret gezählt und ausgewiesen werden. Die Wahlhelfer reagierten verblüfft, ja, mehr noch: Sie wirkten regelrecht schockiert. Ich sehe ihre Gesichter heute noch vor mir. Man versicherte uns, die Nein- und ungültigen Stimmen würden natürlich ausgewiesen, nun müsse aber das Wahllokal geschlossen werden, und wir sollten doch bitte gehen.

Auf dem Heimweg sahen wir ein Plakat im Prenzlauer Berg: »Nie genug vom Wahlbetrug«.

Man ahnte und wusste, dass Wahlbetrug stattgefunden hatte. Die Arroganz der Regierung war unfassbar. Das Ergebnis von 98,85 Prozent gültigen Stimmen für den Wahlvorschlag wurde von den meisten DDR-Bewohnern angezweifelt, und der Unmut über die Regierung wuchs weiter. Das stärkte natürlich die Oppositionsbewegung in der DDR.

Ich erzählte in Leipzig einigen meiner Kollegen von meinem Wahltag-Erlebnis in der Hauptstadt. Die Reaktionen waren sehr unterschiedlich und gespalten – so gespalten, wie das Land mittlerweile war. Und die Mauer bröckelte weiter vor sich hin.

1989
Die Mauer wankt

Ich habe die unglaublichen Monate im September, Oktober und November in Leipzig miterlebt. Zum Glück gibt es mein Tagebuch aus dieser Zeit, denn mit der Kamera wagte ich mich damals nicht auf die Straße. Alles war zu gefährlich und zu ungewiss. Doch immerhin war ich mutig genug, in dieser unsicheren Zeit dabei zu sein. Ich »war das Volk«, das eine friedliche Revolution herbeiführte, mit den Montagsdemonstrationen über den Leipziger Ring und den Sprechchören: »Wir sind das Volk.«

Im Theater begann die neue Spielzeit 1989 mit Proben im Kellertheater zu dem Vier-Personen-Stück *Aus dem Leben der Regenwürmer* von dem schwedischen Schriftsteller Per Olov Enquist. Ein wunderbares Theaterstück mit einer vielschichtigen Hauptrolle für mich, und trotzdem war es in meinen Augen völlig unpassend, jetzt in dieser Zeit dieses Stück auf die Bühne zu bringen.

Ich erinnere mich, wie wir alle zu Probenbeginn tagelang diskutierten, statt zu probieren. Ein in jeder Hinsicht heißer Sommer lag hinter uns. Ungarn hatte die Grenzen geöffnet, massenweise waren DDR-Bürger in den Westen geflohen, jeder kannte irgendjemanden, der jetzt im Westen sein Glück suchte. Eine flüchtige Bekannte, die als ausgesprochen linientreu bekannt war und mit der »Westverwandtschaft« am Plattensee Urlaub machte, musste bei ihrer pflichtbewussten Rückkehr in den Kreis Oranienburg verblüfft feststellen, dass ihre gesamte Schwiegerfamilie mittlerweile in Dortmund wohnte. Die Schwiegereltern, Schwägerin und Schwager hatten kurzerhand die Gelegenheit beim Schopf ergriffen und »rübergemacht«.

Als ich davon hörte, musste ich kurz lachen, aber wirklich lustig war das natürlich alles nicht. *Was wird aus uns?*, fragten wir uns bang.

Die politische Situation war so aufgeheizt, dass wir jedenfalls keine Lust hatten, jetzt so ein unpolitisches Stück zu probieren. Aber die Anweisungen der Theaterleitung waren klar: Wir beteiligen uns nicht an dem, was da draußen auf den Straßen stattfindet. Normalbetrieb, lautete die Devise.

4. September 1989, ein Montag. Ich habe Abendprobe im Kellertheater des Opernhauses am Karl-Marx-Platz (heute Augustusplatz).

Unser Inspizient unterbricht die Probe und sagt, es laufen mehr als tausend Menschen über den Platz, nachdem das Friedensgebet in der Nikolaikirche beendet ist. Wir gehen raus, schauen staunend zu und können es kaum fassen. Zum ersten Mal versuchen etwa tausendfünfhundert Menschen eine erste Demonstration. Rufe wie »Wir wollen raus«, aber auch von »Wir bleiben hier« sind zu hören.

Wir schauen aus der Oper zu und sind begeistert, aber auch verunsichert. Was wird werden mit diesem Land? Der Demonstrationszug wird hinter der Oper aufgelöst, aber zum Glück ist wegen der Leipziger Messe die westliche Presse in der Stadt, und so berichtet man in der *Tagesschau* erstmals von dieser ersten größeren Demonstration in Leipzig. Drei Tage später steht in der *Leipziger Volkszeitung:* »Unruhestifter in der Leipziger Innenstadt«.

Am folgenden Montag, dem 11. September 1989, sehe ich zum ersten Mal in meinem Land pure Gewalt. Es ist der Tag, an dem Ungarn offiziell seine Grenze nach Österreich öffnet, und es fliehen viele DDR-Bürger über diese offene Grenze. Jahre später stehe ich im Burgenland an dem Ort, der mittlerweile ein Denkmal für diesen historischen Tag ist, und ich erinnere mich, wie ich am 11. September 1989 mit meinem Textbuch in der Tasche durch die Stadt ging. Mit dem Textbuch habe ich die Ausrede notfalls dabei: Ich muss zur Probe ins Kellertheater in der Oper am Karl-Marx-Platz. Nach dem Friedensgebet in der Nikolaikirche strömen einige Hundert Menschen aus der Kirche Richtung Karl-Marx-Platz. Ich laufe etwas hinterher, bin nicht mutig genug – noch nicht –, mich einzureihen.

Mit banger Vorahnung im Herzen gehe ich durch die Stadt. Polizeiketten am Nikolaihof, Polizisten mit Schlagstöcken, in einigen Straßen Polizeiwagen. Als ich am Markt ankomme, sehe ich, wie eine Gruppe Demonstranten von Polizisten in die Mädler-Passage getrieben wird. Ich höre Schreie und sehe, wie am Ende der Passage eine andere Polizeitruppe die Gruppe einkesselt, schlägt, auf Menschen eintritt. Ich habe entsetzliche Angst und stelle mich in einen Hauseingang, wo ich abwarte, bis alles vorbei ist. Wut überfällt mich, diese ganze angestaute Ohnmacht, die ich nach den letzten Wochen in diesem Land verspüre – wie so viele andere.

Ich laufe nach Hause, lasse endlich die Tränen fließen. Was soll bloß werden? Viele Monate später, als die Aufarbeitung dieser Tage im Herbst 1989 beginnt, erfahre ich, dass es an diesem Montag bereits über tausend Friedensgebetsbesucher waren, die den Mut aufbrachten, zu demonstrieren. Mehr als achtzig Personen wurden festgenommen, einige von ihnen erhielten empfindliche Geldstrafen von 1000 bis 5000 Mark. Unfassbar viel Geld für uns! Gegen einige wurde Haftbefehl erlassen, und sie kamen erst nach dem 13. Oktober 1989 wieder frei. Diese mutigen Menschen haben den Grundstein gelegt für all die Montagsdemonstrationen in Leipzig, die dann folgten.

In der *Leipziger Volkszeitung* (LVZ) stand am nächsten Tag:

> *In den gestrigen Abendstunden versammelten sich in der Leipziger Innenstadt mehrere Personengruppen, um die öffentliche Ordnung und Sicherheit zu stören.*
> *Den Aufforderungen der DVP (DEUTSCHE VOLKSPOLIZEI) zur Auflösung wurde zum Teil nicht Folge geleistet.*
> *Die rechtswidrige Zusammenrottung wurde aufgelöst.*

Von da an fanden jeden Montag die bekannten Leipziger Montagsdemonstrationen statt, und von Woche zu Woche wurde die Zahl der mutigen Menschen größer. Wir, der kleine Kreis des Ensembles, der mit den Proben zu *Aus dem Leben der Regenwürmer* beschäftigt war, setzten nun bewusst unsere Abendprobe im Kellertheater auf den Montag an.

Am 18. September umgeben dichte Polizeiketten die Kirche, und ich warte in sicher geglaubter Position mit einigem Abstand darauf, dass die Türen der Kirche aufgehen. Nach dem Friedensgebet schlägt die Polizei brutal zu. Voller Angst renne ich zur Oper ins Kellertheater. Nein, ich will nicht festgenommen werden, oder »zugeführt«, wie es offiziell heißt.

Am folgenden Montag, dem 26. September – kurz nach meinem Geburtstag –, bin ich endlich auch dabei. Das neue Lebensjahr will ich mutig beginnen, wie es so viele Menschen mittlerweile in diesem Land tun. Das NEUE FORUM hat sich gebildet, die Sänger und Liedermacher der DDR haben eine Resolution verfasst, die auch mein Bruder unterschrieben hat und die weiterhin in den Künstlerkreisen kursiert. Ich bin so weit – fast ist es mir egal, was passiert.

Nach dem Gottesdienst ist der Nikolaikirchhof von Polizeiketten abgeriegelt. Aber es sind schon erstaunlich viele Menschen da, etwa sechstausend, so erfährt man später. Wir halten uns an den Händen, als wir in Richtung Karl-Marx-Platz laufen. Ich versuche, schön weit drinnen zu gehen, denn am Rand werden immer wieder einzelne Demonstranten von Polizisten herausgezogen. Immer mehr Menschen schließen sich an, und viele weitere stehen wartend oder beobachtend in den Seitenstraßen. Es ist eine unglaubliche, sehr emotionale Erfahrung. Ich fühle mich stark in dieser Menge. Der erwartete Polizeieinsatz bleibt aus, sodass wir weiterlaufen, über den Ring Richtung Bahnhof. Wir rufen »Freiheit, Gleichheit, Brüderlichkeit« – »Wir bleiben hier« und viele andere Sprüche.

Hinter dem Bahnhof, auf Höhe der Reformierten Kirche, an der »Blechbüchse« – wie das Centrum-Warenhaus von den Leipzigern genannt wurde –, löst sich der Demonstrationszug auf. Einige rufen: »Montag sind wir wieder da!« Ich laufe am Zoo vorbei Richtung Gohliser Schlösschen, nach Hause. Mein Adrenalinspiegel ist unglaublich hoch. Ab und zu schaue ich mich um: Verfolgt mich jemand? Polizei in Sicht? Ich klingle bei meiner Freundin Uli, die im selben Haus wohnt wie ich, und muss berichten, erzählen, was ich gerade erlebt habe. Ich war zum ersten Mal dabei, um meine Stimme gegen die momentane Situation in unserem Land zu erheben. Später erfahre ich, dass dieser Montag als die Geburtsstunde der friedlichen Revolution bezeichnet wird.

Von da an bin ich fast immer montags dabei – die Proben im Kellertheater werden zeitlich immer unterschiedlich angesetzt, dank unseres wunderbaren, politisch kritischen Regisseurs Lutz Graf.

Jeden Montag um 17 Uhr beginnen in der Nikolaikirche die Friedensgebete. Auf dem Vorplatz der Kirche warten viele Menschen, die sich dann in den Protestmarsch einreihen. Und es werden immer mehr. Über den Karl-Marx-Platz vor der Oper geht es weiter auf den Leipziger Innenstadtring, vorbei am Stasi-Gebäude gegenüber vom Schauspielhaus. Vereinzelt sind Transparente zu sehen: *Wir sind das Volk – Gorbi hilf uns – Stasi raus – Reisefreiheit statt Massenflucht!* Und es wird gerufen: »*Gorbi, Gorbi, Gorbi*!«

Es ist nicht mehr aufzuhalten. Am 2. Oktober sind es schon über zwanzigtausend Menschen. Die Ungewissheit und die Brutalität der Polizei lassen mich jeden Montag zögern, wieder in die Innenstadt zu gehen, doch letzten Endes raffe ich mich immer wieder auf und überwinde meine Angst. Gummiknüppel werden wieder eingesetzt, zahlreiche Demonstranten festgenommen, und an diesem Montag sehe ich auch zum ersten Mal Polizisten mit Sonderausrüstung: mit Helmen und Schilden.

So ist es auch an dem berühmten, entscheidenden 9. Oktober 1989. Schon zwei Tage vorher, zum »Republik-Geburtstag«, dem 40. Jahrestag der DDR, der in Berlin im Palast der Republik pompös gefeiert wurde, während es davor und in vielen Teilen der Republik zu Massenprotesten kam, war in Leipzig die Polizei mit unglaublicher Gewalt vorgegangen. Auf dem Marktpatz in Leipzig hatte ein Volksfest zum 7. Oktober stattgefunden, das im Chaos endete: Mit Wasserwerfern und Festnahmen gingen die Polizisten gegen circa viertausend Demonstranten vor, trafen damit aber auch die Besucher des Festes, darunter Familien mit Kindern.

Ein Kollege kam ganz aufgeregt zur Vorstellung ins Theater und berichtete davon. Ich sagte: »Wir können doch nicht Theater spielen, wenn um die Ecke die Menschen zusammengeschlagen werden! Und dann noch die italienische Komödie *Neapolitanische Hochzeit* von E. de Filippo!« Der diensthabende Regieassistent nahm mich zur Seite und erklärte mir, dies wäre Dienstverweigerung. Ein Disziplinarverfahren würde folgen, und überhaupt sei ich die Einzige, die so dächte.

Also ging ich auf die Bühne und nach der Vorstellung voller Wut nach Hause. Mein Entschluss stand fest: Am Montag bin ich wieder dabei.

Dieser 9. Oktober 1989 ist ein Tag in meinem Leben, den ich nie vergessen werde. Auch jetzt, während ich das alles aufschreibe, spüre ich am ganzen Körper, wie die Emotionen wieder hochkochen. Diese Angst zusammen mit dem Willen, etwas zu tun in diesem Land, in *meinem* Land. Egal, was passiert!

Für genug Angst an diesem Montag ist im Vorfeld gesorgt worden: Kindergärten schließen bereits mittags, vereinzelt schließen auch Betriebe. Cafés und Geschäfte in der Innenstadt haben ab Mittag zu. Panzer stehen hinter dem Hauptbahnhof, die Stadt ist abgeriegelt. Eine Freundin, die Ärztin ist, bittet mich, nicht in die Stadt zu gehen. Was sie berichtet, ist in der Tat schockierend: Blutkonserven seien geliefert, Turnhallen freigeräumt für Internierungslager. Man warnt vor den »Konterrevolutionären«.

Ich stelle eine Kerze ins Fenster und mache mich auf den Weg. Wie viele werden es sein, die nach all den Warnungen, der Panikmache, überhaupt noch kommen? Eine fast festliche Ruhe liegt über der Stadt, es fühlt sich ein bisschen an wie Weihnachten, so seltsam das klingen mag. Die Straßen sind leer.

Und doch … Ab 16.30 Uhr gehen immer mehr Menschen Richtung Innenstadt, Richtung Nikolaikirche. Die meisten benehmen sich betont unauffällig, man schaut vor sich hin, will niemanden erkennen oder gesehen haben und ist gleichzeitig doch erleichtert, dass man nicht allein ist. Trotz der vielen Sicherheitskräfte und der angsteinflößenden Mundpropaganda gehen die Leipziger in die Innenstadt. Mein Herz pocht vor Freude: So viele kommen! Die Angst ist nicht weg, aber ich weiß, egal, was hinterher passiert, es ist richtig, jetzt hier zu sein. Ich mache mir selbst Mut.

Mitten in der Menschenmenge stehe ich vor der Nikolaikirche. Wir warten, bis die Türen aufgehen. Eine große, ernsthafte Ruhe liegt über der Menge. Ich werde dieses einzigartige Gefühl nie vergessen. Die Kirchentür wird geöffnet, es wird geklatscht, dann bildet sich ein Spalier für die Menschen, die aus der Kirche kommen. Dann erste Rufe: »Loslaufen, loslaufen!«

Wir sind viele. Sehr viele. Heute weiß man, die Behörden haben mit etwa fünftausend Demonstranten gerechnet. Damit wären sie fertiggeworden, die Polizei hätte die »Konterrevolutionäre« niedergeknüppelt, Festnahmen vorgenommen … Alles genau geplant. Doch wir sind viele, rund 70 000 Menschen.[10] Wir stehen und gehen eng nebeneinander, schauen uns an, machen uns gegenseitig mit unseren Blicken Mut. Keiner von uns wird zulassen, dass jemand von der Polizei oder der Stasi aus dem Demonstrationszug herausgezogen wird, wie es in den Wochen davor immer wieder passierte. Rufe werden laut: »Keine Gewalt«, »Wir sind das Volk«, »Jetzt oder nie, Demokratie«.

Auf dem Karl-Marx-Platz bleiben wir stehen. Seit 17.30 Uhr wird über den *Leipziger Stadtfunk* der Aufruf der »Leipziger Sechs« verlesen.

Bürger! Professor Kurt Masur, Pfarrer Dr. Zimmermann, der Kabarettist Bernd-Lutz Lange und die Sekretäre der SED-Bezirksleitung Dr. Kurt Mayer, Jochen Pommert und Dr. Roland Wötzel wenden sich mit folgendem Aufruf an alle Leipziger: Unsere gemeinsame Sorge und Verantwortung haben uns heute zusammengeführt. Wir sind von der Entwicklung in unserer Stadt betroffen und suchen nach einer Lösung. Wir alle brauchen freien Meinungsaustausch über die Weiterführung des Sozialismus in unserem Land. Deshalb versprechen die Unterzeichneten allen Bürgern, ihre ganze Kraft und Autorität dafür einzusetzen, dass dieser Dialog nicht nur im Bezirk Leipzig, sondern auch mit unserer Regierung geführt wird.
Wir bitten Sie dringend um Besonnenheit, damit der friedliche Dialog möglich wird. Es sprach Kurt Masur.[11]

Die Angst vor Gewalt ist zu spüren, denn über sechstausend[12] Polizisten, Angehörige der Kampfgruppen und NVA-Soldaten stehen bereit. Am Ende laufen wir einmal um den ganzen Ring an diesem 9. Oktober 1989. Vorbei an der »Runden Ecke«, dem Sitz der Bezirksverwaltung der Stasi. Viele Demonstranten stellen Kerzen auf die Treppenstufen dieses verhassten Gebäudes. Ich laufe dorthin und fühle eine große Genugtuung beim Anblick des Kerzenmeeres. Nach dem Demonstrationszug werden übrigens die Kerzen und das viele Kerzenwachs von Mitarbeitern der Staatssicherheit mit Schneeschiebern entfernt und weggekratzt. Ein merkwürdiger Anblick. Die Staatsmacht greift an diesem 9. Oktober in Leipzig nicht ein.

Das war der Durchbruch für das, was man später »die friedliche Revolution« genannt hat. Und ich war dabei. Wir hatten erreicht, dass gewaltlose Kritik an unserem Staat endlich stattfinden konnte.

Bis heute ist es für mich ein unschätzbares Gut, in einer Demokratie zu leben und Kritik an meiner Regierung, an Parteien üben zu können, ohne dafür mit Gefängnis oder Verboten rechnen zu müssen. Deshalb lasse ich mir auch nicht vorschreiben, was ich zu essen, zu lesen, zu denken und zu sagen habe. Wenn wir darüber tolerant und fair diskutieren, ohne einander auszugrenzen, dann empfinde ich das als demokratisches Miteinander. Und um dieses Miteinander müssen wir tagtäglich ringen, denn eins gilt heute wie damals: Wir sind das Volk.

1989
Eine Mauer in den Herzen

Am 12. Oktober 1989 verlese ich, ohne Absprache mit der Theaterleitung und mit heftigem Herzklopfen, im voll besetzten Schauspielhaus die Erklärung des Staatsschauspiels Dresden.

Grundlage war die allererste Resolution von Berliner Liedermachern und Sängern, die ich bereits im September von meinem Bruder erhalten hatte. Diese Resolution wurde von den Künstlern, die durch das Land tourten, allabendlich nach ihren Vorstellungen verlesen. Dazu gehört Mut! Ich hatte diese Resolution Ende September ins Theater mitgenommen, hatte sie ausgehängt und versucht, Unterschriften zu sammeln. Die Resolution wurde entfernt, Kollegen schwärzten mich bei der Theaterleitung an, und ich bekam einen ersten Verweis. Die Liste mit den Unterschriften lag bei mir zu Hause und wurde täglich geändert – Kollegen bekamen Angst und baten mich, ihre Namen zu streichen. Alles menschlich, alles nachvollziehbar. Aber daraus folgte, dass mein Theater außerstande war, sich zu artikulieren.

Erst als das Dresdner Staatsschauspiel am 6. Oktober 1989 eine leicht veränderte Fassung der Resolution verlas, hatte ich den Mut, mit der Rückendeckung einiger junger Kollegen eine solche Aktion ebenfalls durchzuführen.

Nach der Vorstellung trat ich vor den Vorhang und verlas die Dresdner Resolution. Ich hatte Freunden Bescheid gesagt, die extra in die Vorstellung kamen. Für mich war das auch eine Absicherung, da man in diesen Oktobertagen nicht genau wissen konnte, was passiert und wie die Behörden reagieren.

Einer der Freunde, die mich mit ihrer Anwesenheit unterstützten, war der damalige Chefredakteur der *Leipziger Volkszeitung*, Wolfgang T., mit seiner Frau, meiner Freundin Ulrike T. Wolfgang war sehr offen für die geforderten Veränderungen in unserem Land. Unsere damalige Interessenvertretung des Theaters, bestehend aus einigen jungen Schauspielern und einer Dramaturgin, diskutierte viel mit ihm, und wir erlebten ihn als einen fairen Gesprächspartner, der uns jungen Menschen zuhörte. Das Chaos der Wendezeit führte ungerechterweise dazu, dass ausgerechnet er der Erste war, dem bei der *Leipziger Volkszeitung* vom übernehmenden Westverlag gekündigt wurde.

Die Resolution, die ich nach der Vorstellung verlas – in Eigeninitiative, da sich keiner der Kollegen, die in dem Stück mitspielten, daran beteiligen wollte –, begann mit den folgenden Worten:

Wir treten aus unseren Rollen heraus.
Die Situation in unserem Land zwingt uns dazu.
Ein Land, das seine Jugend nicht halten kann, gefährdet seine Zukunft. Eine Staatsführung, die mit ihrem Volk nicht spricht, ist unglaubwürdig. Eine Parteiführung, die ihre Prinzipien nicht mehr auf Brauchbarkeit untersucht, ist zum Untergang verurteilt. Ein Volk, das zur Sprachlosigkeit gezwungen wurde, fängt an, gewalttätig zu werden.
Unsere Arbeit steckt in diesem Land.
Wir lassen uns das Land nicht kaputt machen.
Wir benutzen unsere Tribüne, um zu fordern:
Wir haben ein Recht auf Information.
Wir haben ein Recht auf Dialog.
Wir haben ein Recht auf selbstständiges Denken und Kreativität.
Wir haben ein Recht auf Pluralismus im Denken.

Wir haben ein Recht auf Widerspruch.
Wir haben ein Recht auf Reisefreiheit.
Wir haben ein Recht, unsere staatlichen Leitungen zu überprüfen.
Wir haben ein Recht, neu zu denken.
Wir haben ein Recht, uns einzumischen.
Wir nutzen unsere Tribüne, um unsere Pflichten zu benennen:
Wir haben die Pflicht, zu verlangen, dass Lüge und Schönfärberei aus unseren Medien verschwinden.
Wir haben die Pflicht, den Dialog zwischen Volk und Partei- und Staatsführung zu erzwingen.
Wir haben die Pflicht, von unserem Staatsapparat und von uns zu verlangen, den Dialog gewaltlos zu führen.
Wir haben die Pflicht, das Wort Sozialismus so zu definieren, dass dieser Begriff wieder ein annehmbares Lebensideal für unser Volk wird.
Wir haben die Pflicht, von unserer Partei- und Staatsführung zu verlangen, das Vertrauen zur Bevölkerung wiederherzustellen.[13]

Als ich fertig gelesen habe, herrscht zuerst absolute Stille im Zuschauerraum, dann folgt Applaus. Einige Zuschauer stehen auf, klatschen mutig. Meine Freunde im Zuschauerraum beobachten die Gesichter: Angst, Freude, Verunsicherung spiegeln sich darin.

Ich habe es geschafft. Was passiert jetzt?

Später betritt der Regieassistent meine Garderobe und sagt, er werde über diesen ungehörigen Auftritt von mir gleich Meldung an die Theaterleitung machen. Ich solle mich morgen Vormittag um zehn Uhr im Theater beim Schauspieldirektor einfinden. Mit mir in der Garderobe sind meine Freunde und mein damaliger Mann, das hatten wir so vorher besprochen. Als Schutz, falls doch Mitarbeiter der Stasi auftauchen sollten.

Wir gehen zusammen nach Hause, niemand soll jetzt allein bleiben. Doch nichts passiert.

Am nächsten Vormittag teilt mir der Schauspieldirektor mit, dass das Theater nach den Ereignissen vom Montag, dem 9. Oktober, und dem Verlesen der Resolution in anderen Theatern der Republik sich ebenfalls an der Resolutionsaktion beteiligen wird. Man plant am Sonntag, dem 15. Oktober, eine Matinee im Theater mit einem veränderten Text der Resolution. Bestimmte Dinge könne man so nicht sagen, heißt es. Eine Passage müsse raus, und man verlange einen Zusatz am Ende. Ich sage, dass dies dann nicht mehr den richtigen, ehrlichen Aussagen entspricht, dass diese Veränderung den Text verwässert.

Bei dieser Veranstaltung am Sonntag möchte ich nicht dabei sein. Und ich habe das Gefühl, dass meine Entscheidung vom Schauspieldirektor mit Erleichterung aufgenommen wird. Er wusste nur noch nicht, wie er mir mitteilen sollte, dass man auf meine Teilnahme lieber verzichten möchte.

Der Sonntag kam, die Matinee fand statt. Viele Kollegen, die sich in den Wochen davor auch mir gegenüber feige verhalten hatten, standen nun auf der Bühne und äußerten auf einmal ihre politische Meinung: mit Texten von Volker Braun, Schatrow, von Strittmatter, Bartsch und Majakowski. Einzig meine geschätzte Kollegin Christa Gottschalk verlas eigene Gedanken und berief sich auf die Bemerkung von Michail Gorbatschow: »Wer zu spät kommt, den bestraft das Leben.« Sie sagte, sie habe das oft gehört und gesehen, allerdings nicht in unserem eigenen Fernsehen. Krisen sind schmerzhaft, sie sind aber nicht unehrenhaft, sondern zeugen von Bewegtheit und Bewegung …

Das hat mir imponiert! Zum Abschluss der Matinee wurde die veränderte Leipziger Resolution verlesen. Der Absatz am Anfang war gestrichen worden:

Eine Staatsführung, die mit ihrem Volk nicht mehr spricht, ist unglaubwürdig!
Eine Parteiführung, die ihre Prinzipien nicht mehr auf Brauchbarkeit untersucht, ist zum Untergang verurteilt.
Ein Volk, das zur Sprachlosigkeit gezwungen wurde, fängt an, gewalttätig zu werden.
Unsere Arbeit steckt in diesem Land.

Mit diesen Veränderungen waren nicht alle einverstanden. In einer Gewerkschaftsversammlung zwei Tage vor der Matinee wurde im Ensemble über die Resolution diskutiert, die von der Theaterleitung und einem schwachen Ensemble akzeptiert wurde. Das entsprach aber nicht mehr meinen Gedanken, ich empfand es als Verrat gegenüber all den mutigen Menschen, die im September und Oktober auf die Straße gingen, in Gefängnissen saßen oder zusammengeprügelt wurden.

Der Zusatz am Schluss, den das Leipziger Theater für nötig hielt, lautete:

In diesem Sinne haben wir mit Freude und Erleichterung das verantwortungsvolle Handeln der Genossen Pommert, Wötzel und Meyer der Bezirksleitung der SED, Kurt Masur, Dr. Dieter Zimmermann und Bernd Lutz Lange zur Kenntnis genommen. Wir sehen in diesem Vorgang mehr als nur den Schritt zur Schadensbegrenzung und Entkrampfung der zugespitzten Situation der letzten Wochen und Tage, wir sehen es als einen klugen, verantwortungsbewussten, vertrauensvollen und hoffnungsträchtigen Auftakt zu einem gesamtgesellschaftlichen Dialog und fühlen uns ermutigt durch die Erklärung des Politbüros.

Das war der entscheidende Satz: »… fühlen uns ermutigt durch die Erklärung des Politbüros«. Ich fühlte mich gar nicht ermutigt und fand diesen Zusatz verlogen.

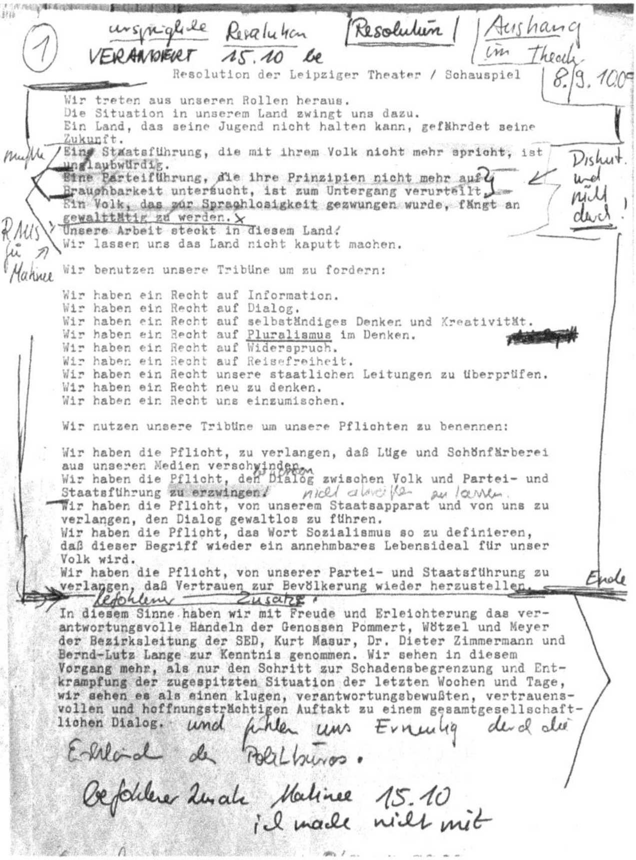

Resolution der Leipziger Theater / Schauspiel

Wir treten aus unseren Rollen heraus.
Die Situation in unserem Land zwingt uns dazu.
Ein Land, das seine Jugend nicht halten kann, gefährdet seine Zukunft.
Eine Staatsführung, die mit ihrem Volk nicht mehr spricht, ist unglaubwürdig.
Eine Parteiführung, die ihre Prinzipien nicht mehr auf Brauchbarkeit untersucht, ist zum Untergang verurteilt.
Ein Volk, das zur Sprachlosigkeit gezwungen wurde, fängt an gewalttätig zu werden.
Unsere Arbeit steckt in diesem Land.
Wir lassen uns das Land nicht kaputt machen.

Wir benutzen unsere Tribüne um zu fordern:

Wir haben ein Recht auf Information.
Wir haben ein Recht auf Dialog.
Wir haben ein Recht auf selbständiges Denken und Kreativität.
Wir haben ein Recht auf Pluralismus im Denken.
Wir haben ein Recht auf Widerspruch.
Wir haben ein Recht auf Reisefreiheit.
Wir haben ein Recht unsere staatlichen Leitungen zu überprüfen.
Wir haben ein Recht neu zu denken.
Wir haben ein Recht uns einzumischen.

Wir nutzen unsere Tribüne um unsere Pflichten zu benennen:

Wir haben die Pflicht, zu verlangen, daß Lüge und Schönfärberei aus unseren Medien verschwinden.
Wir haben die Pflicht, den Dialog zwischen Volk und Partei- und Staatsführung zu erzwingen.
Wir haben die Pflicht, von unserem Staatsapparat und von uns zu verlangen, den Dialog gewaltlos zu führen.
Wir haben die Pflicht, das Wort Sozialismus so zu definieren, daß dieser Begriff wieder ein annehmbares Lebensideal für unser Volk wird.
Wir haben die Pflicht, von unserer Partei- und Staatsführung zu verlangen, daß Vertrauen zur Bevölkerung wieder herzustellen.

In diesem Sinne haben wir mit Freude und Erleichterung das verantwortungsvolle Handeln der Genossen Pommert, Wötzel und Meyer der Bezirksleitung der SED, Kurt Masur, Dr. Dieter Zimmermann und Bernd-Lutz Lange zur Kenntnis genommen. Wir sehen in diesem Vorgang mehr, als nur den Schritt zur Schadensbegrenzung und Entkrampfung der zugespitzten Situation der letzten Wochen und Tage, wir sehen es als einen klugen, verantwortungsbewußten, vertrauensvollen und hoffnungsträchtigen Auftakt zu einem gesamtgesellschaftlichen Dialog.

Die veränderte Resolution für die Matinee am 15. Oktober 1989 im Leipziger Schauspielhaus

Wenige Tage später, am 18. Oktober 1989, wurde Erich Honecker abgesetzt. Es folgten Joachim Herrmann (Propagandachef) und Günter Mittag (Wirtschaft), und Ende Oktober 1989 folgte die Ablösung des Ministerpräsidenten Willi Stoph und weiterer ZK-Mitglieder. Es fand kein Dialog statt, sondern mutige Proteste auf den Straßen der Republik. Das war beeindruckend und für die Staatsführung unfassbar.

9. November 1989
»Mein« Mauerfall

Leipzig ist eine aufgewühlte, politisch fordernde Stadt geworden durch die Montagsdemonstrationen im September und Oktober 1989. Am 4. November sind es 300 000 Menschen, die um den Leipziger Ring laufen, und ich mittendrin. Endlich passiert etwas in diesem Land. In Berlin demonstrieren etwa 500 000 Menschen für Presse-, Meinungs- und Versammlungsfreiheit. Mein Bruder ist auf dem Podium dabei und singt mit Steffen Mensching zusammen ihr »Krenz-Lied«, und der Schriftsteller Christoph Hein erwähnt in seiner Rede Leipzig: »[...] ich denke, unser Gedächtnis ist nicht so schlecht, dass wir nicht wissen, wer damit begann, die übermächtigen Strukturen aufzubrechen, wer den Schlaf der Vernunft beendete. Es war die Vernunft der Straße, die Demonstrationen des Volkes. [...] Und da ist an erster Stelle Leipzig zu nennen. Ich meine, der Oberbürgermeister unserer Stadt sollte im Namen der Bürger Berlins [...] vorschlagen, die Stadt Leipzig zur Heldenstadt der DDR zu ernennen.«[14]

Fünf Tage später fällt die Mauer, und unter dem Stadteinfahrtsschild von Leipzig steht: Heldenstadt!

An diesem Abend, dem 9. November 1989, spiele ich Theater am Schauspielhaus. Ein Stück von Pierre Carlet de Marivaux: *Das Spiel von Liebe und Zufall.* Welch ein Titel! Die Theater sind schlecht besucht, das kennen wir gar nicht, aber es ist verständlich: Das wahre Theater spielt sich auf den Straßen der Republik ab, und in Leipzig ganz besonders.

»Mit dem Leben ist es wie mit einem Theaterstück, es kommt nicht darauf an, wie lang es ist, sondern wie bunt«, hat schon der altrömische Dichter Seneca gesagt. Und von dem Franzosen Rabelais stammt der Satz: »Lasst den Vorhang herunter, die Farce ist zu Ende.« Solche und ähnliche passende Zitate gehen mir in dieser Zeit im Theater durch den Kopf.

Während der Vorstellung am 9. November ist es sehr laut neben der Bühne, und bei meinen kurzen Abgängen rege ich mich jedes Mal über den Lärm in den Seitengassen auf. Aber dann höre ich die kurzen Satzfetzen vom Inspizienten: »Da passieren komische Dinge in Berlin.« – »Reisefreiheit soll kommen.«

Diese Nervosität überträgt sich auf uns Schauspieler, irgendwie wollen wir alle schnell fertig werden mit diesem Theaterabend und wissen, was da los ist. Aber schneller sprechen geht bei dieser geistreichen Komödie in drei Akten nicht. Es ist eine turbulente Aufführung, eine Verwechslungsgeschichte. Meine Rolle, die Kammerzofe Lisette, tauscht die Kleider mit ihrer Herrin, um deren Auserwählten zu testen. Verwechseln die hinter der Bühne auch irgendwas? Was soll Günter Schabowski gesagt haben? Wann? Wo? Nach dem Applaus laufen wir zu den Bühnenarbeitern des Theaters in ihren Aufenthaltsraum. Da gibt es einen Fernseher, und wir sehen die unglaublichen Szenen aus Berlin.

In Berlin fällt noch in dieser Nacht die Mauer, wir sehen die Bilder im Fernsehen und können es nicht glauben. Freudenschreie, Taumel, Unglaube. Wirklich?

Ich laufe mit Kollegen nach Hause, und wir sitzen bis früh in den Morgen, trinken, lachen, feiern!

Als alle gegangen sind, denke ich über den Titel des Theaterstücks nach, mit dem ich an diesem historischen Abend auf der Bühne stand: *Das Spiel von Liebe und Zufall.*

Die Liebe, der liebevolle, besonnene Umgang der Menschen untereinander in den zurückliegenden Tagen in Leipzig und anderen Städten der Republik. Und der Zufall, dass Schabowski den entscheidenden Satz auf die Frage eines italienischen

Journalisten bei einer internationalen Pressekonferenz, die im DDR-Fernsehen übertragen wird, in seinem berlinerischen Akzent so wiedergab:

»Das tritt nach meiner Kenntnis … ist das sofort, unverzüglich.« Zufall? Ein Zettel bringt die Mauer zum Fall? An dem Abend, an dem Tag vielleicht Zufall, aber die Mauer wäre nach den Ereignissen der letzten Monate, nach dem unfassbaren, ignoranten Verhalten der Staatsführung in den letzten Jahren gegenüber ihrem Volk sowieso gefallen, das glaube ich ganz fest.

November 1989
Begrüßungsgeld

Mein Gehalt, wie es so schön im Osten hieß, betrug im Oktober 1989 1500 Ostmark. Raus bekam ich 1172,00 (Abzüge 60 Mark SV-Beitrag / 18 Mark FDGB / 26 ZUVG PFD / 60 Freiwillige Rente / 216 Lohnsteuer / 18 Mark Abzug C). Das war ein sehr gutes Einkommen für DDR-Verhältnisse, wenn man bedenkt, wie gering die Mieten und die Lebensmittelpreise für Grundnahrungsmittel waren. Diesen Verdienst hatte ich mir wahrlich erkämpft, musste man sich doch als Schauspieler bis Ende Oktober einen Termin beim Intendanten geben lassen, um eine Gehaltserhöhung zu fordern oder vorzuschlagen. Ich war mutig genug gewesen, auf die vielen unterschiedlichen Rollen hinzuweisen, die ich im Repertoire spielte, und wohl auch jugendlich überzeugend, dass ich meinem Intendanten erklären konnte, wie wichtig es sei, als Schauspielerin auch abseits der Bühne gut gekleidet aufzutreten. Die besonderen Sachen gab es aber meist nur im »Exquisit«, und da kostete ein Kleid schon mal 300 Ostmark.

So lief es jedes Mal im Oktober im Gesprächszimmer des Intendanten gleich ab: Man betrat den Raum und musste am Ende eines langen Tisches Platz nehmen, wo mit gehörigem Abstand auf der anderen Seite der Intendant saß. Prof. Karl Kayser beobachtete schon beim Hereinkommen meinen »Auftritt« – das war die erste Prüfung –, dann hörte er mir interessiert zu, schaute mich skeptisch an und stellte Fragen, um zu provozieren. Das war die zweite Prüfung. Meine Grundeinstellung war immer, ich habe nichts zu verlieren, ich weiß, was ich geleistet habe. Und ich versuchte souverän und freundlich zu wirken. Er respektierte meine direkte, entwaffnende Art und gab mir meist eine kleine Erhöhung. Auf diese Weise hatte ich mir über die Jahre meine gute Gage erkämpft. Ich weiß, dass es Kollegen gab, die nie zum Intendanten gingen, weil sie dessen herablassende Urteile fürchteten. Sie arbeiteten noch nach Jahren am Leipziger Schauspielhaus für ihre Anfangsgagen.

Aber gutes Einkommen hin oder her: Auf das Begrüßungsgeld, das es im November 1989 beim ersten Besuch im Westen gab, wollte ich natürlich nicht verzichten. 100 Westmark waren schließlich kein Pappenstiel. Um sie zu bekommen, musste man in die BRD reisen oder nach Westberlin. Dafür brauchte man aber ein Visum im Ausweis. Also stellte ich mich gleich am 10. November 1989 in eine riesige Schlange beim Meldeamt in der Petersstraße. Die Meldeämter öffneten am 10. November schon um zwei Uhr in der Nacht, um den großen Andrang bewältigen zu können. Es war ein Freitag, wir hatten probenfrei, und in der Schlange vor dem Gebäude standen auch einige meiner Kollegen. Alle wollten ein Visum, genau wie ich, und so warteten wir geduldig und diskutierten laut, denn keiner wusste genau, wie lange uns diese Reisefreiheit gewährt würde und wie es weitergehen sollte in unserem Land.

Wir waren alle wie im Rausch, trunken vor Freude über die Ereignisse der letzten Wochen und vor allem über den 9. November: den Mauerfall.

Am 11. 11. beginnt die Faschingszeit – für mich war der 10. 11. 1989 der Beginn der Reise-Freiheitszeit. Ausgelassene Stimmung herrschte auf dem Vorplatz des Meldeamtes, jeder, der rauskam, war glücklich, jubelte in die wartende Menge und zeigte den begehrten Stempel. Wie Faschingstrubel.

Am nächsten Tag, einem Sonntag, hatte ich spielfrei und fuhr zu meinen Eltern nach Wittenberg. Meine Schwester Monika war auch da und erzählte, wie sie die letzten Tage mit ihrem Taxi-Unternehmen täglich drei- bis viermal nach West-

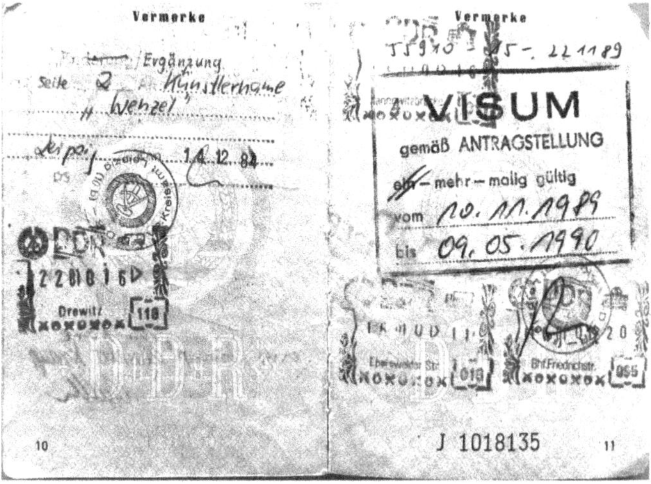

Visa-Stempel im DDR-Ausweis

berlin gefahren war: mit vollgeladenem Taxi, auch der alte Opa wurde schnell noch mit ins Auto gesetzt, dann ab nach Westberlin, erste Abfahrt Zehlendorf, und erst mal zur Bank, das Geld holen.

Montags war am Theater meistens probenfrei, und so entschloss ich mich spontan, mit meinen Eltern, meiner Tante Herta und Monika nach Berlin zu fahren. Zu fünft quetschten wir uns ins Auto, um acht Uhr ging's los, bis Berlin ist es von Wittenberg aus ja nicht weit. Was für ein Gefühl, als wir auf Höhe Babelsberg an dem Schild vorbeifuhren, das warnte: »Ende für DDR-KFZ«! Wir fuhren daran zum ersten Mal vorbei und weiter bis Grenzübergang Dreilinden und dann auf dem kürzesten Weg zur nächsten Bank in Zehlendorf.

Vor der Bank eine lange Schlange von Menschen, trotz des kalten Winterwetters. Um zehn Uhr macht diese erst auf, und wir stehen ziemlich weit hinten. Ein junger Westberliner, ein Student, kommt vorbei und fragt uns, was denn hier los sei, so eine Menschenansammlung hätte er ja ewig nicht gesehen.

Wir erzählen ihm vom Begrüßungsgeld, und dass wir alle aus der DDR sind. Er schaut uns ungläubig an.

»Hundert Westmark, und ihr seid aus der Zone, Wahnsinn! Die Bank hat doch noch nicht offen, es ist kalt, ich lade euch gern zu einem Jasmintee ein. Ich wohne hier gleich um die Ecke.« Wir nehmen die Einladung dankbar an, gehen gemeinsam los, und immer wieder sieht er uns ungläubig an und sagt: »Ihr müsst mir unbedingt was von der DDR erzählen! Ihr seid Zonis, das ist ja irre!«

Wir laufen die fünf Minuten zu seiner Wohnung und sind dankbar, uns an diesem kalten Tag etwas aufwärmen zu können. Er wohnt im Parterre, und seine Studentenbude könnte auch in der DDR sein; nur die Orangenkisten, auf denen wir um ein halbiertes Weinfass als Tisch sitzen, gibt es nicht im Osten. Dann serviert er uns einen Jasmintee, den kannten wir bis dahin gar nicht, und wir plaudern über das Leben in der DDR. Mein Vater steckt sich eine Zigarette an, und gleich bietet uns unser Gastgeber einen Joint an: »Bestes Gras«, wie er sagt. Meine Mutter lehnt stellvertretend für uns alle ab, obwohl ich sehe, dass mein Vater gern mal einen Zug genommen hätte. Meine Schwester und ich schnuppern zumindest mal vorsichtig an der Selbstgedrehten. Wir denken: »Ach, das ist der freie Westen …«

Als wir nach circa einer Stunde losmüssen, von den merkwürdigsten Fragen zu der DDR gelöchert – »Wie lebt man im Kommunismus? Was kostet die Miete? Könnt ihr alle Russisch? Sind die wirklich so gewaltsam gegen euch vorgegangen?« –, um unser Geld abzuholen, begleitet der freundliche, wissbegierige junge Student uns noch bis zu der Schlange vor der Bank und bedankt sich tatsächlich für unseren Besuch. Meine Eltern laden ihn nach Wittenberg ein, Adressen werden ausgetauscht. Leider hat er sich nie gemeldet, aber diese erste Begegnung in der Westberliner Studentenbude werde ich nie vergessen.

Nach einer halben Stunde sind wir in der Bank, legen unsere DDR-Ausweise vor, bekommen eine Abholnotiz samt Stempel eingetragen und erhalten die 100 Westmark Begrüßungsgeld, wie so viele DDR-Bürger. Bereits im Dezember 1989 waren etwa drei bis vier Milliarden DM Begrüßungsgeld ausgezahlt.

Gegenüber der Bank gibt es einen großen Woolworth-Laden, und natürlich gehen alle nach dem Abholen des Geldes in dieses Geschäft. Gemeinsam mit vielen anderen DDR-Bürgern laufen wir durch die Gänge, bestaunen das Warenangebot und kaufen gleich ein. Besonders die Produkte aus der Fernsehwerbung sind gefragt: Meine Mutti will unbedingt Strumpfhosen, OMO-Waschpulver und Kaffee der Marke Jacobs Krönung, meine Tante Gummibärchen, HB-Zigaretten und Kakao. Und mein Vater wünscht sich einen Kassettenrekorder – eine gute Investition, denn das Gerät funktionierte auch noch nach der Jahrtausendwende tadellos. Außerdem muss unbedingt eine Schachtel Marlboro erstanden werden. Als Geschenk für meine Schwestern Sylvia und Cornelia werden Babywindeln mitgenommen. Ein absoluter Luxusartikel.

Die Regale in dem großen Supermarkt sind schon schön geleert, und wir amüsieren uns nebenbei über die Gespräche der Leute, die wir belauschen: »Oh, schau mal, was ist das denn? Wie soll das denn aufgehen? Wo ist denn hier die Öffnung? Mensch, das sieht ja aus wie im Fernsehen!«

Ich erinnere mich, wie ich bei meinem ersten Theatergastspiel im Westen in einem Supermarkt stand und große Augen machte. Genauso habe ich damals die Waren betrachtet und bestaunt. Ich kaufe Mars und Schaumküsse, die wir bei der Rückfahrt im Auto genüsslich verzehren. Kurz vor der Abfahrt zur Autobahn halten wir noch an einem Obststand, und es werden Bananen gekauft. Das muss einfach sein. Unsere geliebte, begehrte Banane!

Das restliche Geld hebe ich auf bis zu einem Besuch in Kassel im Dezember 1989. Da gibt es dann bei C & A eine Lederjacke, und ich erfülle mir mit diesem Kauf einen lang gehegten Traum. Viele Jahre habe ich diese Jacke getragen, die mich immer an das Begrüßungsgeld erinnerte. Außerdem kaufe ich mir – endlich! – eine Schallplatte von Herbert Grönemeyer: *Bochum*.

Herbie war Mitte der Achtzigerjahre auch bei uns in der DDR »in«. Titel wie »Männer«, »Alkohol«, »Flugzeuge in meinem Bauch« und »Kinder an die Macht« wurden auf jeder privaten Party gespielt und mitgesungen. Ich höre seine Lieder heute noch sehr gern, war auf einigen Konzerten und besitze fast alle CDs von ihm – ich bin ein echter Grönemeyer-Fan. Er ist ein großer Künstler, auch gesellschaftlich eine wichtige Stimme, das schätze ich an ihm besonders.

Künstler, die sich gesellschaftlich einbringen, ihre Meinung vertreten – auch mal gegen den Strom – und zum Nachdenken anregen über unsere Welt, über unser Hier und Jetzt, sind für eine gut funktionierende Demokratie so wichtig! Kunst hat oft einen kritischeren Blick auf die Welt, sie hält uns den Spiegel vor, unabhängig von der Politik. Das ist ein großes Gut, das wir uns unbedingt erhalten müssen. Gerade in Diktaturen haben es Sänger, Maler, Schriftsteller, Schauspieler, Künstler schwer. Werden mit Auftrittsverboten zum Schweigen gebracht oder gar weggesperrt. Doch auch bei uns und in der heutigen Zeit ist eine kritische Künstlerszene unglaublich wichtig. Unbequeme Stimmen müssen gehört und ausgehalten werden, auch wenn einem manchmal eine überspitzte oder provokativ vorgebrachte Meinung nicht gefällt. Kunst muss auch Mut machen in schwierigen Zeiten, das habe ich in meinem Leben in der DDR gelernt.

2024 gibt es die Vierzig-Jahre-Edition von Grönemeyers *Bochum*. Sie wird meine CD-Sammlung bereichern und einmal mehr Erinnerungen wecken: an die Achtzigerjahre in der DDR und an meine Einkäufe mit den 100 DM Begrüßungsgeld im November/Dezember 1989.

Jahresende 1989
Das Ende der DDR

Bis vor dem 9. November ging es um Veränderungen, Aufbruch, Reformen in diesem Land, nun, an diesem 13. November, tauchen bei der Montagsdemo für mich erstmalig sichtbar Plakate mit »Deutschland – einig Vaterland« auf und Rufe nach der D-Mark. Man erfährt, dass die DDR faktisch bankrott ist, geahnt hatte man es schon länger. In Leipzig findet der erste Runde Tisch statt – alles ist nach diesem historischen 9. November anders. Das Politbüro und das ZK der SED unter Egon Krenz treten auf Druck der Parteibasis zurück, Erich Honecker und andere ehemalige SED-Führer werden aus der Partei ausgeschlossen, Gregor Gysi wird zum Vorsitzenden der SED in Berlin gewählt. Mein Tagebuch aus dieser Zeit sieht chaotisch aus, so wie alles auf einmal um mich herum chaotisch zu sein scheint, aber man spürt beim Lesen die Befreiung. Endlich erwacht das Land aus der Starre der letzten Jahre, endlich kann man offen reden, diskutieren, und trotzdem ist alles ungewiss. Reisefreiheit, die Welt sehen, weggehen – das alles ist auf einmal möglich. Die Tage nach dem Mauerfall sind wie ein Rausch – überall Party. Treffen mit Freunden aus dem Westen, ins Auto setzen und einfach mal nach Westberlin fahren, den Ku'damm runter und hoch – Fenster auf und jubelnd rumschreien. Es war eine Zeit, die wie ein plötzliches Märchen war. Träume wurden wahr. Ich denke oft an meine West-Oma Ida – wenn sie das noch erlebt hätte! Ich habe aus dieser Zeit viele Zeitungen aufgehoben, und immer wieder, wenn ich diese durchblättere, kommen die Gefühle, wie damals kurz nach dem Mauerfall.

1990
Mauergeld

Kommt die D-Mark, bleiben wir, kommt sie nicht, gehen wir zu ihr.« Diese Transparente wurden bald auch auf den Montagsdemos getragen, im Herbst und Winter 1989/1990. Sobald die Grenzen offen waren, ließ sich der Zustand mit zwei Systemen und Währungen eigentlich nicht mehr aufrechterhalten.

Ja, und dann kam sie, die Währungsunion: der Geldumtausch von Ostmark in D-Mark am 1. Juli 1990. Die Ankündigung war für uns DDR-Bürger etwas Unfassbares, und die Wochen vor der Einführung des Westgeldes waren von unglaublichen Erlebnissen geprägt.

Überall fand ein regelrechter Ausverkauf der Ostprodukte statt. Ich erinnere mich an den Exquisit-Laden in meiner Heimatstadt Wittenberg am Marktplatz. Heute ist dort das Clack Theater Wittenberg. Exquisit-Läden gab es in allen Kreisstädten der DDR; man bekam in diesen Bekleidungsgeschäften hochpreisige, bessere und ausgewählte Kleidung. Ab und zu leistete ich mir in Leipzig ein Kleid für 300 Ostmark, was unglaublich teuer war bei einem Gehalt von 1500 Mark brutto. Und jetzt, im Sommer 1990, war »Ausverkauf« in diesem teuren Laden und in vielen anderen. Mit meinen Eltern ging ich einkaufen, und wir staunten nicht schlecht, als wir die Preisschilder anschauten.

Ein Pullover, der früher über 150 Mark gekostet hatte, ging jetzt für 4,99 über die Ladentheke! Überall stand noch EVP (Einzelhandel Verkaufspreis = staatlich vorgeschriebener Festpreis), und der musste ja weg, so wie bei allen DDR-Waren, die es überall zu kaufen gab. Die Regale und Lager wurden leer geräumt, teilweise landeten die DDR-Produkte schlicht und einfach im Müllcontainer.

Zwei Erlebnisse in Leipzig werde ich nie vergessen: Auf dem Karl-Marx-Platz gab es die Franz-Mehring-Buchhandlung, die größte Buchhandlung der DDR. Man bekam dort oft Bücher, die ansonsten schnell vergriffen waren. Nun wurden die Bücher verramscht, weil so wenig Zeit war, um Platz zu schaffen für die neuen Bücher mit DM-Auszeichnung. Teilweise wurden die Bücher in Abfallcontainer geworfen. Mit einigen anderen Leipzigern kletterte ich hoch an den Rand und fischte mir eine nagelneue fünfbändige Shakespeare-Ausgabe vom Verlag Rütten & Loening, Berlin, heraus, die 60 DDR-Mark gekostet hätte. Und noch einiges mehr landete in meiner Tasche.

Als ich im Sommer 2015 bei den Luisenburg-Festspielen in Wunsiedel im *Sommernachtstraum* von Shakespeare spielte und mir den entsprechenden Band aus meinem Bücherregal in Berlin nahm, fiel mir diese Begebenheit wieder ein. Warum auch Bücher weggeworfen, entsorgt oder vernichtet wurden, begreife ich bis zum heutigen Tag nicht.

Das zweite Erlebnis dieser Art war am Abend vor dem 1. Juli. Ich ging noch mal zu meiner Kaufhalle in Gohlis, die vorzeitig geschlossen hatte, und warf durch die Fenster einen Blick auf die leer geräumten Regale. Große Kisten mit Pfanni-Knödeln, Schwartauer Marmelade, Tiefkühlpizza von Dr. Oetker, Fischstäbchen und Fischkonserven standen schon bereit. (Später erfuhr ich, dass die Fischer aus Saßnitz 30 Tonnen Fisch vernichten mussten, weil wir damals alle glaubten, dass Westkonserven besser schmecken als frischer Fisch aus dem Osten.) Das komplette Sortiment an Lebensmitteln aus dem Westen war angeliefert worden. Und auch hier standen die

Container hinterm Haus, gefüllt mit den Ostprodukten, die – das muss man ehrlicherweise zugeben – keiner mehr wollte.

Als ich am 1. Juli nachmittags in die Kaufhalle ging, bestaunte ich gemeinsam mit vielen anderen das neue Angebot, in dem viele »Sehnsuchtsprodukte« einen prominenten Platz einnahmen. Irgendwie erinnerte mich das Ganze an die Intershops. Die Preise waren zum Teil überhöht, und DDR-Produkte gab es gar nicht mehr. Heute weiß man, wie gut viele Lebensmittel aus den Volkseigenen Betrieben waren, und einige haben sich zum Glück auch auf dem gesamtdeutschen Markt durch Übernahmen und Eigeninitiativen von mutigen Ex-DDR-Bürgern durchgesetzt.

Eine Freundin von mir arbeitete bei der Bank und erzählte mir später, wie die Anlieferung des Westgeldes für den Umtausch 1:1 erfolgte. Ungläubig hörte ich damals zu. Die D-Mark wurde im Pkw Wartburg, einem DDR-Auto, das im VEB Automobilwerk Eisenach gefertigt wurde und der Traum vieler DDR-Bürger war, von der Staatsbank geholt und im Tresor der Bank eingelagert. Nun war sie da, die gute Westmark, die für uns immer etwas Besonderes und Unerreichbares gewesen war. Die nicht unerheblichen Geldmengen lagen sicher im Tresor, aber vor lauter Aufregung und auch wegen einer gewissen »Ehrfurcht« vor dem so wichtigen ersten Umtauschtag verbrachte meine Freundin die Nacht in der Bank vor der Tresortür und passte auf »ihr Westgeld« auf.

Auch ich tauschte natürlich in Leipzig sofort die 4000 Ostmark in 4000 Westmark. Ich hatte gar nicht so viel Geld auf dem Konto und musste mir von meinen Eltern etwas borgen, um den günstigen 1:1-Umtausch voll auszuschöpfen. Seit 1989 lebte ich von meinem ersten Mann getrennt, die Scheidung lief, und als alleinstehende junge Frau kam ich gar nicht zum Sparen.

Es dauerte auch nicht lange, dann eröffneten in den schönsten Gebäuden der Leipziger Innenstadt – durch die neuen Be-

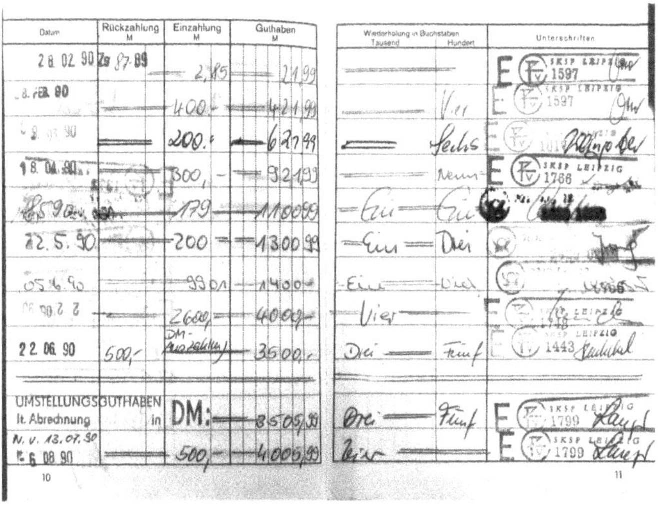

Mein Sparbuch: Umtausch 1 zu 1, 4000 Ostmark in 4000 Westmark – mehr hatte ich nicht.

sitzer natürlich auch hervorragend restauriert – die Filialen der BRD-Geldinstitute: Die Commerzbank residierte nun im ehemaligen Kaufhaus Topas (gegründet als Kaufhaus Ebert), einem Jugendstilbau, aber auch die Deutsche Bank, die Hypo-Vereinsbank und andere Geldinstitute eröffneten ihre Filialen an den markantesten Standorten der Stadt.

Die meisten meiner Freunde und Bekannten blieben der Einfachheit halber bei der Sparkasse, aber ich wechselte sofort, als es möglich war, zur Bayerischen Hypo-Vereinsbank. Meine Oma Ida, meine West-Oma, hatte ihr Konto bei dieser Bank gehabt. Und da ich als Kind und Jugendliche immer von ihren Paketen und von den gemeinsamen Besuchen im Intershop profitiert hatte und ich ihr emotional irgendwie nahe sein wollte mit meinem Westgeld, eröffnete ich mein Konto zur Erinnerung an sie bei »ihrer« Bank. Ich hatte auch tatsächlich das Gefühl, in guten Händen zu sein, wurde beraten – das kannte ich bis dahin ja gar nicht – und bin der Hypobank bis heute treu geblieben, trotz einiger Abwerbeversuche. Wenn mich jemand verwundert fragt, wie ich denn zu dieser Bank gekommen bin, die es doch meist nur in Bayern gibt, dann erzähle ich von meiner Oma Ida. Dann wird selbst der härteste Geschäftsmann schwach und beendet den Versuch, mich für eine andere Bank abzuwerben.

1990
Risse in der Mauer

Die Bewachung der Mauer endete erst nach dem 1. Juli 1990. Jetzt entfielen alle Grenzkontrollen, obgleich bereits ab dem 9. November 1989 die Grenzübergänge in Berlin und zu Westdeutschland geöffnet waren. Ich fuhr mehrmals von Leipzig nach Berlin zu meiner Schwester und meinem Bruder, einfach um das Gefühl zu spüren, durch diese Grenzübergänge zu gehen, die uns versperrt gewesen waren, solange ich denken konnte. Jetzt in Westberlin zu sein, empfinde ich als Freiheit. Alles war auf einmal möglich.

Der Checkpoint Charlie in der Friedrichstraße war der erste Übergang, den ich allein überquerte. Ich hatte mir bewusst diesen Übergang ausgesucht, diesen geschichtsträchtigen Ort, über den man so viel gehört hatte: Agentenaustausch und Versuche von Grenzdurchbrüchen. Es fühlte sich gar nicht so einfach an, wie ich erwartet hatte. Die Schlagbäume und Wachtürme, der militärische Kontrollpunkt lösten bei mir heftige Beklemmungen aus.

Ohne mir alles genau anzusehen, lief ich schnurstracks auf ein chinesisches Restaurant in einem Eckhaus auf der Westberliner Seite zu. Da saß ich nun beim »Chinesen« in Westberlin, und man sah mir wohl deutlich an, woher ich kam.

Der Kellner reichte mir die Speisenkarte und sagte in gebrochenem Deutsch: »Du aus Ostberlin? Alles frei! Gutes Essen.« Ich bestellte mir Frühlingsrollen, weil ich fand, dass das gut klang, und irgendein Reisgericht. Mit den Stäbchen zu essen funktionierte noch nicht, aber ich nahm mir vor, das bald zu lernen. Was für Gedanken!

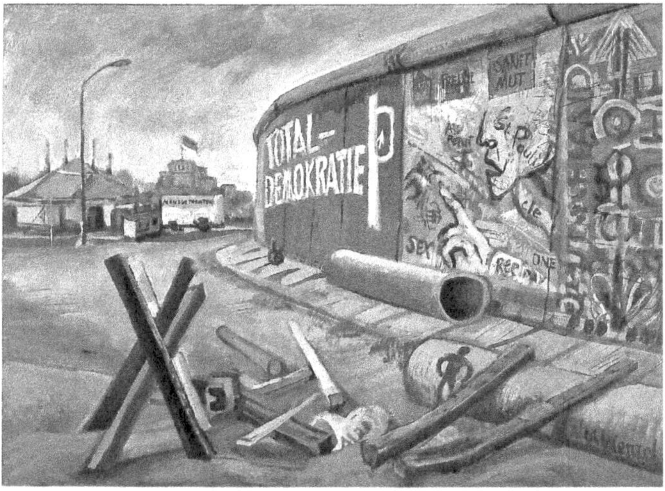

»Totale Demokratie – Potsdamer Platz«, 1991, Manfred Wenzel (Eitempera auf farbig grundiertem Karton, 30 × 72 cm)

Ich schaute aus dem Fenster und dachte: Das ist sie nun also, die große, weite Welt. Es war das beste Essen, das ich je in einem chinesischen Restaurant genossen habe. Später war ich immer wieder an diesem Ort. 1992 stellte mein Vater hier in dem Checkpoint Charlie Galerie eines seiner Mauerbilder aus, welches später für die SOS-Kinderdörfer e. V. versteigert wurde.

Mein Vater schrieb zu diesem Bild einen Text:

Das Gemälde zeigt eine geschützte Mauerkurve am Potsdamer Platz. Aus meiner Sicht umfasst dieser Ausschnitt etwas von der Gesamtheit des Eindrucks der bemalten Westmauer. Fast surreale Zusammenhänge ergeben sich durch die Beziehung der dargestellten Gegenstände. Die Auswahl und Anordnung dieser authentischen Details unterliegen der Gesamtkomposition: weiße Schrift auf maigrünen Mauersegmenten. Worte wie TOTAL,

SANFTMUT; FREUDE; SEX; ALDI DEUTSCHLAND und andere sollen Gedankenverbindungen und Fragestellungen beim Betrachter ermöglichen. Nach rund 20 Jahren glaube ich, dass mein Bild für jedermann anschaulich einen kleinen Einblick in die »WENDEZEIT« – die schönste Zeit unseres Lebens – eingefangen und damit bewahrt hat. Gleichzeitig soll es eine Huldigung an die fast vergessene Mauerkunst der Westseite sein.

September 2009[15]

Meinen Freunden und Bekannten, die Berlin besuchen, zeige ich immer die Umgebung des Potsdamer Platzes, wo man auf der Fahrbahn und dem Gehweg Markierungen zum Verlauf der Mauer noch sehen kann, das Mauermuseum an der Bernauer Straße und den ehemaligen Übergang am Checkpoint Charlie. Dort kann man seit 2012 das beeindruckende Asisi-Panoramabild von der Berliner Mauer der Achtzigerjahre begehen. Man bekommt durch diese monumentale Rundbild-Installation einen lebendigen Eindruck, wie es war, in einer Stadt zu leben mit so einem brutalen Bauwerk. Und ich erzähle die Geschichte von meiner Freundin Andrea A., die genau an der Mauer im Prenzlauer Berg wohnte, leider Hinterhof, sodass man die Mauer nicht sah. Aber wenn ich sie abends besuchte, liefen Grenzposten an der Mauer entlang, und ich wurde meistens kontrolliert: »Bürger, weisen Sie sich aus! Wo wollen Sie hin?« Ich musste meinen Ausweis zeigen, und obwohl ich nichts verbrochen hatte, fühlte ich mich jedes Mal wie ertappt.

1989/90
Mauerabriss

Mein erstes kleines Mauerstück klopfe ich mir im Dezember, kurz vor Weihnachten, aus der Berliner Mauer in der Nähe des Brandenburger Tors. Viele Mauerstückchen folgen im Sommer 1990, den ich im Gartenhäuschen in Rosenthal bei meiner Schwester Sylvia verbringe. Meine Eltern aus Wittenberg sind auch da, und mein Vater hat all seine Malsachen dabei. Die Grenze zu Westberlin ist nicht weit, und so unternehmen wir jeden Tag mit dem Fahrrad kleine Ausflüge zu den Grenzanlagen der Umgebung. Wir laufen durch den Mauerstreifen im Märkischen Viertel, am Nordgraben und in Pankow. In Lübars stehen wir auf dem Friedhof, wo die Friedhofsmauer zur Mauer nach Westberlin umfunktioniert wurde. Was für ein doppeldeutiges Symbol; mir laufen Tränen übers Gesicht beim Anblick dieses Ortes.

Wir beobachten den Abriss mit Baggern an diesem Ort. Offiziell war bereits am 13. Juni 1990 mit dem Abbau der Mauer begonnen worden, er endete innerstädtisch nach 171 Tagen am 30. November. Wir sind weiter im Norden von Berlin unterwegs und entdecken viele beeindruckende Stellen, wo die Mauer zerteilt und beseitigt wird. Mein Vater fertigt unzählige Skizzen und Notizen an.

Meine Mutter und ich sitzen oft daneben, wenn mein Vater zeichnet, und reden über die neue Zeit. Einmal zu Mittag sagt meine Mutter: »Lasst uns doch mal zu Donald Duck gehen und diese großen Brötchen mit Buletten drin essen, das habe ich im Fernsehen gesehen.«

Ich pruste los vor Lachen. »Meinst du McDonald's?«

»Ach, ja diese englischen Wörter kann ich mir nicht merken.« Ich kläre auf: Donald Duck ist die lustige Ente von Walt Disney, und wir essen jetzt gleich Rindfleisch in einem Schnellrestaurant, das weltweit bekannt ist.

Wir sitzen also in dem Burger-Laden im Märkischen Viertel, wundern uns über die viele Verpackung, verzehren genüsslich dieses amerikanische Zeug und reden über die Chancen und Möglichkeiten, die wir nun endlich haben. Aber auch über ihre Enttäuschung, in einem Land gelebt zu haben, das es so nicht mehr geben wird, erzählen mir meine Eltern in dieser unwirklichen Kulisse. Erst die Vertreibung aus dem Sudetenland: Meine Mutter kam aus Trautenau. Dann nach 1945 der Neubeginn in Lutherstadt Wittenberg und die Schwierigkeiten als Vertriebene. Im Osten hießen sie nur Flüchtlinge und durften sich zu DDR-Zeiten auch nie als Vertriebene bezeichnen. Und nun mit Anfang sechzig noch mal ein neues Leben. Die Generation meiner Eltern trifft es besonders, dieses Gefühl, immer wieder auf der Seite der Verlierer zu stehen; das ist hart. Wir diskutieren über das Wort Verlierer: Sind wir jetzt nicht die Gewinner? Meine Eltern sind glücklich über die Entwicklung und die Hoffnung, die die Wiedervereinigung bringt. Aber sie sind auch skeptisch, sehen viele Dinge anders als ich mit meiner Euphorie! Ihre Erfahrungen nach dem Zweiten Weltkrieg, das Leben in der Ostzone, ihr Leben in der DDR, all das hat sie geprägt. Für uns junge Menschen, für mich, kommt dieser Wandel zur richtigen Zeit: noch mal neu loslegen, viele Dinge tun können, von denen man geträumt hat.

Viele Jahre später begreife ich, dass mein Vater mit dem beeindruckenden und einmaligen Zyklus über die Berliner Mauerbilder diese Zeit für sich verarbeitet hat. Das war seine psychische Selbsttherapie. Er hat immer wieder gemahnt, man solle nicht alles richtig finden, was der »Westen« macht, und einige Streitgespräche zwischen uns, nach den anfänglichen Glücksmomenten der ersten Jahre, endeten heftig. Heute weiß

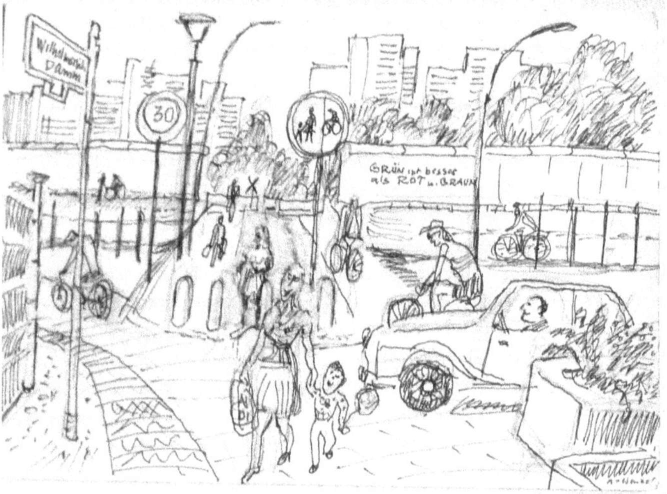

Märkisches Viertel/Grenzöffnung, 1990,
Ideenskizze, Manfred Wenzel

ich, dass er mit vielem recht hatte, wenn auch seine Formulierungen: »Jetzt werden wir von den ›Wessis‹ annektiert« und »Wir sind nur beigetreten, die DDR hat sich aufgelöst in fünf Bundesländer, bedenke dies, Claudia!«, unmöglich waren. Jahrzehnte später reden wir endlich offen darüber und beginnen die Fehler der Wiedervereinigung zu benennen und anzuerkennen. Jetzt muss ich oft an die Sätze meines Vaters denken. Aber bei der Umsetzung und der Realisierung haben wir – und da sage ich bewusst wir, denn ich meine Ost und West – immer noch viel zu tun.

1991
Mein erstes Westauto, ein blauer Ford Fiesta

Meinen Führerschein machte ich 1984 in Leipzig für 170 Ostmark. Heute kostet der Führerschein zwischen 2600 und 3500 Euro! Beim damaligen Schwarzkurs wären das ungefähr 25 000 Ostmark!

Gleich an dem Tag, als ich den Führerschein erhielt, füllte ich das Anmeldeformular für einen Trabant, kurz Trabi, aus. Autohäuser gab es in der DDR nicht. Es gab das staatliche Handelsunternehmen für Wartburg und Trabant, und das war's.

Die Wartezeit betrug zehn bis zwölf Jahre, so hätte ich mein erstes Auto vielleicht 1994 oder etwas später bekommen. Natürlich konnte man sich gebraucht, für viel Geld, ein Auto kaufen – meist von einem höheren SED-Mitglied oder einem Handwerker, weil diese Autos bevorzugt bekamen, Beziehungen hatten oder das nötige Geld aufbringen konnten. Mein erster Mann Andreas K. kaufte unserem damaligen Parteisekretär im Leipziger Theater einen alten Dacia ab, für eine Summe, die uns damals astronomisch vorkam und weit über dem originalen Neupreis lag. Aber wir hatten endlich ein Auto. So konnte ich Ende der Achtzigerjahre schon das Freiheitsgefühl des Autofahrens genießen.

Aber nun, nach der Wende, nach dem Geldumtausch war es endlich möglich, mir mein erstes eigenes Auto zu kaufen, einfach so, ohne Anmeldung. Meine Schwester Monika hatte mit ihrem neu gegründeten Unternehmen in Wittenberg Kontakt zu einem Autohaus in Bayern, in Rosenheim, aufgenommen und fuhr nun die alten, gebrauchten Westautos in den Osten zum Verkauf. Meine Familie konnte sich natürlich die besten raussuchen, und so bekamen mein Bruder, meine Schwester und ich die Autos aus Bayern geliefert. Sehnsuchtsvoll stand ich an einem Sonnabend früh um fünf Uhr am Fenster meiner Wohnung in Leipzig und wartete aufgeregt, mit pochendem Herzen, auf mein erstes Westauto. Von meinen Eltern hatte ich mir etwas Geld geliehen. Und wenig später stand er da, mein blauer Ford Fiesta. Bei herrlicher Morgensonne veranstaltete ich einen Freudentanz auf der Straße. Kurzes Kaffeetrinken, und dann ging es zur ersten Probefahrt durch die Leipziger Innenstadt. Meine Schwester musste mich noch kurz einweisen, dann saß ich hinter dem Lenkrad und staunte, wie geschmeidig die Bremspedale und Gaspedale funktionierten. Natürlich habe ich auch mal die Straße am Kickerlingsberg hinter dem Zoo mit 80 km/h ausprobiert. Diese morgendliche Probefahrt durch die leere Leipziger Innenstadt vergesse ich nie.

Mein Ford Fiesta brachte mich in den folgenden Jahren oft nach Berlin zu Synchron- und Dreharbeiten, zu meinen Eltern, zu Besuchen nach Westdeutschland und auch zu meinen ersten Drehtagen nach Celle für die Serie *Unser Lehrer Doktor Specht*. Neben mir immer auf dem Beifahrersitz die Straßenkarten zur Orientierung. Navigationssysteme gab es noch nicht, und oft genug musste ich rechts ranfahren und suchen, wo ich gerade bin und wo ich entlang muss. Bis heute habe ich immer noch eine Karte vom ADAC im Auto und finde es gut, sich ab und zu noch mal ohne Navi zu Zielen zu bewegen, um den Orientierungssinn zu schärfen.

Meine erste Fahrt über die Avus und die Berliner Stadtautobahn werden mir immer in Erinnerung bleiben. Vollkommene Orientierungslosigkeit, gefühlt viermal falsch rausgefahren, irgendwo in Reinickendorf angekommen, und über die vielen schnellen Autos, die mich ständig überholten, war ich jedes Mal erschrocken. Bei der Rückfahrt nach Leipzig, vorbei an dem wohlvertrauten Schild »Plaste und Elaste aus Schkopau« (deshalb sagen wir »Ossis« immer noch Plaste statt Plastik), atmete ich entspannt durch. Heute brause ich auch mal mit 180 km/h über die Autobahn, mit Navigationsgerät, das mich meistens sicher ans Ziel führt.

Mein zweites Westauto, einen gebrauchten Jahreswagen Nissan 100 NX, das war ein kleines Sport-Coupé, kaufte ich mir mit einem Kredit bei einem Wittenberger Autohändler. Zum ersten Mal bezahlte ich mit viel Geld, das ich gar nicht besaß und abzahlen musste. Natürlich gab es auch in der DDR Ratenzahlungen für Möbel, Elektronik oder Ähnliches, aber Schulden zu machen oder einen astronomisch hohen Kredit aufzunehmen entsprach nicht meiner und der Mentalität vieler Ostdeutscher. Auch das war eine neue Erfahrung im neuen Land. Das Außergewöhnliche an diesem schicken Auto war das in zwei Teilen herausnehmbare Dach. So wurde das Auto fast zum Cabrio. Ein Traum von mir erfüllte sich: Cabrio fahren! Voller Freude nahm ich oft das Dach heraus, genoss die interessierten und bewundernden Blicke der Vorbeigehenden und war glücklich!

1991
Erste Drehtage hinter der Mauer – die Serie *Unser Lehrer Dr. Specht*

Es gibt so ein Klischee bei Schauspielern, aber auch in allen möglichen anderen Berufen. Die Geschichte geht so: Man ist eigentlich zweite Besetzung oder gar nicht eingeplant, aber dann sagt jemand ab, wird krank oder was auch immer – und auf einmal ist man gefragt, muss einspringen und eine Rolle spielen, auf die man sonst vielleicht noch Jahre gewartet hätte. Und plötzlich steht man da, noch etwas überrumpelt und mit weichen Knien, und klar, man sagt natürlich Ja zu der Chance, die sich auftut, und versucht einfach, es gut zu machen. So gut wie möglich, hin- und hergerissen zwischen Hoffen und Bangen.

Und am Ende zeigt sich: Das war der Durchbruch. Man hat die Chance genutzt, die sich aus dem Zufall ergab, und von da an geht es weiter. Soweit das Klischee, die hundertmal erzählte Geschichte.

Aber es gibt sie tatsächlich, diese Glücksmomente, diese Zufälle im Leben von Schauspielern, die von einem Tag auf den anderen alles ändern können. Ich habe einen solchen Glücksmoment selbst erlebt, und zwar im Herbst 1991.

Die neue Spielzeit hat gerade begonnen. An einem Freitag komme ich ins Theater, als der Pförtner mir eine Telefonnummer gibt und sagt: »Frau Wenzel, Sie sollen dringend in Berlin anrufen. Ein Produzent aus Westberlin, ein Otto Meissner, möchte Sie sprechen.«

Ich bin skeptisch, erlaubt sich jemand mit mir einen Scherz? Trotzdem gehe ich ins KBB (künstlerisches Betriebsbüro) und bitte darum, ein Ferngespräch führen zu dürfen. Ich lande bei der Otto Meissner Filmproduktion im Sekretariat in Westberlin. Eine Sekretärin teilt mir mit, dass man mich dringend kennenlernen möchte, es geht um eine eventuelle Besetzung in einer neuen Serie für das ZDF, und fragt, ob ich denn morgen, am Samstag, nach Berlin kommen könnte. Natürlich kann ich!

Am nächsten Tag fahre ich mit meinem blauen Ford Fiesta nach Berlin-Charlottenburg und sitze wenig später in einem Raum mit dem Produzenten Otto Meissner, dem Regisseur Werner Masten, dem Hauptdarsteller Robert Atzorn und dem Drehbuchautor Kurt Bartsch. (Kurt Bartsch war freier Schriftsteller in der DDR gewesen, aber 1979 aus dem Schriftstellerverband der DDR ausgeschlossen worden. 1980 war er nach Westberlin ausgereist. Bis zu seinem Tod verband uns eine Freundschaft, die nicht zuletzt durch die Rolle der Fanny Moll entstand.) Ich bin beeindruckt, den Machern dieses Filmprojekts vierundzwanzig Stunden nach dem ersten Anruf gegenüberzusitzen, und ich bin natürlich gespannt, worum es denn nun geht.

Ich erfahre, dass die Dreharbeiten zu der neuen Serie *Unser Lehrer Dr. Specht* bereits begonnen haben. Alle großen durchgehenden Rollen sind besetzt, eine weibliche Hauptrolle auch mit einer DDR-Schauspielerin, Corinna Harfouch. Aber es gibt tatsächlich noch eine Lücke: Eine sehr wichtige und witzige Rolle sollte eigentlich eine französische Schauspielerin spielen, sie musste jedoch kurzfristig absagen, und nun ist man auf der Suche nach Ersatz.

Der Regisseur sagt mir, er habe diese Woche zufällig im Fernsehen eine Folge einer DDR-Serie gesehen, die in Wiederholung lief: *Klein, aber Charlotte* mit Helga Piur in der Hauptrolle (die Erstausstrahlung war im Sommer 1990, ich spielte die Gerda-Luise Rahnstädt, eine starke Nebenrolle). Ich sei ihm aufgefallen, und vom Typ und meiner Erscheinung würde ich genau ihrer Vorstellung für die noch zu besetzende Rolle entsprechen. Ob ich Lust hätte und ob ich Zeit hätte, diese Fanny Moll zu spielen. Der Autor erzählt mir einiges zu der Rolle: Die Schauspielerin Fanny Moll leitet die Theatergruppe in der Schule, flirtet gern mit Lehrer Specht, die Schüler lieben sie. Er liest mir ihren ersten Auftritt vor und beschreibt das Rollenprofil.

»Klingt wunderbar, interessant und reizt mich!«, denke ich. Da, wie gesagt, die Dreharbeiten in Celle bereits begonnen haben, ist keine Zeit mehr für Probeaufnahmen, und man schlägt mir vor, nächste Woche einen normalen Drehtag zu absolvieren und nach Betrachten und der Abnahme der Muster zu entscheiden, ob ich die Rolle bekomme.

Ich bin überrumpelt, freue mich aber gleichzeitig riesig über diese Chance. Spontan sage ich zu: »Natürlich bin ich dabei!« Ich plaudere noch mit Robert Atzorn, den ich aus dem Westfernsehen kenne, erzähle ein bisschen von meiner Arbeit in Leipzig. Zum Glück bin ich zurzeit nicht in einen Probenprozess für ein neues Stück im Theater involviert und habe also den Tag über frei und »nur« abends Vorstellungen.

Zu der Zeit spiele ich in über fünfzehn Stücken am Leipziger Schauspielhaus, im Kellertheater in der Oper und in der Neuen Szene. Auch in der Musikalischen Komödie in Leipzig stehe ich gerade auf der Bühne in einer Musical-Hauptrolle. Ich spiele die Sugar in *Manche mögen's heiß*, bekannt durch Billy Wilders Film. Da spielt Marilyn Monroe diesen Part.

Viel zu tun, aber es muss irgendwie gehen mit diesem ersten Drehtag, denke ich. Tägliche Fahrten von Leipzig nach Celle und zurück sind zu realisieren, und das Theater muss zusagen. Daumen drücken ist angesagt.

Man gibt mir das Drehbuch für meine ersten Auftritte als Fanny Moll, und glücklich berauscht fahre ich wieder Richtung Leipzig. Natürlich lege ich in Wittenberg einen Stopp ein. Ich muss meinen Eltern von dem Angebot erzählen! Dann geht es zurück nach Leipzig, wo ich am Abend wieder auf der Bühne stehe.

In der folgenden Woche fahre ich mit meinem Auto nach Celle bei Hannover und bin sehr aufgeregt, weil ich an diesem Drehtag gleich mit so bekannten Westschauspielern zu tun habe, die ich alle schon lange aus dem Fernsehen kenne. Ich wohne im besten Hotel der Stadt und bin mächtig beeindruckt, wie intensiv und liebevoll die Schauspielerinnen und Schauspieler umsorgt und betreut werden. So muss das wohl auch in Hollywood sein, denke ich mir.

Mein erster Drehtag in Westdeutschland beginnt mit Szenen mit Robert Atzorn, Gisela Trowe und Heinz Hoenig. Ich bin so begeistert und glücklich, zwischen all den bekannten Kolleginnen und Kollegen zu stehen, mit ihnen arbeiten zu können, dass all meine Aufregung im Nu verfliegt. Für Lampenfieber habe ich schlicht keine Zeit.

In den Drehpausen werde ich in viele Gespräche verwickelt. Die Leute am Set sind interessiert und auf eine freundliche Weise neugierig. Sie wollen genau wissen, wie es denn so »bei euch da drüben« war und jetzt ist.

Gisela Trowe kommt am Ende des Drehtags auf mich zu und sagt: »Euer Handwerk habt ihr im Osten gelernt, ich bin mir sicher, du hast die Rolle.«

Am nächsten Mittag fahre ich zurück nach Leipzig und denke mir: Egal, was wird, es war ein wunderbares berufliches Erlebnis. Diesen Tag kann mir jedenfalls keiner nehmen.

Einen Tag später erhalte ich die Nachricht, dass Fanny Moll meine erste Rolle im gesamtdeutschen Fernsehen sein wird. Ich könnte tanzen und springen vor lauter Glück: Was für eine Chance!

Zu den folgenden Drehtagen reiche ich Urlaub im Theater ein. Fahre mit dem Auto nach Berlin-Tegel und fliege nach

Hannover oder fahre nachts mit dem Zug nach der Vorstellung zum Dreh. Glückliche, aber auch sehr anstrengende Arbeitstage sind das, denn abends stehe ich oft auf der Bühne des Leipziger Schauspielhauses.

Obwohl ich schon einiges gedreht habe und viele Erfahrungen sammeln konnte, denn es ist ein Unterschied, auf der Bühne oder vor der Kamera zu stehen, sind diese Drehtage anders, und ich lerne wieder vieles dazu. Das Drehpensum ist viel umfangreicher, als ich es aus DDR-Zeiten bei den DEFA oder Fernsehproduktionen gewohnt bin. Man muss schneller und noch flexibler sein, um die Anforderungen des Regisseurs umzusetzen. Die Probenzeiten vor der Kamera sind kürzer als bisher gewohnt. Im Osten hatten wir viel mehr Zeit, da spielte das Geld keine Rolle. Mein Regisseur Werner Masten lässt mich oft hinter die Kamera schauen und zeigt mir, wie viel er mit dem Schnitt und der Auflösung der Szenen schon beim Dreh macht.

Das ist das Schöne an meinem Beruf: neue Erfahrungen sammeln, immer wieder, egal, wie lange man schon dabei ist, und manchmal das Gefühl zu haben, bei null anzufangen. Ich genieße diese Arbeitstage in Celle bei Hannover. Die Drehpausen sind vollgepackt mit Gesprächen mit den neugierigen Westkollegen. Meine von mir sehr geschätzte Ostkollegin Corinna Harfourch und ich werden weiterhin mit Fragen überschüttet. Wir sind die einzigen beiden »Ossis« im Hauptcast. Gisela Trowe will alles wissen über die letzten Tage in der DDR, mit Robert Atzorn führe ich wunderbare Gespräche über meinen Alltag, die Veränderungen, die Chancen. Ingrid van Bergen erzählt mir aus ihrem verrückten Leben, und oft sitze ich da und staune: Was da gerade alles passiert! Robert Atzorn schenkt mir ein Buch mit einer Widmung, die ich als großes Kompliment empfinde. In den folgenden Jahren greife ich immer wieder nach diesem Buch, wenn es schwierig wird, wenn ich das Gefühl habe, kämpfen zu müssen.

In manchen Mittagspausen verzichte ich auf das Essen und laufe durch Celle, diese wunderschöne kleine mittelalterliche Stadt mit ihren vielen Fachwerkhäusern und dem Renaissance-Schloss. Ich schaue mir alles an und gehe auch mal shoppen! Wenn ich dann ans Set zurückkomme und meine neu gekauften Sachen vorführe, kommt oft der Satz: »Nein, diese ›Ossi-Frauen‹, was die Claudia schon wieder gefunden und entdeckt hat! Wo gibt's das denn? Hier in Celle?«

Coco, wie Gisela Trowe von allen genannt wird und ich sie nun auch nennen darf, wird zu einer verehrten Freundin. In den folgenden Jahren besuche ich sie mehrmals in ihrer Hamburger Wohnung. Ihre heitere, kluge Art und die nicht endenden Gespräche über Kunst und Erinnerungen aus ihrem spannenden Leben lassen mich immer beglückt und motiviert von unseren Treffen gehen.

Als sie 2010 stirbt, nehme ich an der Gedenkfeier in den Kammerspielen in Hamburg teil, verlese ein paar Notizen von unseren gemeinsamen Drehtagen und singe das Lied:

Wenn ich mir was wünschen dürfte,
Käm ich in Verlegenheit
Was ich mir den wünschen sollte
Eine schlimme oder gute Zeit.

Marlene Dietrich hat es berühmt gemacht. Über dieses Lied, über Deutschland nach 1945, über das schwierige Verhältnis der Deutschen zur Dietrich sprachen wir oft. Mein damaliger Marlene-Dietrich-Abend, den ich in Eigenproduktion am Leipziger Schauspielhaus 1992 zusammen mit meiner geschätzten Freundin und Schauspielkollegin Christa Gottschalk herausgebracht hatte, war ein Anlass für diese vielen Gespräche über die Dietrich und ihr Verhältnis zu ihrem Land. Viele Deutsche hassten sie, weil sie die US-Truppen im Zweiten Weltkrieg unterstützte.

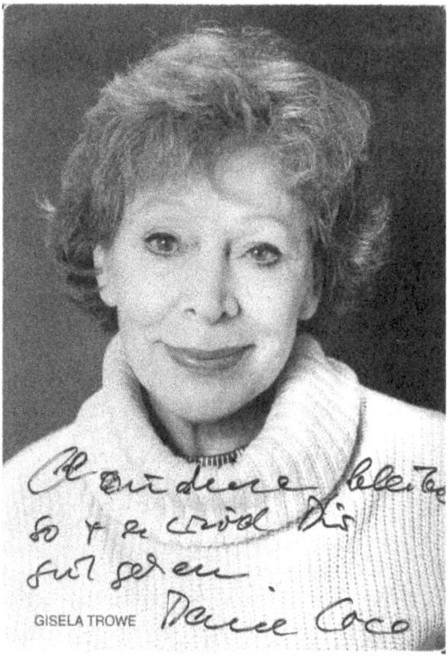

Beginn einer Freundschaft: Die Autogrammkarte von Gisela Trowe bekam ich bei unserer ersten gemeinsamen Fernsehproduktion 1991.

Nun erinnerte ich mich mit diesem Liedbeitrag noch mal an Coco, diese großartige Schauspielerin, mit der ich zusammenarbeiten konnte und die ich wirklich verehrte. Ihre Autogrammkarte liegt in einer Schachtel mit vielen mir sehr bedeutenden Fotos, Zeilen, Gegenständen.

Diese erste Serie, die im ZDF ab Januar 1992 mit großem Erfolg lief, habe ich von 1991 bis 1998 gedreht. Siebzig Folgen, fünf Staffeln in Celle, Potsdam, Berlin, Bayern. Sie hat mir viele Türen geöffnet (wie auch einigen anderen bekannten Schauspielerinnen und Schauspielern, darunter Veronica Ferres und Simone Thomalla). Dieser eine kleine Zufall, der dazu führte, dass ich »einfach so« im gesamtdeutschen Fernsehen einsteigen konnte und durch mein Können mich durchgesetzt habe, hat es mir ermöglicht, in den folgenden Jahren an vielen weiteren TV-Produktionen mitzuarbeiten. Die Serie war bekannt und meine Figur der Fanny Moll beliebt. Sogar heute noch werde ich darauf angesprochen, wie kürzlich, als mir ein

Mann, Mitte vierzig, im Flugzeug in den Mantel helfen wollte und dann sagte: »Sie sind doch die Schauspielerin! Fanny Moll! Das habe ich immer als Jugendlicher gesehen! Großartige Serie! Und wir Jungs waren alle in Sie verliebt.« Das sind die schönsten Momente, wenn das Publikum – unaufdringlich – auf einen zukommt.

Ich habe nie einen Unterschied gemacht zwischen einem Serien-Dreh und einem TV-Spielfilm. An der Schauspielschule war einer der wichtigsten Sätze eines Lehrers für mich: »Wir sind für das Publikum da, ohne das Publikum wären wir nichts.« Gute Unterhaltung ist wichtig! Wenn mein Publikum diese Art von Unterhaltung liebt, anschaut und teilweise sogar damit aufwächst, mache ich doch alles richtig! Im Theater spiele ich doch auch die ganze Bandbreite von Klassik, Komödie, Tragödie. Gerade diese Vielseitigkeit macht den besonderen Reiz unseres Berufs aus.

Die Arbeit in den Serienproduktionen hat aber leider auch ihre Schattenseite. Besonders in den Neunzigern fiel mir immer wieder auf, wie man in Deutschland als Serienschauspielerin von den Redakteuren und Castern abgestempelt wurde. Diese Unterscheidung zwischen U- und E-Kunst (Unterhaltung und Ernst) war typisch für die deutsche Filmlandschaft. In anderen Ländern gab es das nicht so extrem. Heute ist Serie drehen »in«: Netflix, Sky usw. produzieren Serien am laufenden Band, und alle wollen mitspielen. Auch Kolleginnen und Kollegen, die vor ein paar Jahren darüber noch die Nase gerümpft haben.

In den Neunzigerjahren habe ich mehr als einmal Schauspieler erlebt, die sagten: »Serie! Nein, auf keinen Fall.« Und meine Agentin hörte andererseits oft von Produzenten, bei denen sie mich ins Gespräch brachte: »Gute Schauspielerin, *aber* die hat doch so viel Serie gemacht!«

Ich kann dazu nur eins sagen, ernsthaft und mit gutem Gewissen: Ich habe all meine Serien-Rollen, durchgehende oder kleine, gern gespielt und viel dabei gelernt. Und ich hatte durch diese Arbeiten auch immer die Möglichkeit, meinen Beruf auszuüben. Was hätte es mir denn genützt, wenn ich zwar sogenannte ernsthafte Standards hochgehalten hätte, aber dafür arbeitslos gewesen wäre und unglücklich, ja womöglich verbittert herumgehangen hätte.

Ich wollte immer arbeiten und habe aus jeder Rolle, die ich gespielt habe, versucht, das künstlerisch Beste herauszuholen. Natürlich hätte ich auch gern in dem einen oder anderen Spielfilm mitgewirkt, besonders als die Wendezeit, die Jahre danach und die DDR-Vergangenheit in Filmen behandelt wurden, aber das kann ja alles noch kommen. Viele Geschichten aus der DDR sind ja noch nicht erzählt. Das ist das Schöne an meinem Beruf, wir können so lange, wie wir wollen, auf den »Brettern, die die Welt bedeuten«, oder vor der Kamera stehen.

Meinen ersten Kinofilm bei der DEFA, *Schwierig sich zu verloben,* unter der Regie von K.-H. Heymann, habe ich 1982 gedreht, am Ende meines Schauspielstudiums. Einige DDR-Fernsehproduktionen folgten, darunter die erfolgreiche DDR-Serie *Zahn um Zahn.* 1986 stieg ich in die zweite Staffel als die Tochter des Hauptdarstellers Alfred Struwe, Sabine Wittkugel, ein. Bis 1988 wurden in drei Staffeln einundzwanzig Folgen gedreht.

Diese Arbeit verschaffte mir natürlich in der DDR eine große Popularität. Für Schauspieler in der DDR war das parallele Arbeiten am Theater und Fernsehen/Film normal. Man wurde besetzt und bekam einen Vertrag gemäß den DDR-Richtlinien und Einstufungen als Schauspielerin. Freischaffende Schauspieler gab es so gut wie keine im Osten. Die meisten DDR-Schauspieler waren Ensemblemitglieder eines Theaters, des DDR-Fernsehens oder der DEFA.

Nach der ersten Staffel von *Unser Lehrer Dr. Specht* habe ich mir, vermittelt durch Corinna Harfouch, eine Agentin gesucht und wurde in ihre Schauspieleragentur aufgenommen. Ich erinnere mich gern, wie ich damals im Wohnzimmer von Frau Tatsch saß und sie mir erzählte, wie das mit einer Schauspielagentur läuft, denn davon hatte ich ja überhaupt keine Ahnung. Dass sie viele Anfragen von Schauspielern habe, gerade Büroräume anmiete und an mir interessiert sei. Das war ein Kompliment.

Gisela Tatsch, die Agentur Tatsch, vertrat mich in den nächsten Jahren sehr erfolgreich und wurde eine Freundin. Mir war bei der Wahl meiner weiteren Agenturen immer wichtig, ein enges Vertrauensverhältnis bis hin zur Freundschaft zu dieser Person zu haben, die mich beruflich vertritt und auch in allen schwierigen Situationen im Beruf, aber auch manchmal im Leben, voll hinter mir steht. 2001 wechselte ich zu Angelika Reuter, Agentur Reuter, die auch eine Lebensfreundin wurde, und nun bin ich seit zwei Jahren glücklich bei Gabriela Gwisdek, Gwisdek – die Agentur. Aber die erste Schauspielagentur war von besonderer Bedeutung, prägend, wichtig und öffnete mir die Tür in die gesamtdeutsche Film- und Fernsehlandschaft.

Diese Art von Vermarktung meiner Arbeit gehörte auch zu den Dingen, die ich ganz neu lernen musste. Meinen ersten Filmvertrag mit der Nova Film (Otto Meissner Film) habe ich einfach normal angenommen, so wie es im Osten normal war. Jetzt erfuhr ich, dass man verhandeln muss, dass Agenten dich vertreten und bei den Sendern und Produktionsfirmen für neue Projekte anbieten. Meine damalige erste West-Tagesgage fand ich beeindruckend, heute weiß ich, dass es eine Anfängergage war. Aber egal. Ich ließ mir die ersten Drehtage der Staffel 1 vom »Lehrer Specht« in bar auszahlen. Die Geschäftsführerin war etwas verwundert, aber ich wollte mein erstes verdientes Westgeld durch Dreharbeiten *sehen!* Aufgeregt saß ich im Flieger nach Berlin neben Ingrid van Bergen, mit 6000 DM im Rucksack, und erzählte ihr davon. Sie lud mich zum Champagner nach der Ankunft im Flughafengebäude ein. »Das muss gefeiert werden«, sagte sie. Am nächsten Tag fuhr ich zu meinen Eltern nach Wittenberg, sechs Tausendmarkscheine bei mir, und präsentierte stolz meine erste Gage von einem Westdreh. Einen der Scheine schenkte ich meinen Eltern.

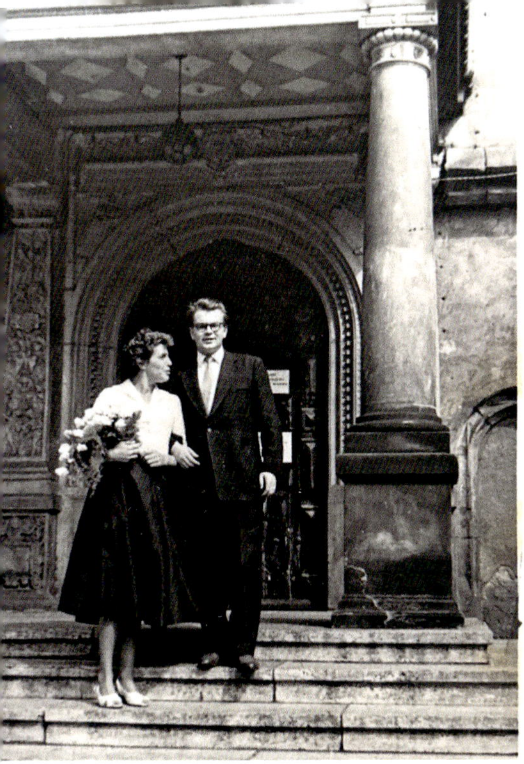

links:
Die Hochzeit meiner Eltern, 1958

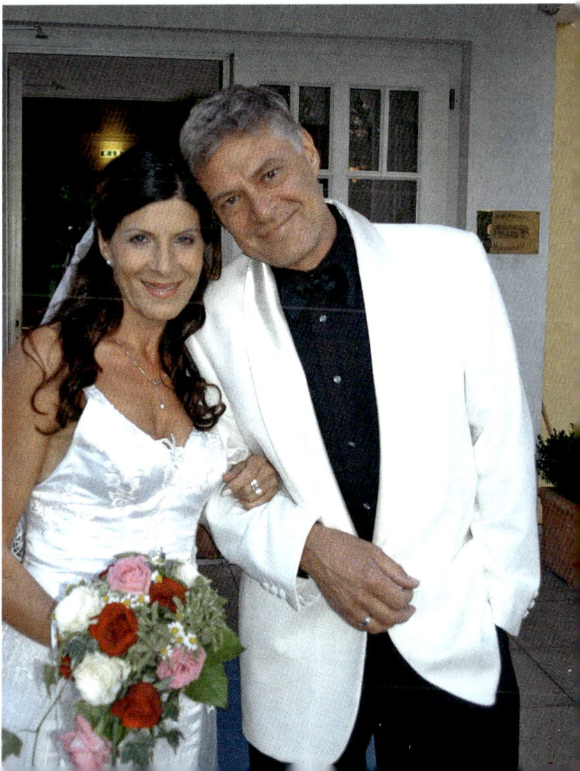

rechts:
Meine Hochzeit mit Rüdiger, 2003

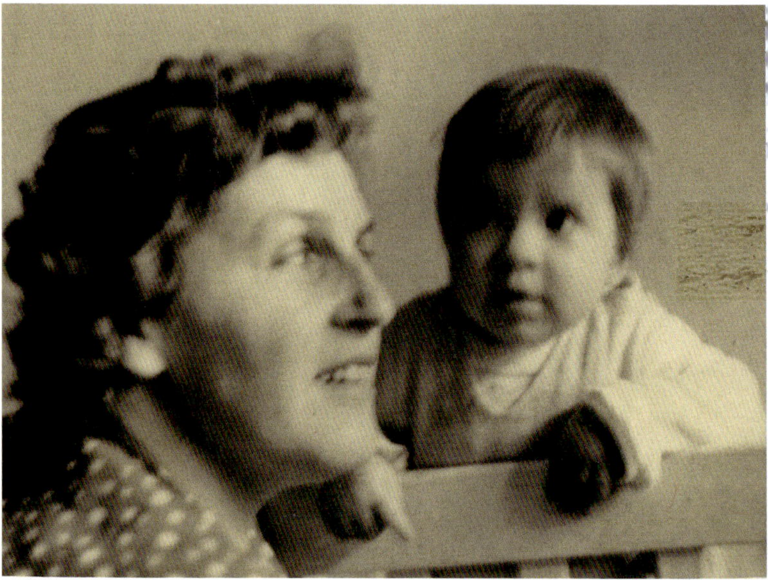

oben: Mit meiner Mutter, 1960

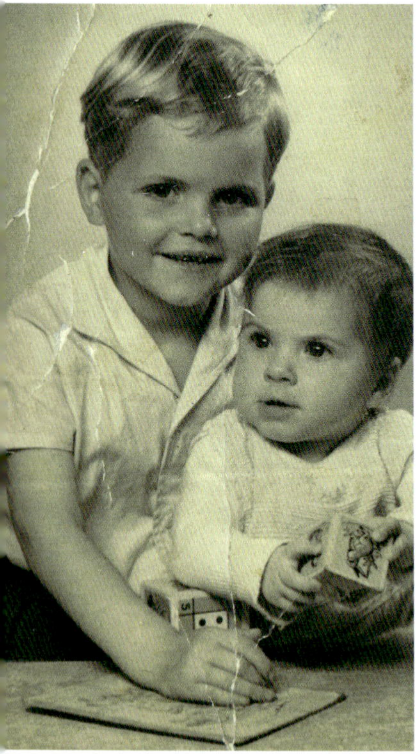

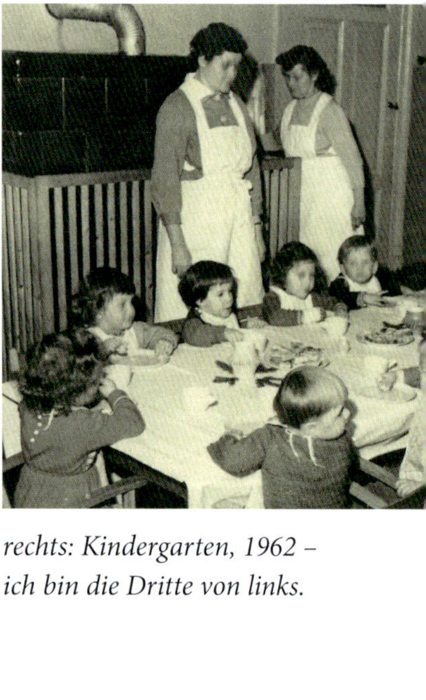

rechts: Kindergarten, 1962 – ich bin die Dritte von links.

links: Mit meinem Bruder, 1960

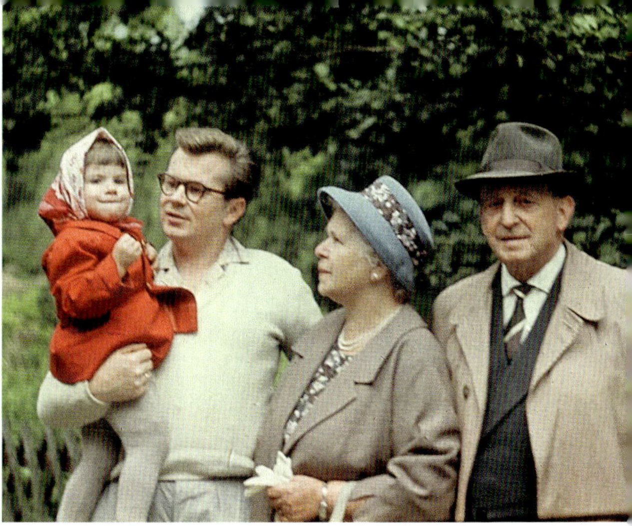

oben: Papa, West-Oma Ida, West-Opa Karl und ich, 1962

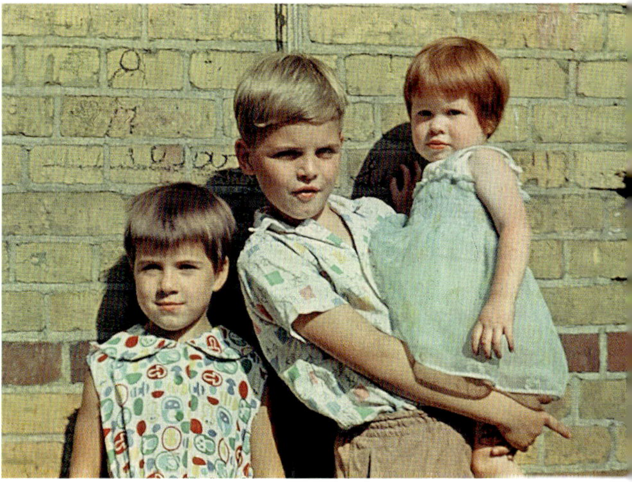

Mitte: Mein Bruder, meine Schwester Sylvia und ich, 1965

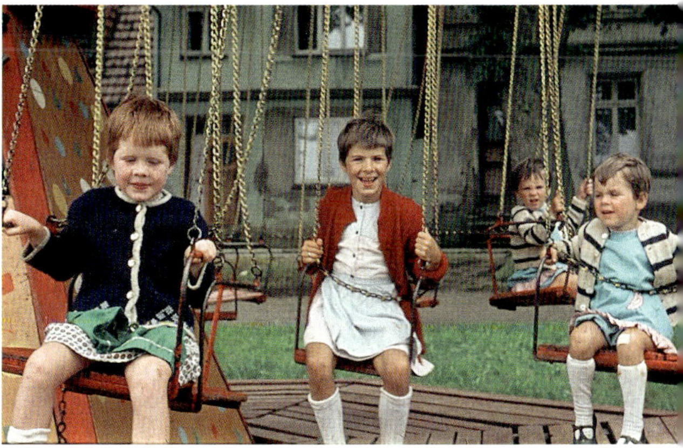

unten: Mit meinen Schwestern Sylvia, Monika und Cornelia, 1966

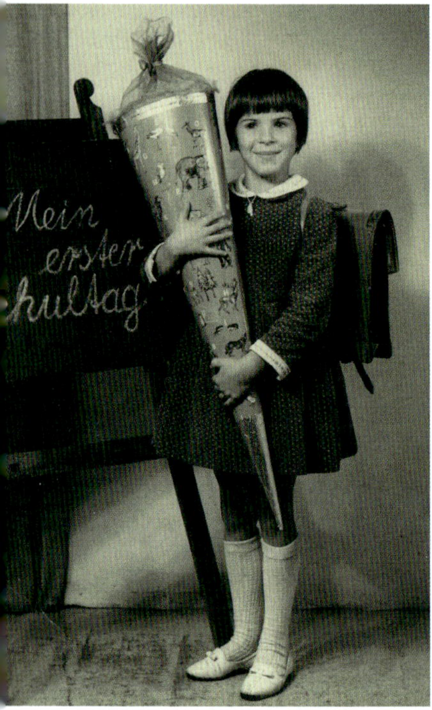

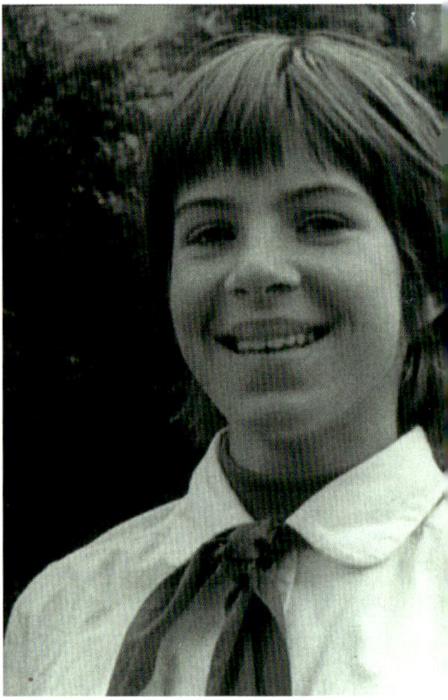

rechts: Pionierin, 1970

links: Einschulung, 1966

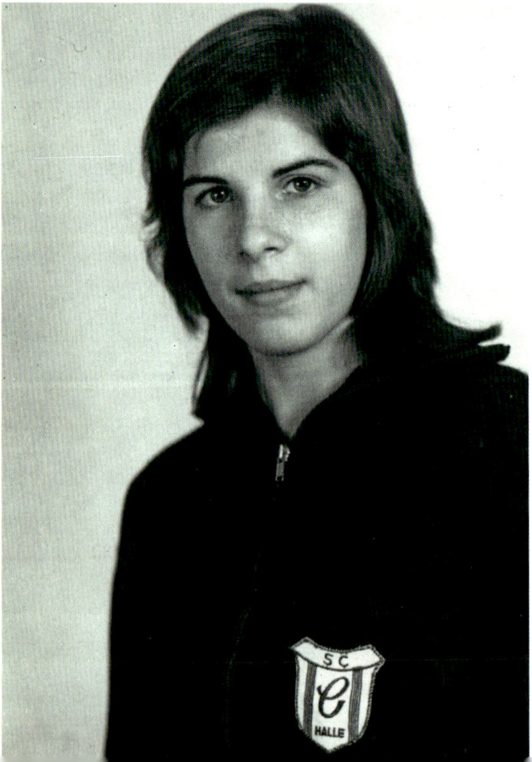

unten:
Sportlerin beim
SC Chemie Halle,
1973

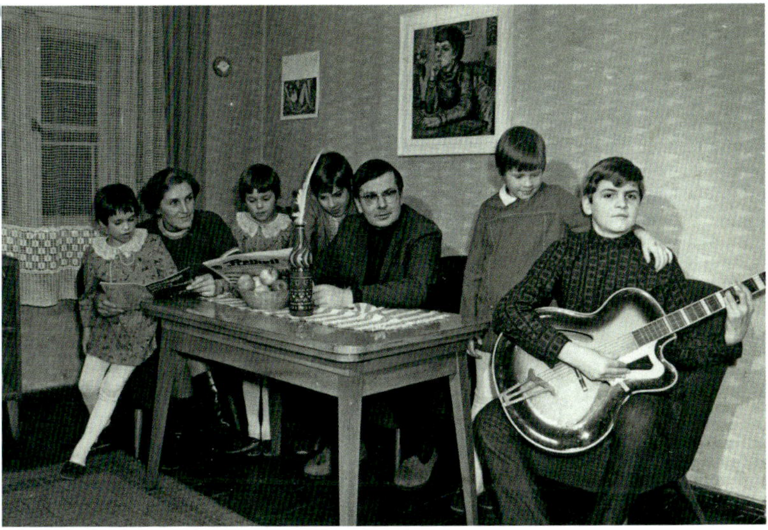

oben: Familie Wenzel im Wohnzimmer, 1972

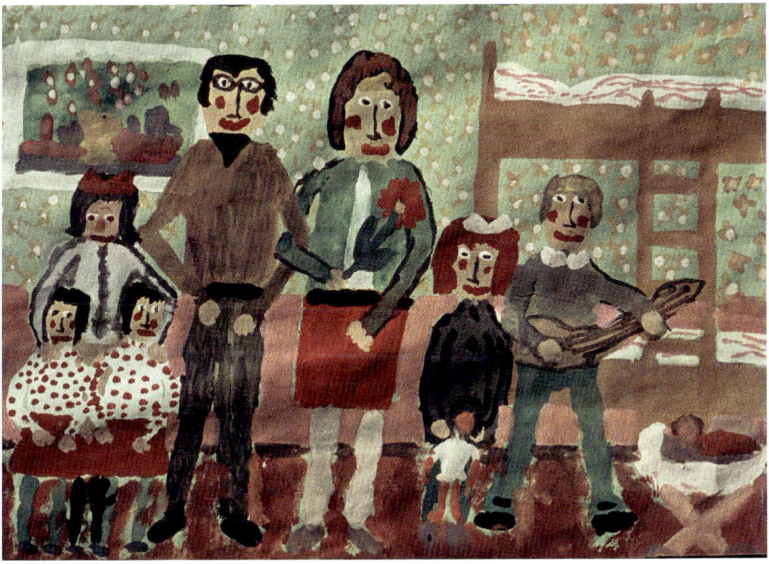

unten: »Unsere Familie«, Claudia Wenzel, 10 Jahre, 1969

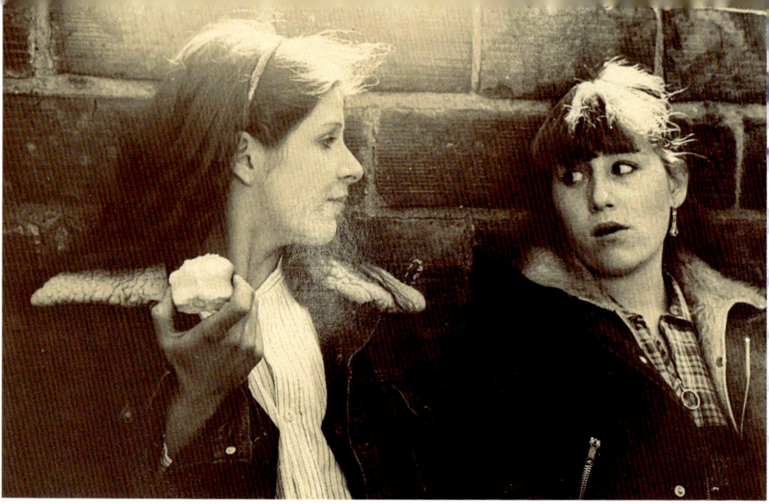

oben: Erster Kinofilm bei der DEFA mit Ulrike Krumbiegel, 1982

Mitte: Schauspielstudentin, 1978

unten: Gretchen im »Faust 1« mit Friedhelm Eberle, 1981

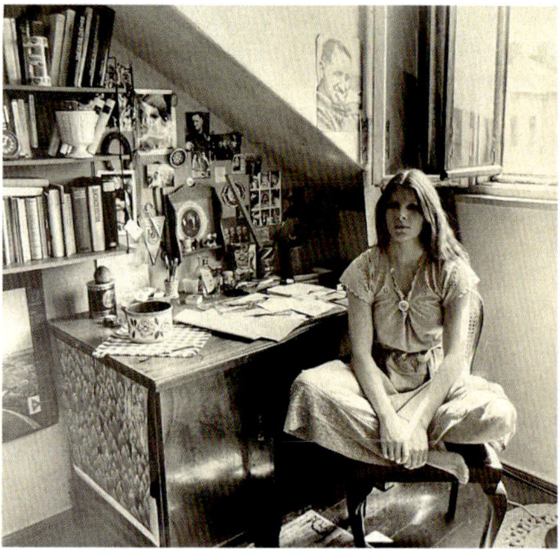

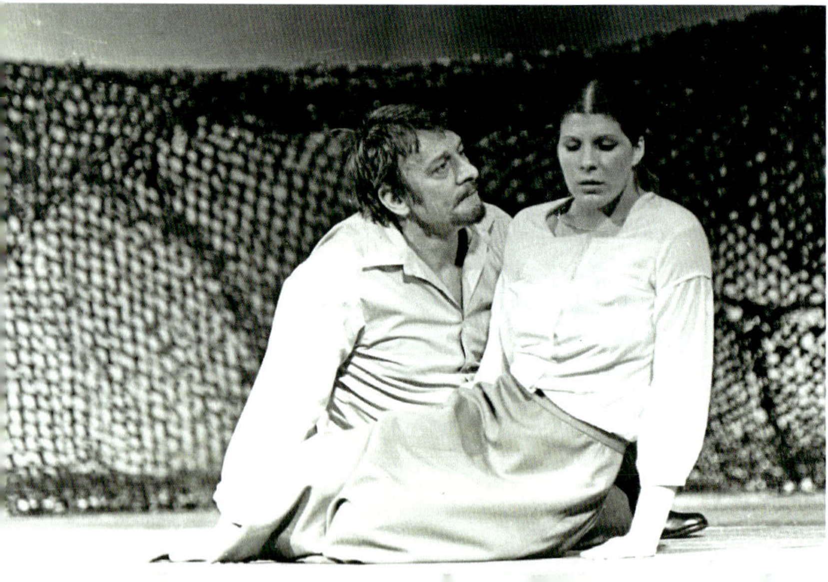

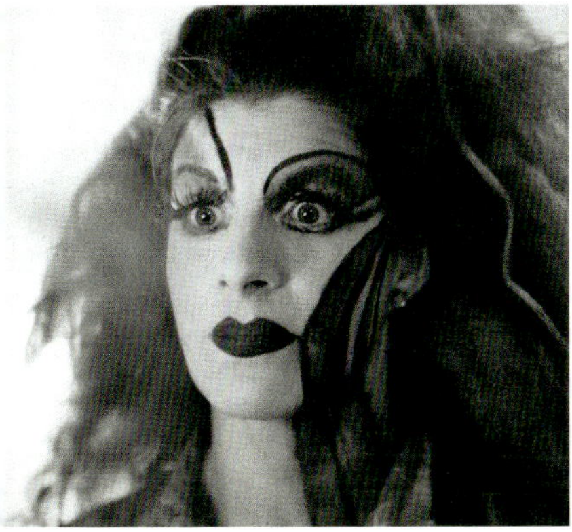

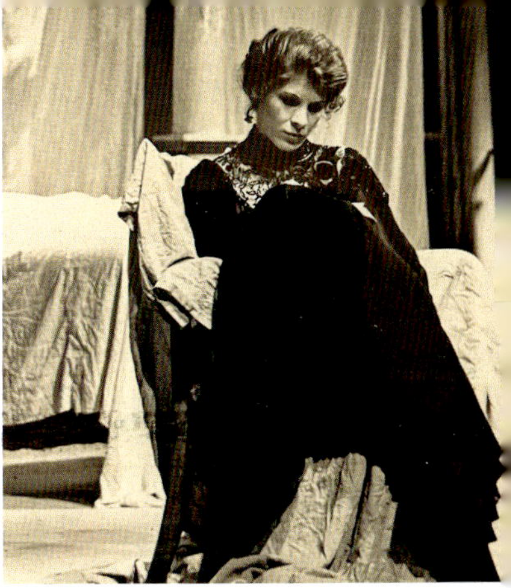

oben links: Hexe Hella in »Meister und Margarita«, 1986

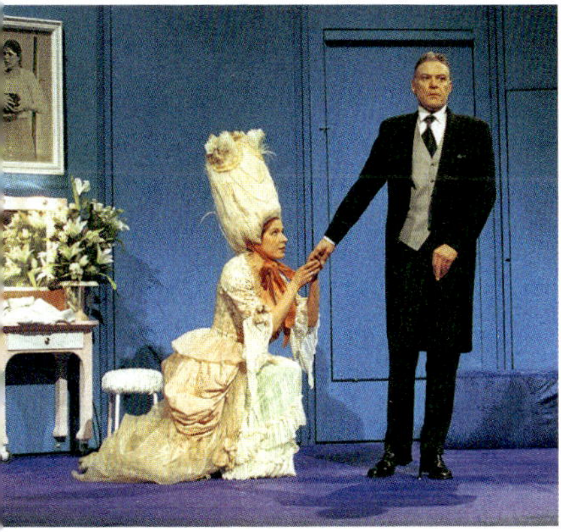

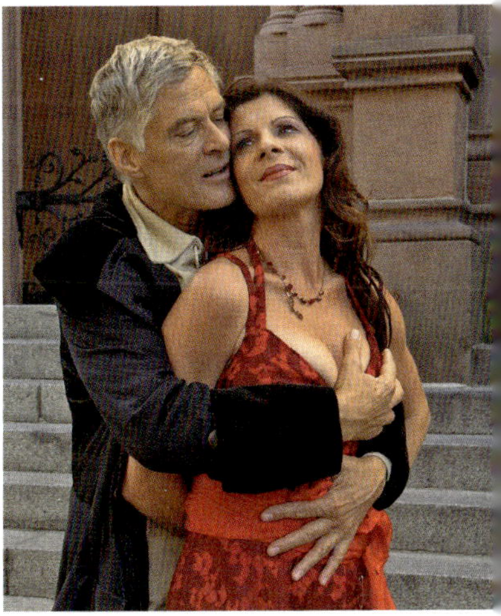

Mitte links: In »The Blue Room« mit Rüdiger Joswig, 2002

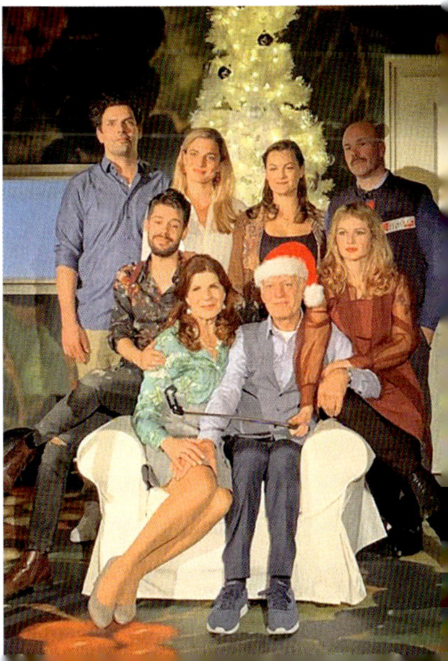

oben rechts: Mascha in »Drei Schwestern«, 1984

Mitte rechts: Buhlschaft im »Jedermann« mit Rüdiger Joswig, 2003

unten: In »Alle unter einer Tanne«, 2024

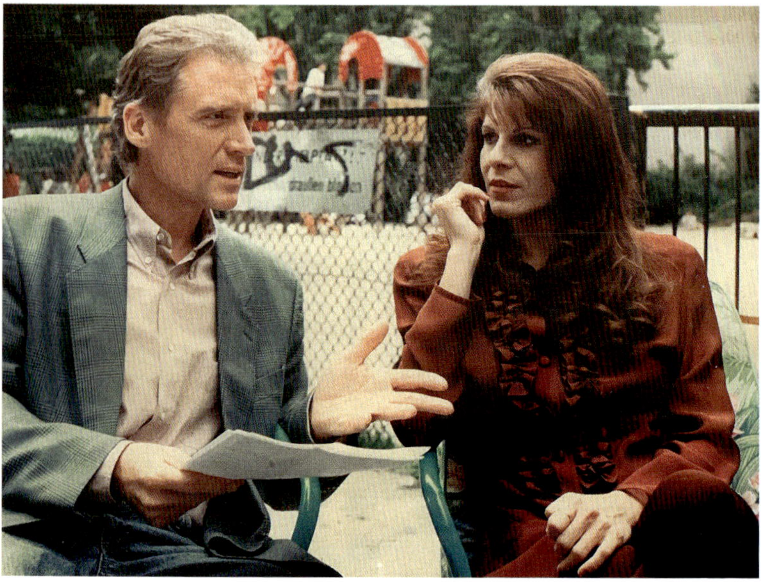

oben: »Unser Lehrer Dr. Specht« mit Robert Atzorn, 1995

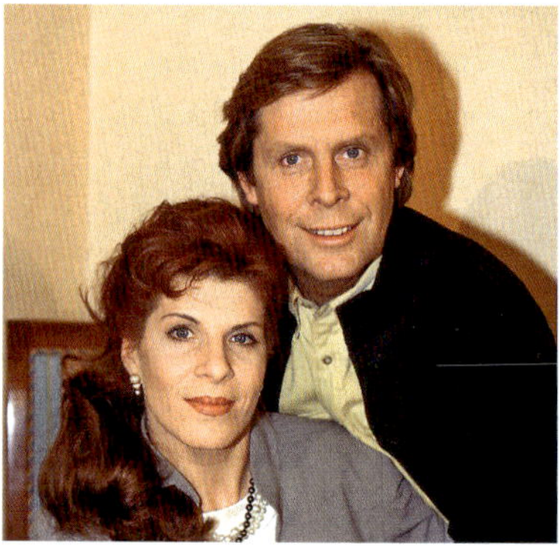

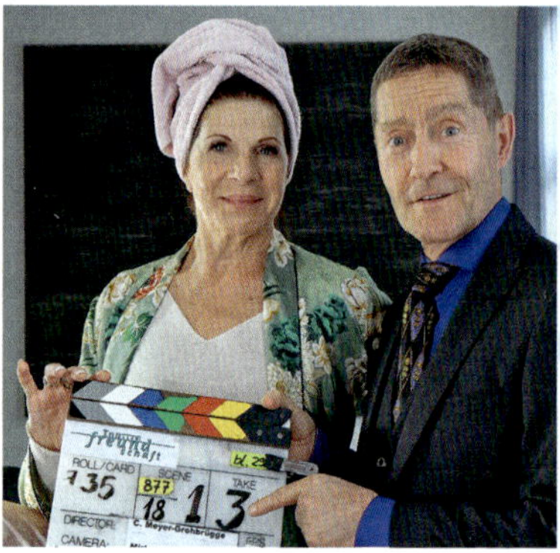

Mitte links: »Dr. Stefan Frank« mit Sigmar Solbach, 1997

Mitte rechts: »In aller Freundschaft« mit Udo Schenk, 2020, ARD

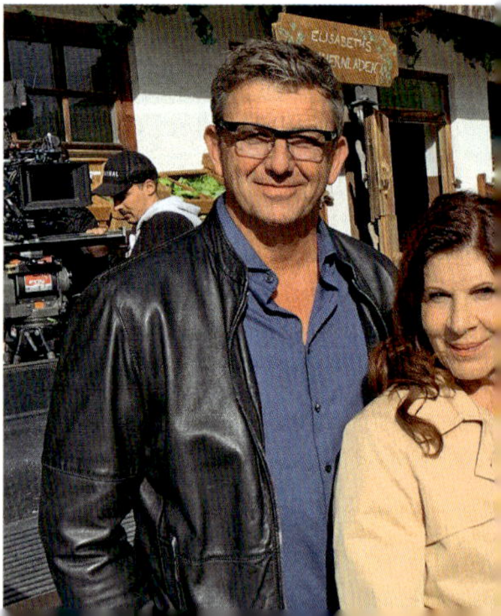

unten: »Der Bergdoktor« mit Hans Sigl, 2022

1992
Freiheit auch im Beruf

Als die Serie *Unser Lehrer Dr. Specht* ausgestrahlt wird, bekomme ich viele Angebote für neue Filmprojekte, Talkshows und Gespräche.

Die Koordination der Termine mit dem Theater wird immer schwieriger, zumal das Theater meine Dreharbeiten nicht unterstützt. Manche Drehtage wären realisierbar, aber wenn ich Urlaub für Dreharbeiten beantrage – das sind die normalen Gepflogenheiten am Theater, und ich halte mich daran –, werde ich auf einmal besetzt und bin deshalb »unabkömmlich«.

So wie im Winter 1992, als ich das Angebot für einen großen Film, eine Hauptrolle, erhalte. Die Antwort der Theaterleitung kommt in einer Besetzung im Weihnachtsmärchen. Märchen zur Weihnachtszeit für die Kinder zu spielen, habe ich immer geliebt, ist das Kinderpublikum doch das ehrlichste mit seinen Reaktionen. Die bösen, lauten Rufe, als ich einmal die Schneekönigin spielte, habe ich in schöner Erinnerung.

Natürlich ist das Theater mein erster Arbeitgeber, wir haben schließlich einen langfristigen Vertrag, aber eine ganze Reihe von Faktoren – Machtspielchen, Neid, eine neue Theaterleitung, der plötzliche Wandel einiger DDR-Mitläufer – lässt meinen Entschluss reifen, irgendwann zu kündigen. Ich weiß noch nicht, wann dieses »Irgendwann« sein wird. Ich weiß aber ganz genau, ich will raus aus diesen Abhängigkeiten, mich von opportunistischen Wendehälsen, beruflich und privat, lösen, endlich als freischaffende Schauspielerin arbeiten. Und die Wende gibt mir nun diese Möglichkeit.

Zehn Jahre Schauspielhaus Leipzig waren eine wunderbare berufliche Zeit, und ich möchte nichts davon missen. Ich konnte mich als Schauspielerin entwickeln, bekam viele Traumrollen zu spielen, hatte Gelegenheit, mich und meine Fähigkeiten auszuprobieren, hatte einen festen Job an einer großen Bühne, war unkündbar zu DDR-Zeiten und hatte jetzt einen sehr guten neuen Vertrag an diesem Haus. Aber die Zeit der Veränderung, die Zeit, noch mal neu loszulegen und mich neu auszuprobieren, war gekommen. Ich wollte nie, wie einige meiner Schauspielkolleginnen und -kollegen, fünfzehn, zwanzig Jahre am gleichen Haus arbeiten. Veränderungen, auch wenn diese mit finanzieller Unsicherheit verbunden sind, halte ich in der Kunst für besonders produktiv.

Der Zeitpunkt kommt schneller als gedacht. Spontan entschließe ich mich, nachdem ich den Besetzungszettel des Weihnachtsmärchens am Infobrett beim Pförtner im Schauspielhaus gelesen habe, in das Büro meines jetzigen Intendanten Wolfgang Hauswald zu stürmen.

Mit energischen Schritten marschiere ich an der Sekretärin vorbei, reiße die Tür auf und brülle den Intendanten an: »Ich kündige mit sofortiger Wirkung! Anstatt sich zu freuen, dass ein Ensemblemitglied des Theaters diese Möglichkeiten bekommt und somit auch das Leipziger Theater präsentiert, werfen Sie mir ständig Steine in den Weg. Keine Unterstützung, sondern Anweisungen! Das habe ich lange genug erlebt. Das war's!«

Dann drehe ich mich auf dem Absatz um, lasse die Tür hinter mir ins Schloss krachen und gehe an der erschrocken blickenden Sekretärin vorbei. Sehr befriedigt atme ich auf dem Flur der Intendantenetage aus. Dieser Befreiungsschlag hat mir gutgetan.

Natürlich laufe ich mit vielen Gedanken nach Hause, denn jetzt gibt es kein Zurück mehr. Auch heute muss ich immer wieder sagen: Dies war eine meiner mutigsten und wichtigsten beruflichen Entscheidungen. Ich habe sie keinen einzigen Tag bereut. Ich bin mir treu geblieben, was für mich in meinem geliebten Schauspielberuf immer eine wichtige Rolle gespielt hat und spielt.

Im Theater macht meine Kündigung die Runde. Liebe Kolleginnen und Kollegen reden auf mich ein: In diesen unsicheren Zeiten zu kündigen, dein festes Gehalt aufzugeben, das ist doch Wahnsinn!

Mein Intendant lädt mich zu einem weiteren Gespräch ein, will mich umstimmen, ist freundlich und fair, aber mein Entschluss steht fest. Da ich noch in vielen Stücken am Theater besetzt bin und es ein Riesenaufwand wäre, das alles umzubesetzen, einigen wir uns auf einen Gastvertrag. Ich spiele weiter meine abendlichen Vorstellungen und bin von Neubesetzungen befreit. Mein fester Ensemblemitglied-Vertrag am Leipziger Schauspielhaus ist damit Geschichte. Trotzdem komme ich in den folgenden Jahren – und bis heute – immer wieder gern in dieses Haus, schaue mir Inszenierungen an und besuche lieb gewonnene Kollegen, wie »meinen« Faust Friedhelm Eberle, meine verehrte Schauspielfreundin Christa Gottschalk oder meine damalige Maskenbildnerin Ute Markow. Das sind Freundschaften, die über Jahrzehnte gewachsen sind und meinen Werdegang, besonders in den Anfängerjahren als Schauspielerin, wesentlich geprägt haben.

Ich beginne, mich in Berlin nach einer Wohnung umzusehen und meine Zelte in Leipzig abzubrechen. Bis zum Ende der Spielzeit im Sommer 1994 arbeite ich noch als Gast am Leipziger Schauspielhaus, dann endet nach zwölf Jahren meine Zeit dort. Die Leipziger Ausgabe der *BILD*-Zeitung betitelt einen Artikel zu meinem Weggang mit der Überschrift: *ZDF angelt sich unser bestes Show-Talent.*

Ich schaue bewusst nach einer Wohnung in Westberlin, denn ich will diesen Teil der Stadt endlich richtig kennenlernen.

Außerdem lebt meine (noch) heimliche Liebe dort, und ich habe so das Gefühl, ihm näher zu sein. Ich habe Glück, nach langer Suche und vielen Besichtigungen. Bestimmt habe ich an die fünfundzwanzig Berliner Wohnungen angesehen und mich über den Zustand einiger Häuser gewundert. Die sahen nicht besser aus als im Osten, aber die Mietpreise waren enorm. Das ist er, der Kapitalismus: Die Vermieter wollen Geld verdienen, egal wie. Nach Anstehen in ewig langen Menschenschlangen bei diversen Besichtigungsterminen finde ich eine schöne Dachgeschosswohnung in Charlottenburg.

Diese Art von Wohnungssuche ist für mich wieder eine neue Erfahrung. Im Osten bekam ich nach meiner Studentenzeit eine Wohnung zugewiesen. Die erste war eine Teilhauptmietwohnung am Waldplatz in Leipzig. Teilhauptmiete hieß, dass sich zwei Familien, die sich nicht kannten, eine Wohnung teilen mussten.

Mein damaliger Mann und ich waren glücklich, endlich etwas für uns bekommen zu haben: eine große Altbauwohnung, zweieinhalb Zimmer, ein Hauptgewinn! Am Ende des langen Korridors, vorbei an den zwei Zimmern der anderen Familie, lagen das gemeinsame Bad, die gemeinsame Toilette und unsere Küche. Das war schon sehr gewöhnungsbedürftig, sich mit wildfremden Menschen eine Wohnung zu teilen. Da wir durch unsere Theaterarbeit einen ganz anderen Lebensrhythmus als unsere Mitmieter hatten, ging uns die Situation ziemlich auf die Nerven. Wir kamen vom Theater nachts nach Hause, manchmal angeheitert, und mussten leise im Dunkeln über den Flur schleichen, während die anderen bereits schliefen, da sie um fünf Uhr aufstanden und zur Arbeit gehen mussten. Wer baden wollte, meldete sich an. Einfach mal schnell nackt über den Korridor in die Küche laufen? Undenkbar! Und trotzdem waren wir damals, 1982, heilfroh, diese Wohnung in der Nähe des Theaters erhalten zu haben.

Wohnraum war auch in den Achtzigerjahren, besonders in

den Großstädten, Mangelware. Häuser verfielen, wurden aus Material- und Geldmangel (aufgrund der niedrigen Mieten) nicht renoviert. Dies konnte man nach dem Mauerfall 1989 in der ganzen DDR mit Schrecken sehen.

1986 bekamen wir dann endlich eine neue, eigene Wohnung zugewiesen. Drei standen zur Auswahl, eine davon musste man nehmen, und wir hatten das Glück, eine zwar renovierungsbedürftige, aber ansonsten traumhafte Jugendstilwohnung gleich neben dem Gohliser Schlösschen in unserer Auswahl zu haben. Bis zu meinem Umzug nach Berlin, auch nach meiner Scheidung, wohnte ich dort.

Nun stand ich also in der Schlange in Westberlin und erhielt vom Makler einen mehrseitigen Bewerbungsbogen für die doch recht teure Dachgeschosswohnung in Charlottenburg. (1800 DM für 76 m^2 unterm Dach ohne Fahrstuhl). Ich staunte nicht schlecht, was der alles wissen wollte. Eigentlich fehlte nur noch die Frage, wann ich meine Menstruation habe.

Ich bekam die Wohnung eigentlich nur, weil der Makler mich aus der Serie *Unser Lehrer Dr. Specht* kannte und mich nach der Besichtigung fragte, ob ich, zusammen mit seinem Freund, mit ihm essen gehen würde. Natürlich sagte ich Ja, es entstand ein lockerer Kontakt zu den beiden, und in den folgenden Jahren konnte ich durch diesen Kontakt noch einigen Freunden bei der Wohnungssuche behilflich sein. Beziehungen pflegen und nutzen, das kannte ich schon aus dem Osten. Nur die Miete war der Hammer, ich konnte nur hoffen, dass ich die nächsten Jahre als freiberufliche Schauspielerin gute Angebote bekommen würde, um mir diese Wohnung leisten zu können.

Aber ich bin von Grund auf Optimistin, und zum Glück hat es funktioniert, ich musste nicht ausziehen.

Diese fast vier Jahre in meiner ersten Berliner Wohnung waren ein ereignisreicher Neustart. Bis 1996 lebte ich allein über den Dächern der großen Stadt, mein Liebster war in der

Nähe, und ich genoss den Trubel dieser Weltmetropole mit ihren so unterschiedlichen Stadtbezirken. Ich war nie allein, mein Bruder und meine Schwester Sylvia lebten mit ihren Familien im Prenzlauer Berg, und wenn ich über die Straße des 17. Juni zum Brandenburger Tor fuhr, um sie zu besuchen, murmelte ich manchmal glücklich im Auto sitzend vor mich hin: »Pass rausholen, Sie fahren jetzt nach Ostberlin.«

November/Dezember 1993
Marokko – mein erster Auslandsdreh

Alles passiert irgendwann zum ersten Mal. Ich werde für eine kleine Rolle in einer Folge einer TV-Reihe fürs ZDF engagiert, die im Ausland gedreht wird – und dann gleich auf dem afrikanischen Kontinent! Es geht nach Marokko. Ich bin aufgeregt, neugierig und voller Vorfreude, als ich zum Dreh nach Agadir fliege.

Zum ersten Mal sehe ich den Atlantischen Ozean. Im Flugzeug drücke ich mir die Nase am Fenster platt: unter mir Frankreich, dann Spanien, gleich darauf der Felsen von Gibraltar! Dann kommt beim Anflug die halbmondförmige Bucht von Agadir zum Vorschein. Ich denke an das Lied von Reinhard Mey: »Über den Wolken muss die Freiheit wohl grenzenlos sein …« Das könnte ich jetzt gut mitsingen, denn ja, so fühle ich mich in dem Moment: grenzenlos frei!

In Agadir wohnen wir in einem Hotel nicht weit weg vom Strand. Ich lasse meinen Koffer unausgepackt im Zimmer stehen und laufe gleich runter ans Meer. Aufgeregt wie ein kleines Kind bin ich: Endlich kann ich nicht nur den Atlantischen Ozean sehen, sondern mit meinen Füßen das große Meer spüren.

Ich tobe am Strand herum, setze mich in den Sand und … fange an zu heulen. Meine Emotionen überschlagen sich. Meine Gedanken spielen verrückt: *Das wollte man mir alles vorenthalten, das sollte ich nicht sehen dürfen, da hätte ich erst hinfahren dürfen, wenn ich Rentnerin gewesen wäre!*

Ich weine und weine und kriege gar nicht mit, wie sich der Regisseur der Produktion, Marco Serafini, neben mich setzt. Vollkommen entsetzt fragt er mich, was passiert ist, ich sei ja total aufgelöst.

Ich erzähle ihm von meinem Land, der DDR, von dem alten, schrecklich »normalen« Gefühl, eingesperrt zu sein, und von meinen Gedanken: jetzt hier sitzen zu können, in Freiheit, mit dem Blick auf das große, weite Meer, in die große, weite Welt. Ich spüre, wie alles, was sich in den letzten Jahren in mir aufgestaut hatte, noch einmal aus mir herausbricht.

Und gleichzeitig wird mir etwas ganz klar: Ich bin auch froh, *genau jetzt* hier sitzen zu können. *Erst jetzt.* Dass ich mich nicht früher entschieden habe, das Land, die Familie, die Freunde hinter mir zu lassen. Wäre ich vor 1989 bei irgendeiner Gelegenheit im Westen geblieben, dann hätte ich nie gewusst, wann ich meine Familie, meine Freunde wiedersehen kann. Das hätte mir das Herz zerrissen, und das ließ sich nicht teilen!

Marco hört mir interessiert und voller Mitgefühl zu. Er scheint ehrlich betroffen und sagt, es beschäftige ihn sehr, diese Gedanken zu hören. Diese Sicht auf die DDR, die ich ihm da erzähle, hat er noch nie so gehört, beteuert er, und vieles könne er sich gar nicht vorstellen.

Die Dreharbeiten gehen weiter im Binnenland – endlose Fahrten durch Wüstenlandschaften, bis wir im Hotel La Gazelle Dor (1961 eröffnet) ankommen. Eine Oase im Nichts, so etwas kannte ich bisher nur aus Filmen: eine märchenhafte Hotelanlage mit Orangenbäumen und einer zauberhaften Blütenpracht. In diesem Hotel waren schon viele große Schauspieler zu Gast. Auf dem Flur gibt es Erinnerungsfotos von Romy Schneider und Alain Delon. Und jetzt bin ich hier! Bei der Abreise werde ich ganz dezent meine Autogrammkarte im Zimmer liegen lassen …

Die beeindruckende alte Stadtmauer von Toroudant liegt drei Kilometer vom Hotel entfernt, und ich fahre mit einigen Kollegen der Produktion dorthin. Wir laufen durch kleine Gassen zum Souk, einem riesigen alten Markt mit Gewürzen, Tüchern, Teppichen und Töpferwaren. Es ist erschreckend heiß, aber wir wollen die vielen Eindrücke auf uns wirken lassen: die Gerüche, die Farbenpracht an den Gemüse- und Obstständen, die Schreie der Verkäufer, der Gesang der Muezzins, die vielen Männer in ihren Kaftanen und die wenigen verschleierten Frauen. Unser marokkanischer Fahrer und Begleiter bewacht und beschützt uns, weil wir natürlich eine Attraktion in der Stadt sind. Schnell hat sich eine riesige Menge bettelnder Kinder um uns versammelt, barfuß und schreiend weichen sie nicht mehr von unserer Seite. Ich fange, an mein Geld zu verteilen, und merke schnell, dass dies keine gute Idee war. Ich kaufe mir an einem der Stände einen bunt bemalten Tajin-Präsentationsteller mit Deckel, den ich heute noch besitze. Wir fahren zurück in unsere Hotelanlage, und ich setze mich, die Stille und vollkommene Ruhe genießend, nach dem Trubel der Stadt in den Hotelgarten. So viele Gedanken gehen mir durch den Kopf. Notizen werden gemacht, was weiß ich über den Islam? Aufgeregt gehe ich am Abend ins Bett, nach diesem Tag in einer ganz anderen Welt.

Tagebuch-Notiz
Mittwoch, 1. 12. 1993

In Deutschland liegt Schnee und die erste Tür am Adventskalender wird geöffnet – mich wecken am Morgen Vogelgezwitscher und Sonnenschein! Ich muss erst 17.30 Uhr in der Maske sein. Der Tag gehört mir. Langes marokkanisches Frühstück mit eierkuchähnlichen Gebilden, süßes Gebäck, Café, Jus de fruits. Wir frühstücken in einem dieser herrlichen Salons mit lauter Bediensteten!

In den folgenden Jahren treffen der Regisseur Marco Serafini und ich uns immer wieder, beruflich und privat. Zuletzt bei den wunderschönen Dreharbeiten 2017 in England/Cornwall zu einer Rosamunde-Pilcher-Verfilmung fürs ZDF: *Das Gespenst von Cassley.* Und jedes Mal, wenn wir uns sehen, sagt er zu mir: »Claudia, das Erlebnis mit dir in Marokko am Strand werde ich nie vergessen. Da habe ich zum ersten Mal begriffen, was das für euch bedeutet hat: endlich reisen zu können, die Welt zu sehen, in Freiheit zu leben.«

November 1995
Fünf Jahre Wiedervereinigung und sechs Jahre nach dem Mauerfall

Ich bin als bekannte Schauspielerin zu einem Gespräch eingeladen. Im Frühjahr 1995 wird bei RTL die neue Arztserie *Dr. Stefan Frank – der Arzt, dem die Frauen vertrauen* gesendet. Meine durchgehende Rolle im Hauptcast, Irene Kaldenbach, die Verwaltungschefin der Klinik, wird ein voller Erfolg, und bis 2001 drehe ich über hundert Folgen in München und Umgebung.

Bei diesem Gespräch werde ich gefragt: »Wie lebt man in der Bundesrepublik? Fünf Jahre Einheit, fünf Jahre Schnellkurs im Lernen der neuen Welt?« Natürlich schwärme ich von den Glückstagen des Mauerfalls und der Wiedervereinigung. Dass dies das Beste war, was uns Deutschen passieren konnte. Dass auch ich zu den Gewinnern der Einheit gehöre, weil ich beruflich Fuß fassen konnte, das Gefühl habe, angekommen zu sein in diesem neuen Deutschland, und das große Glück hatte (und Glück gehört zu meinem wunderbaren Beruf dazu), bisher nicht arbeitslos geworden zu sein, bis auf kleine Durststrecken. Viele meiner Kollegen mussten nach der Wiedervereinigung »Klinken putzen«, sich bei Agenturen, der Zentralen Bühnenvermittlung oder an Theatern vorstellen und sich teilweise erniedrigen lassen bei diesen Vorstellungsgesprächen oder Vorspielen. Und das, obwohl sie schon jahrzehntelange Bühnenpraxis und berufliche Erfolge hinter sich hatten. Manche haben dies dann gar nicht getan. Im Westen kannte keiner die Stars aus dem Osten, die wunderbaren Theaterschauspieler mit hervorragender Ausbildung, und viele sind in dieser Zeit auf der Strecke geblieben. Das war hart. Ich weiß, dass es in anderen Berufen ähnlich war.

Was war neu? Ja, eine Krankenkasse suchen, sich für eine Bank entscheiden, wenn man nicht bei der Sparkasse bleiben wollte! Mit 180 km/h über die Autobahn brettern und komplizierte Steuererklärungen machen.

Andere Namen der Schulen: POS und EOS gab es nicht mehr. Jetzt sind es die Grundschulen, Hauptschulen, Realschulen, Gesamtschulen, Gymnasien. Warum aber viele Schulen auch heute umbenannt werden und wurden, verstehe ich nicht immer. Meine Grundschule hieß »August-Bebel-Oberschule« – August Bebel war einer der Begründer der deutschen Sozialdemokratie. Heute heißt diese Sekundarschule »Rosa Luxemburg«.

Einige Ostwörter wurden gegen Westwörter eingetauscht: Unser geliebter Broiler heißt jetzt gegrilltes Huhn oder Grillhähnchen. Bestimmte Wörter aus unserem Leben in der DDR gibt es nicht mehr: Fahnenappell, Abschnittsbevollmächtigter, Feierabendbrigade, Helden der Arbeit, Planübererfüllung, Einzelhandelsverkaufspreis, Dederon, Plaste Elaste, Genex usw.

Ich rede über die vielen Arbeitslosen durch die Schließung der VEB-Betriebe. Ich spreche auch über die Probleme der letzten fünf Jahre in Ostdeutschland, besonders durch die Treuhand. Was da teilweise stattgefunden hat mit dem Ausverkauf der DDR, der Abwicklung von Arbeitsplätzen und der Missachtung von Leistungen ausgebildeter und studierter Menschen, das haben wir uns so nicht vorgestellt. Ich rede auch über Enttäuschung.

Meine provokative Gegenfrage: »Und was mussten die Westdeutschen lernen?« Eine Antwort: »Grüner Pfeil an der Ampel.« Meine Antwort: »Können sie immer noch nicht!«

Wir reden über Kindergärten und die Schulen in der DDR. Heute hat man begriffen, dass die Kitas kein Teufelswerk sind.

Dass die jungen Frauen in Ost und West gar keine andere Möglichkeit mehr haben, als ein Jahr nach der Geburt eines Kindes weiter ihrem Beruf nachzugehen, um den Lebensstandard der Familie halten zu können – und für ihre eigene Rente.

Ich habe den Eindruck, dass manche Politiker es immer noch nicht verstanden haben, die Leistung vieler DDR-Bürger anzuerkennen. Der »Besserwessi-Ton« geht uns Ostdeutschen oft auf die Nerven. Meine damalige Frage war auch: Warum ist der Westen, die alte Bundesrepublik in allem die Norm? Kann man nicht vielleicht auch etwas vom Osten lernen, übernehmen? Ich will auf keinen Fall diese DDR wiederhaben und bin unendlich glücklich, jetzt hier so leben zu können, aber es war doch nicht alles schlecht oder falsch!

Diese Art von Diskussion passt nicht in die damalige Zeit. Nach der Veranstaltung sitze ich noch lange in gemütlicher Runde, und wir diskutieren aufgeregt und heftig: »Die DDR war ein Unrechtsstaat, die DDR war eine Diktatur«, sagt jemand. Das bestreite ich gar nicht, und doch sollten wir differenzieren. Zwischen dem politischen System, welches unser Leben in der DDR beeinflusst hat, und dem Alltag der Menschen dort. Wir reden aneinander vorbei.

Heute glaube ich fest, dass gerade in den Anfangsjahren nach der Wiedervereinigung viele Fehler gemacht wurden. Zur Entschuldigung vielleicht der Gedanke, dass es so was bis dahin ja noch nie gegeben hatte. Aber viele falsche Entscheidungen von damals haben Folgen bis in die Gegenwart. Wenn ich heute meine Notizen von damals lese, haben diese an Aktualität nichts verloren, und es ist erschreckend, dass sie immer noch zu den großen Problemen in unserem Zusammenleben von Ost und West gehören.

März/April 1996
Zweimonatiger Dreh in Thailand

Eine ausgesprochen erfolgreiche Arztserie im Deutschen Fernsehen, in diesem Fall in der ARD, ist seit 1996 *Klinik unter Palmen* mit Klausjürgen Wussow in der Hauptrolle. In der zweiten Staffel, die in Thailand gedreht wird, bin ich mit einer Hauptrolle besetzt – ich spiele die Agnes Menzel –, und so geht es für fast zwei Monate zu Dreharbeiten von dreimal neunzig Minuten in die wunderschöne Stadt Phuket und Umgebung in Thailand. Ich freue mich sehr auf Klausjürgen Wussow, den ich natürlich aus der *Schwarzwaldklinik* kenne, aber ganz besonders neugierig bin ich auf Raimund Harmstorf. Er ist ein echter Held meiner Jugend, in den Siebzigerjahren habe ich ihn in dem ZDF-Mehrteiler *Der Seewolf* gesehen und sehr bewundert. Die legendäre Szene unter Deck, wo er, der Seewolf, die Kartoffel in seiner Hand zerquetscht, um so seine Stärke zu zeigen, habe ich so oft gesehen! Ich freue mich darauf, mit ihm darüber zu reden.

Aber auch die Reise als solche begeistert mich: Ich fliege zum ersten Mal nach Asien und freue mich unendlich, dass ich durch meinen Beruf wieder die Möglichkeit bekomme, ein neues Land, eine neue Kultur, einen anderen Kontinent kennenzulernen. Wir drehen an den landschaftlich schönsten Orten auf der Halbinsel, an Traumstränden und Aussichtspunkten, und ich genieße die Leichtigkeit des Lebens unter der Sonne Thailands. Das Meer ist ungewöhnlich warm, wie eine Badewanne, und die feuchte Hitze stört nur bei der Arbeit – ansonsten kommt man damit gut zurecht.

Bei den langen Autofahrten zu den Drehorten führe ich viele interessante Gespräche mit meinen Kollegen.

Klausjürgen Wussow ist ein freundlicher, zauberhafter Partner. Wir haben viele Szenen zusammen und reden in den Pausen über unsere Lebensgeschichten. Ich frage nach seiner Zeit am Burgtheater in Wien, der Theaterinstitution, wo er lange engagiert war, und ich möchte natürlich viel über die *Schwarzwaldklinik* erfahren, die wir im Osten in den Achtzigern selbstverständlich gesehen haben. Er erzählt mir, dass eigentlich der großartige Schauspieler Armin Müller-Stahl für die Rolle des Dr. Brinkmann vorgesehen war, aber abgesagt hat, weil er Bedenken hatte, eine Serie zu drehen. (1987 dreht er in den USA dann doch eine Fernsehserie, nämlich *Amerika*.) So viel zum Ruf von Serien in den Achtziger- und Neunzigerjahren in Deutschland.

Der von mir sehr geschätzte Kollege Armin Müller-Stahl konnte nach seinem Protest gegen die Ausbürgerung Wolf Biermanns und zwei Jahren Berufsverbot 1980 endlich aus der DDR ausreisen und eine Traumkarriere starten, die ihn bis nach Hollywood führte. In seinem Roman *Verordneter Sonntag* beschreibt er eindrucksvoll den Konflikt eines Menschen zwischen Gehen einerseits und Bleiben und Anpassen an die Verhältnisse in der DDR andererseits.[16] Ich erinnere mich noch, wie wir als junge Schauspielstudenten immer wieder besonders betroffen waren, wenn bekannte Künstler das Land verließen: 1977 der Schauspieler Manfred Krug, 1980 Armin Müller-Stahl, 1981 die Sängerin Veronika Fischer, später die Sängerinnen Ute Freudenberg und Angelika Mann. Das machte was mit uns …

Viele Kollegen in dieser Produktion *Klinik unter Palmen* sind aus Österreich, waren auch schon mal in der DDR und fanden es »gar nicht so schlimm« dort. »Schlimm« – ein merkwürdiges Wort, um ein Land zu beschreiben …

Abends sitzen wir oft gemeinsam am Strand in den Bretterbuden, wo es besten frischen Fisch aus dem Wok gibt, aber auch andere köstliche thailändische Gerichte. Diesen Topf sehe ich hier zum ersten Mal: Alles wird darin zubereitet, ob süß oder herzhaft, und von da an gehört dieses Küchenutensil zu meiner Ausrüstung auch in Deutschland.

Die Wochen verfliegen. Die Dreharbeiten, meine lieben Kollegen, alles macht mich glücklich und dankbar. Das sind die besonders schönen Seiten meines Berufes, an Orten zu arbeiten, wo andere Urlaub machen.

Nach dem Ende dieser ereignisreichen Dreharbeiten, während derer ich das Land, etwas vom Buddhismus und die freundlichen Menschen Thailands kennenlernen durfte, bekomme ich zu Hause in Deutschland einen Anruf von meiner Agentin Gisela Tatsch: »Materialschaden, eine Szene muss nachgedreht werden.« Damals wurde noch auf Celluloid gedreht, und ab und zu gab es einen Fussel auf dem Negativmaterial. Nach dem Dreh einer Szene hieß es immer »Fusselcheck«, und wenn sich da etwas fand, musste neu gedreht werden. Nun war in München, in dem Kopierwerk bei ARRI, wo der Film fertiggestellt wurde, so ein Fussel festgestellt worden, und eine Szene am Strand mit mir musste nachgedreht werden.

Konkret hieß dies nun für mich, losfliegen für ein paar Tage in die Sonne auf einen sogenannten Nachdreh. Dies kam ab und zu mal vor und war nichts Außergewöhnliches, nur diesmal war der Aufwand beträchtlich. Wir sollten auf einer karibischen Inselgruppe drehen, und so musste ich in das Konsulat des Staates für die Beantragung des Visums. Da ich gerade zu Dreharbeiten von *Dr. Stefan Frank* in München war, bat mich meine Agentin, mich mit dem Regisseur von *Klinik unter Palmen,* Otto Retzer, zu verabreden und dann das Generalkonsulat in München gemeinsam aufzusuchen.

Also fuhr ich mit Otto Retzer in das Münchner Villenviertel, wo sich das Konsulat befand. Außen hing die Flagge, und im Gebäude liefen einige Besucher herum, ohne dass wir mitbekamen, was sie dort genau wollten. Auf jeden Fall war es sehr voll in diesem Konsulat. Otto Retzer sagte, das wird dauern; und so war es auch. Wir wollten eigentlich nur das Visum abholen, mussten aber zunächst beim Empfang den Reisepass abgeben und wurden dann in einen Warteraum geführt.

Dort passierten merkwürdige Dinge. Die Insel ist ein Steuerparadies, und viele Leute wollten dahin, erzählte man mir. Auf einmal waren wir bei einer Trauungszeremonie dabei, bei der dem Mann ein Ei auf dem Kopf aufgeschlagen wurde, ein Ritual der Insel, wie man mir versicherte. Otto Retzer schien das alles für vollkommen normal zu halten, und da ich die Welt noch nicht kannte und vieles nicht wusste, glaubte ich ihm. Streitereien von Besuchern, Konsulatsmitarbeiter, die völlig überfordert schienen, merkwürdige Äußerungen und lautstarke Erzählungen von den Vorschriften auf der Insel: Manchmal schüttelte ich ungläubig den Kopf oder musste lachen.

Dann endlich wurden wir zum Konsulatsmitarbeiter ins Büro gerufen. Wir setzten uns. Er beglückwünschte den Regisseur und mich zu unserer neuen Staatsbürgerschaft und wollte vor meinen Augen den BRD-Reisepass zerschneiden und für ungültig erklären.

Ich sprang hysterisch auf: »Hier muss ein Irrtum vorliegen! Ich bin froh, endlich BRD-Bürgerin zu sein! Ich will in kein Steuerparadies, sondern ordentlich meine Steuern zahlen, ich will Deutsche bleiben. Geben Sie mir sofort meinen Reisepass wieder!« Voller Verzweiflung zerrte ich an dem so wichtigen Papier.

Ich war wirklich in Panik und dachte ganz fest, es muss sich um eine Verwechslung handeln; bei dem Chaos in diesem Konsulat wäre es ja kein Wunder gewesen.

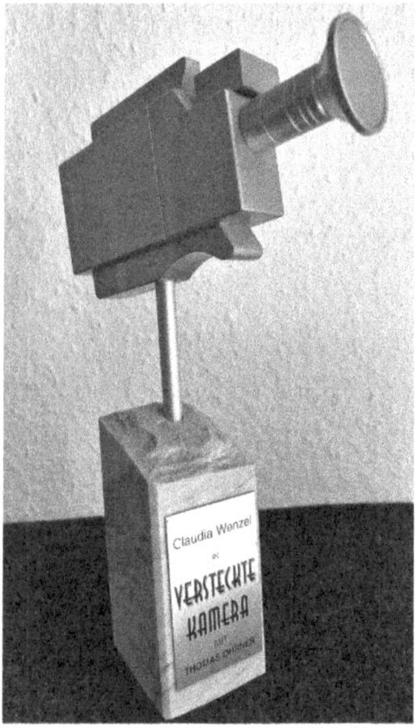

Meine silberne »Versteckte Kamera«, eine schöne Entschädigung für den Schreck im »Konsulat«

Dann ging die Tür auf: Thomas Ohrner stand vor mir und rief: Herzlich willkommen bei *Die Versteckte Kamera* im ZDF!

Ich konnte es nicht glauben. Die Erleichterung war groß. Ja, ich war reingefallen, aber auch glücklich, meinen so wichtigen, richtigen Reisepass wieder in der Hand zu haben. Lachend sackte ich auf den Stuhl.

Meine Agentin kam auf mich zu, sie hatte zusammen mit dem Regisseur als Lockvogel gewirkt, und ich hatte tatsächlich nichts gemerkt.

Die Gespräche danach mit dem Team und allen Beteiligten hinter den Kameras waren sehr lustig: Der für den Ton Verantwortliche hatte entsetzliche Panik bekommen, als ich mich heimlich meines Kaugummis entledigte. Ich warf diesen in einen Pflanzentopf im Warteraum, da war aber das Mikro versteckt, und er hatte Angst, keinen Ton mehr zu empfangen. Ein Komparse hatte am Tag vorher noch mit mir in München gedreht und wurde wirklich eine Sekunde vor meinem Eintreten in das Konsulat ausgetauscht. Ich hätte ihn ja erkennen können und misstrauisch werden, was er hier im Konsulat macht. Trotzdem lief alles für die Macher nach Plan, und der Aufwand, die Organisation und die Idee für dieses erfolgreiche Format beeindruckten mich.

Zur Ausstrahlung dieser Folge 28 im ZDF am 18. Oktober 1997 war ich live im Studio. Die Zuschauer wählten meine Geschichte auf Platz 2, und ich nahm voller Stolz eine Silberne Kamera entgegen. Aber wirklich, für nichts in der Welt hätte ich meine neu bekommene BRD-Staatsbürgerschaft aufgegeben.

1998
Zehn Jahre nach dem Mauerfall

Meine Heimatstadt Lutherstadt Wittenberg war schon zu DDR-Zeiten ein Touristenziel. Das hat natürlich mit Martin Luther zu tun, der seine 95 Thesen, mit denen die Reformation begann, im Jahr 1517 an die Tür der Schlosskirche angeschlagen haben soll. Der Name hat seine eigene Geschichte: Schon 1922, als Wittenberg, das durch die Ansiedlung von Industrie stark gewachsen war, kreisfreie Stadt wurde, beschloss der Stadtrat, dass sie fortan den Namen »Lutherstadt Wittenberg« trägt. Es sollte dann noch bis 1938 dauern, bis dieser Name amtlich anerkannt wurde, aber er blieb auch nach dem Zweiten Weltkrieg und nach Gründung der DDR – der Stolz auf den Reformator ist eben doch groß.

Meine Eltern landeten nach der Vertreibung, dem Herumirren und der Suche nach einer neuen Heimat wie so viele Flüchtlinge in Sachsen-Anhalt, in dieser geschichtsträchtigen Stadt. Mein Vater erzählte mir einmal, dass er nach seiner Ankunft in Wittenberg, beim Anblick des Cranach-Altars in der Stadtkirche St. Marien, zum ersten Mal das Gefühl gehabt hatte, angekommen zu sein. Das war 1946, und er war zwölf Jahre alt. Er hatte mit seiner Familie einige Zeit in einem Auffanglager in Dachau verbracht, sie hatten erfolglos in Bayern nach einer neuen Bleibe gesucht und waren dann nach Wittenberg gekommen. Flüchtlinge waren damals auch nicht überall willkommen. Und jetzt stand er also in der Stadtkirche St. Marien, betrachtete den Altar, den der große Maler vor Jahrhunderten gestaltet hatte und der im Krieg zum Glück nur einige Ein-

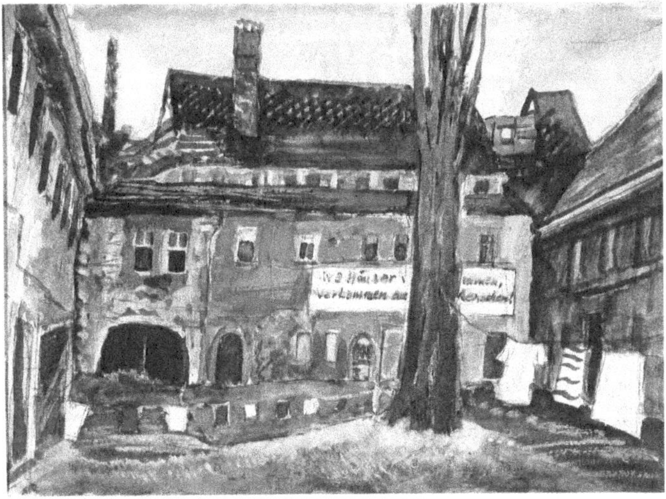

»Cranach-Hof in Lutherstadt Wittenberg«,
1990, Manfred Wenzel (Eitempera)

schusslöcher abbekommen hatte, und ahnte, dass er bleiben würde.

So kam es dann auch. In Wittenberg ging mein Vater zur Schule, heiratete und gründete seine Familie mit fünf Kindern. Hier brachte er sich als beliebter und ausgezeichneter Kunsterzieher in das gesellschaftliche Leben der Stadt ein. Als ich ein kleines Mädchen war, ging er oft mit mir in die Stadtkirche und erzählte mir, wenn wir zusammen vor dem Altar standen, von den großen Männern dieser Stadt: Luther, Cranach, Melanchthon, Bugenhagen. Er zeigte uns Kindern und seinen Schülern – oft zum Unmut der Schulleitungen und mit viel Ärger für ihn verbunden – aber auch die Hinterhöfe der Cranach-Werkstatt und die historischen Häuser am Markt, die immer mehr verfielen.

»Wo Häuser verkommen, da verkommen auch Menschen«, sagte er uns. Ein Bild von ihm, das nach der Wende entstand, trägt diesen Spruch.

Im Zweiten Weltkrieg blieb die Stadt an der Elbe fast unzerstört, nur die große Elbbrücke wurde vor dem Einmarsch der Sowjetsoldaten im April 1945 noch gesprengt. So blieben Wittenberg auch viele Bausünden erspart, die vor allem im Westen in den Sechziger- und Siebzigerjahren begangen wurden. Die Kehrseite der Medaille: 1989 sah die Altstadt mit ihren alten Häusern einfach nur noch kaputt aus, viele Gebäude standen kurz vor dem Abriss. Die Wende kam, wie in vielen Städten im Osten, beispielsweise in Leipzig und Dresden, auch hier zum richtigen Zeitpunkt. In der DDR war oft gar nicht mehr abgerissen worden, weil weder private Hausbesitzer noch Städte und Gemeinden Geld dafür hatten, aber das hatte auch seine gute Seite, denn so standen die verfallenden Häuser immerhin noch, und es gab die Chance, sie zu retten.

Die »blühenden Landschaften«, die Helmut Kohl einst versprach, sind in den Kleinstädten und Großstädten der ehemaligen DDR tatsächlich entstanden. Fährt man heute durch die neuen Bundesländer, kann man dies eindrucksvoll sehen. Für die Cranach-Höfe in Wittenberg kam die Wende sozusagen in letzter Minute. Die Häuser und historischen Hinterhöfe konnten mithilfe einer Stiftung wieder aufgebaut werden und sind heute ein Besuchermagnet. Am Eingang erinnern alte Fotos von 1989 an den Zustand dieser Denkmäler zu Ostzeiten. Mein Vater hat ebenfalls einige Bilder zu dem Thema gemalt, darunter »Cranachhaus – Freigelegter Südflügel« (1992) und »Hinterhof Markt« von 1984.

Auf dem Land sieht es leider anders aus. Fährt man durch die Dorflandschaften in Sachsen-Anhalt, Mecklenburg-Vorpommern oder Thüringen, wo alle Landwirtschaftlichen Produktionsgenossenschaften (LPGs) abgewickelt wurden, dann sieht man bis heute den Zerfall. Das Versagen der Politik ist hier mit Händen zu greifen. In den letzten Jahren wurden Dorfläden geschlossen, Busverbindungen abgeschafft und diese Regionen regelrecht abgehängt. Das gibt es auch in Westdeutschland und darf in einem so hoch entwickelten Land wie Deutschland eigentlich gar nicht sein.

Auch in meiner Heimatstadt sind nach der Wende große DDR-Betriebe geschlossen, abgewickelt oder privatisiert worden: Das Stickstoffwerk Piesteritz konnte immerhin erhalten werden; heute ist es unter dem Namen SKW ein wichtiger Arbeitgeber und eines der fünfzig größten Unternehmen Mitteldeutschlands. Dort wird unter anderem der Zusatzstoff AdBlue für Dieselfahrzeuge hergestellt. Weniger gut erging es dem ehemaligen VEB Wittol Reinigungsmittel/Kerzen. Das Unternehmen, das bereits 1860 gegründet und nach Gründung der DDR verstaatlicht worden war, wurde 1990 privatisiert. 1999 übernahm eine Unternehmensgruppe aus NRW den Betrieb, und 2011 endete die Produktion in Wittenberg. Es ist ein typisches Beispiel für traditionelle DDR-Betriebe, die vom Westen benutzt und ausgenutzt und dann sozusagen entsorgt wurden.

Diese Entwicklung der ehemaligen großen Betriebe in meiner Heimatstadt war verbunden mit hohen Arbeitslosenzahlen und der massenweisen Abwanderung vor allem jüngerer Menschen aus dieser Region. 1989 lebten ca. 65 700 Menschen in Wittenberg, heute sind es nur noch ca. 45 600.[17] Sachsen-Anhalt liegt bei den Arbeitslosenzahlen immer deutlich über dem Bundesdurchschnitt – entsprechend groß ist die Enttäuschung in der Bevölkerung.

Aber es gibt auch bemerkenswerte Eigeninitiativen wie zum Beispiel bei der Keksfabrik WIKANA. Als Schülerin habe ich in den Sommermonaten dort einen Ferienjob gehabt, der sehr begehrt war: Wir verpackten Lebkuchen in Schachteln, die wie ein Knusperhaus gestaltet und in der Advents- und Weihnachtszeit ein echter Verkaufsschlager waren. Am Anfang unserer Produktionsstrecke wurden die Lebkuchen in flüssige

Schokolade getaucht – das durften wir Schülerinnen natürlich nicht machen, denn Schokolade war Mangelware, also wurde mit dieser Aufgabe eine vertrauenswürdige feste Mitarbeiterin beauftragt. Doch wehe, es war Pause! Dann warteten wir, bis der Schokoladentopf unbeaufsichtigt war, und tauchten nur zu gern einmal den Finger in die köstliche Masse. Ich gestehe, einmal habe ich aus reinem Übermut sogar ein Stück von einem der Lebkuchen abgebissen, bevor ich ihn in die Schachtel steckte. Sollten Sie damals einen angebissenen Lebkuchen in Ihrem Knusperhaus gefunden haben, wissen Sie jetzt, wen Sie dafür verantwortlich machen dürfen. Die Jugendsünde dürfte ja verjährt sein …

Wie auch immer: Wikana, 1906 unter dem Namen Kant Chokoladenfabrik gegründet, wurde 1953 verstaatlicht und bekam den bis heute gültigen Namen, der sich aus den Wörtern Wittenberg, Kant und Nadena (der Name des Unternehmens von 1950 bis 1953) zusammensetzt. Der größte »Kunde« war zu DDR-Zeiten die Nationale Volksarmee, denn hier wurden auch Dauerbackwaren für die Verpflegung der Soldaten etwa bei Manövern hergestellt. Damit war es natürlich nach der Wende vorbei. Hinzu kam die starke westdeutsche Konkurrenz. 1992 wäre es fast so weit gekommen, dass Wikana geschlossen worden wäre, die Treuhand wickelte das Unternehmen ab. Doch zwanzig ehemalige Mitarbeiter wollten sich damit nicht abfinden und bauten Wikana wieder auf. Im ersten Jahr unter neuer Leitung betrug der Umsatz gerade einmal eine Million D-Mark. Heute beschäftigt das Werk mehr als 120 Mitarbeitende und macht einen Umsatz von 16,6 Millionen Euro. Die mutigen Neugründer wurden 2011 sogar als »Unternehmen des Jahres« in Sachsen-Anhalt geehrt.[18]

Wittenberg ist aber nicht nur ein Produktionsstandort, sondern seit jeher und immer mehr ein touristischer Wallfahrtsort. Die historische Innenstadt mit den restaurierten Häusern von Cranach, Melanchthon und Luther, die Stadtkirche mit dem berühmten Cranach-Altar, der historische Marktplatz und die Schlosskirche mit der Thesentür – dies alles auch noch in günstiger Lage zwischen Berlin und Leipzig – locken viele Besucher an. Ich bin stolz auf dieses kleine Provinzstädtchen, in dem ich geboren wurde, das meinen Eltern die Chance für einen Neubeginn bot und in dem ich eine wirklich schöne Kindheit und Jugend verbracht habe.

Ich komme immer wieder gern in diese Stadt, wo wir als Familie lebten und zwei meiner Geschwister bis heute ansässig sind. Ich bin dieser Stadt sehr dankbar und will ihr mit meinen eigenen Mitteln und Möglichkeiten etwas zurückgeben. Deshalb organisiere ich Ausstellungen mit Bildern meines Vaters, halte Lesungen und entwickle, organisiere und moderiere seit 2016 meinen *Wittenberg Talk* im Clack Theater am Wittenberger Marktplatz. Bei diesen Veranstaltungen, die immer lange im Voraus ausverkauft sind, stelle ich Wittenberger aus Kultur, Wirtschaft, Politik vor und möchte mit ihnen ins Gespräch kommen über diese spannende Stadt. Es soll ein Austausch sein über Vorhaben, Probleme und Projekte, bei dem die Vorzüge dieser Stadt im Mittelpunkt stehen. Die musikalische Untermalung wird meistens von Schülern der Musikschule oder Wittenberger Künstlern gestaltet, was sehr beeindruckend ist. Und es gibt immer einen prominenten Gast aus dem Fernsehen oder der Musikszene. Dafür nutze ich meine vielen Kontakte zu prominenten Kollegen. So konnte ich schon unter anderem die Schauspieler Thomas Rühmann, Alexa Surholt, Annekathrin Bürger, die Sänger Angelika Mann, Petra Zieger, Bernhard Brink, Quaster von den Puhdys, Lippi und den Wittenberger Radweltmeister Uwe Raab als Gäste begrüßen.

Die ersten Veranstaltungen moderierte und entwickelte ich gemeinsam mit Mathias Tietke, der eine ganze Reihe von Büchern über Wittenberg geschrieben hat (z.B. *Wittenberg, die*

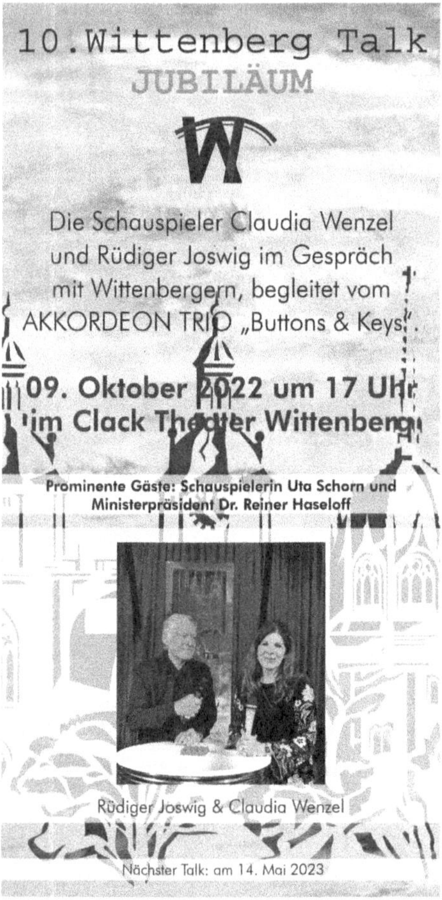

Zweimal im Jahr findet seit 2016 mein Wittenberg Talk statt, zu dem ich Wittenberger und Prominente ins Clack Theater Wittenberg einlade.

99 besonderen Seiten der Stadt, 2015). Inzwischen bin ich seit einigen Jahren meine eigene »Produktionsfirma« und moderiere zusammen mit meinem Mann diesen Erfolgstalk zweimal im Jahr.

Meine Erfahrungen, auf interessante Persönlichkeiten aus Wirtschaft und Politik aus meiner Heimatstadt zuzugehen und sie zu überzeugen, mein Talkgast zu sein, waren immer positiv. Im Oktober 2022 hatte ich zum zehnten Jubiläum des Talks den Ministerpräsidenten von Sachsen-Anhalt, Dr. Rainer Haseloff, zu Gast, und auch dieser Talk war ein schöner Erfolg.

Menschen anzusprechen und einzuladen, miteinander zu reden über unser Leben im Hier und Jetzt, diesen Teil meiner gesellschaftlichen Arbeit empfinde ich als sehr bestärkend und beglückend. Und ich halte es für eine wichtige Aufgabe – nicht nur für mich selbst, sondern für jede und jeden von uns –, etwas zurückzugeben, etwas zu tun für die Allgemeinheit, ob in einem Verein, einer Partei oder einer ehrenamtlichen Tätigkeit. Wir alle sollten uns einbringen für das Miteinander in unserem Land.

2002
Theater hinter der Mauer

Durch meine Fernsehpopularität bekommt meine Agentur immer wieder Anfragen von Theatern und Tournee-Unternehmen. Meine letzte Theaterarbeit liegt über acht Jahre zurück, als ich 1994 am Renaissance-Theater in Berlin in *Alle Reichtümer der Welt* (einem Stück aus dem Nachlass von Eugene O'Neill) die weibliche Hauptrolle der Deborah spiele. An meiner Seite die große österreichische Schauspielerin Elisabeth Orth. Die Proben unter Gerhardt Klingenberg, die Arbeit an diesem wunderschönen alten Theater in Westberlin machen Spaß und unterscheiden sich nicht von der Theaterarbeit im Osten. Der einzige Unterschied zur DDR-Theaterarbeit war: Wir hatten damals mehr Zeit, weil Geld keine Rolle spielte, da es ja vom Staat kam. Aber es ist eine ganz neue Erfahrung, dasselbe Stück täglich, also en suite jeden Abend zu spielen, und das 75-mal hintereinander. Sehr ungewöhnlich für mich – am Leipziger Schauspielhaus hatte ich zuletzt über fünfzehn Stücke im Repertoire und somit jeden Abend auf der Bühne etwas anderes darzubieten: Komödie, Klassiker, Musical, Gegenwartsdramatik.

Die tägliche Wiederholung des gleichen Stücks kostete mich viel Kraft, und die letzten Vorstellungen zählte ich runter, obwohl es ein schöner Erfolg für mich war und einige Theaterangebote folgten, die ich aber wegen Dreharbeiten absagen musste.

Aber nun, im Januar 2002, steht meine erste Theatertournee an, und da ist alles vollkommen anders. Auch das ist eine neue Erfahrung für mich. In der DDR gab es auch in vielen kleinen

Städten Theater, Tourneetheater-Unternehmen gab es bei uns nicht. Manche Theater machten mal einen Abstecher – wie es hieß – in benachbarte Orte, wo es keine festen Theaterensembles gab, aber reines Tourneetheater war unbekannt.

Das Angebot kommt zur richtigen Zeit. Nachdem ich jahrelang praktisch nur vor der Kamera gestanden habe, spüre ich große Lust, wieder mit direktem Kontakt zum Publikum zu arbeiten.

So sage ich gemeinsam mit meinem späteren Mann Rüdiger Joswig für das Zwei-Personen-Stück *The Blue Room* von David Hare zu. Es ist eine Adaption des 1921 uraufgeführten Klassikers *Der Reigen* von Arthur Schnitzler. Diese Adaption des Stücks hatte 1998 in London Weltpremiere; meine Rolle spielte dort Nicole Kidman. Für Schauspielerinnen und Schauspieler ist dieses Stück eine traumhafte Vorlage: Jeder kann fünf Rollen spielen, mit unglaublich schnellen Verwandlungen. Ich bin die Hure, das Dienstmädchen, die Politikergattin, das Partygirl und die Schauspielerin. Ein Fest für mich, so etwas mit schnellen Rollenwechseln an einem einzigen Abend spielen zu können.

Nach den Proben in Berlin, die auch wieder neue Überraschungen für uns bereithalten, nämlich Arbeit ohne Souffleuse – was wir von den DDR-Theatern gar nicht gewohnt waren – und nur vier Wochen Probenzeit, geht es zur Premiere nach Reinbek bei Hamburg. Unter der Regie der wunderbaren, hochprofessionellen Pia Hänggi, mit der mich bis heute eine Freundschaft verbindet, geht es dann kreuz und quer durch die alten Bundesländer. Wir spielen vom Norden bis in den Süden, und ich lerne Westdeutschland und besonders die Provinz kennen. In manchen Allzweckhallen oder zu Theatern umfunktionierten Turnhallen sieht es ähnlich aus wie im Osten. Aber wir spielen auch in wunderbaren, historischen Theatern wie dem Lessingtheater in Wolfenbüttel oder dem Markgrafentheater in Erlangen, die keine festen Ensembles mehr haben. Hier setzte das Theatersterben schon in den Siebzigerjahren ein, das nach der Wiedervereinigung in Ostdeutschland seine Fortsetzung fand.

Jeden Tag sind wir in einer anderen Stadt, und die Zeit vor der Vorstellung nutzen Rüdiger und ich immer, um uns mit dem Ort vertraut zu machen: Innenstadt. Der prägende Eindruck ist, sehen zu müssen, wie zerstört Deutschland nach dem verheerenden Krieg 1945 gewesen sein muss. Viele Innenstädte wurden, wegen des Wohnungsmangels, sehr hässlich wieder aufgebaut. Ihre Einkaufspassagen gleichen einander wie ein Ei dem anderen: die gleichen Café- und Ladenketten, dazu McDonald's, Döner, Pizza. Im Gegensatz dazu fehlte im Osten das Geld für den Wiederaufbau, Neubau oder Abriss in den Fünfziger- und Sechzigerjahren. So blieben die alten Innenstädte in verrottetem Zustand stehen, zum Glück. Heute sind viele ostdeutsche Städte, wie schon gesagt, als »blühende Landschaften« zu bewundern, darunter Görlitz, Bautzen, Erfurt, um nur einige zu nennen.

So konnte ich durch meine erste Tournee mein Wissen über die deutsche Geschichte aufbessern. Auch die berufliche Erfahrung des unterschiedlichen Publikums im Norden und Süden der Republik war interessant und neu für mich. Der Norden lacht und applaudiert anders als der Süden, aber alle waren von unserer Inszenierung begeistert. Auf dieser Tournee gastierten wir in keinem Ort in Ostdeutschland. Warum? Die westdeutschen Theaterunternehmen Kempf oder Landgraf, für die ich in den folgenden Jahren noch öfter arbeitete, wurden im Osten abgelehnt. Kein Gastspiel fand in einem Osttheater statt, außer einer von mir organisierten Vorstellung von *The Blue Room* in Leipzig, die ich zum Teil mitfinanziert hatte. Ich wollte mit diesem erfolgreichen Stück mal wieder vor Ostpublikum spielen, in der Stadt, in der meine berufliche Karriere begann.

8. März 2011
Internationaler Frauentag

Es ist der 8. März 2011, ein Dienstag. Genau vor hundert Jahren fand der erste Internationale Frauentag in Deutschland statt, und ich stehe an diesem Tag in Leipzig vor der Kamera in der Serie *In aller Freundschaft*. Meine Rolle der Vera Bader gibt es seit 2008.

Wenn man mich nach dieser Rolle fragt, beschreibe ich die Gesundheitsdezernentin Bader kurz folgendermaßen: Frau Bader bringt immer »Stimmung« in die Sachsenklinik. Das ist tatsächlich so. Sie ist eine karrieregeile, selbstbewusste Frau, die ihre Machtposition schamlos ausnutzt. Für eine Schauspielerin eine wunderbare Aufgabe, facettenreich und viel zu spielen.

An diesem Dienstag hat ein Kollege Blumen mitgebracht und schenkt allen Frauen am Set eine Rose. Einige Schauspielerinnen aus den alten Bundesländern blicken verwundert, und ich erzähle davon, was für ein wichtiger Feiertag dieser Internationale Frauentag in der DDR gewesen ist: eine Ehrenbezeugung für die Leistung der Frauen, ein Dankeschön an die berufstätigen Mütter. In allen Betrieben, allen Einrichtungen, wo Frauen arbeiteten, wurde dieser Tag gefeiert, war aber ein normaler Arbeitstag. In Feierstunden, die oft schon zur Mittagszeit in den Betrieben begannen, gab es Auszeichnungen für »Aktivisten der sozialistischen Arbeit« oder Prämien. Plakate hingen an den Wänden wie: Wir Kollegen grüßen und beglückwünschen unsere hochverehrten Frauen zum internationalen Frauentag. Vorwärts zu noch größeren Taten zum Wohle unserer sozialistischen Heimat.

Am Leipziger Schauspielhaus wurden wir Schauspielerinnen jedes Jahr zu Kaffee und Kuchen in den Künstlerklub im Coffe Baum eingeladen. Zuerst redete meist der Parteisekretär oder ein Vertreter der Gewerkschaft. Die Ansprachen dazu waren vom Inhalt her immer so ziemlich die gleichen wie im Vorjahr: »Die Frauen der Deutschen Demokratischen Republik begehen heute den Internationalen Frauentag gemeinsam mit allen Werktätigen unseres Landes, ganz im Zeichen der weiteren allseitigen Stärkung des Sozialismus und der Sicherung des Friedens. Als Arbeiterin, Genossenschaftsbäuerin, als Angestellte oder Angehörige der Intelligenz, wie ihr liebe Schauspielerinnen, tragen unsere Frauen und Mütter Verantwortung für das Ganze, nehmen sie erfolgreich an der Gestaltung der entwickelten sozialistischen Gesellschaft teil« usw. Danach gestalteten einige Kollegen ein kleines Programm, was natürlich immer für uns besonders lustig war, hatten wir doch selbst mit diesen Kollegen ab und zu gemeinsam Auftritte zum Frauentag in Betrieben und Einrichtungen und kannten daher ihre Beiträge bereits. Wenn wir etwas angetrunken waren, sprachen und sangen wir die Texte mit. Das sorgte immer für ausgelassene Stimmung.

Der Internationale Frauentag wurde vor dem Ersten Weltkrieg 1911 erstmals begangen. Damals ging es um das Wahlrecht für Frauen und die Gleichberechtigung. Ich habe mein Aufwachsen in der DDR immer als gleichberechtigt empfunden, alle Möglichkeiten standen uns Frauen beruflich offen, die Kinderbetreuung war gesichert, wir waren emanzipiert, verdienten unser eigenes Geld und waren wirtschaftlich unabhängig. Seit 1947 galt das Prinzip »Gleicher Lohn für gleiche Arbeit«[19]. Die Gleichstellungen in Führungspositionen und in der Politik waren in der DDR auch nicht verwirklicht, genau wie heute. Da versucht man, mit der Frauenquote gegenzusteuern, aber gleiches Gehalt für gleiche Arbeit ist immer noch ein Thema im Jahr 2024!

In einer modernen Gesellschaft, wo wir, Frauen und Männer, unser Leben selbst gestalten können, ist dieser Tag ein besonderer Tag für die Frauen und Mütter als Anerkennung ihrer Leistungen. Ich verstehe nicht, dass dieser gesetzliche Feiertag nur in Berlin (seit 2019) und (seit 2023) im Bundesland Mecklenburg-Vorpommern begangen wird. Warum gibt es diesen Weltfrauentag nicht in der ganzen BRD? In 26 Ländern weltweit ist er ein Feiertag.[20]

Das Kinderlied *Wenn Mutti früh zur Arbeit geht* von Kurt Schwaen, das wir Kinder in der DDR alle am Internationalen Frauentag gesungen haben, ob im Kindergarten oder in der Schule, kann ich heute immer noch.

2015
Lesung im ehemaligen »Zonenrandgebiet«

Im Sommer 2015 spiele ich in Wunsiedel auf der Freilichtbühne zusammen mit meinem Mann in dem Stück *Ein Sommernachtstraum* von Shakespeare. Ich bin doppelt besetzt für die Rollen der Titania und der Hippolyta.

Wir sind im ehemaligen Zonenrandgebiet, die Grenzen zur ehemaligen DDR und zur Tschechischen Republik sind nicht weit, und es gibt einige Gedenkstätten in dieser Gegend, die an die Mauer erinnern. Ich besuche das Deutsch-Deutsche Museum Mödlareuth, ein ehemaliges geteiltes Dorf – die Amerikaner nannten es »Little Berlin«. Dieses Fünfzig-Seelen-Dorf gilt als Symbol für die deutsche Teilung, und man kann dort sehr anschaulich die Sperranlagen im Original ansehen. Ich habe derlei schon so oft gesehen, und trotzdem laufe ich wieder durch das Gelände und bin sprachlos, fassungslos, traurig. Aber ich bin auch froh, dass es diese Orte des Erinnerns gibt.

In einem Gespräch mit einer Mitarbeiterin des Theaters erlebe ich, wie wenig sich die Menschen hier für die DDR-Geschichte interessieren. »Von dem Museum wusste ich gar nichts«, sagt sie und fragt mich, wie es denn so war in der Diktatur und warum die Ossis so undankbar sind. »Die bekommen doch da drüben jetzt alles! Blühende Landschaften mit unserem Solidaritätszuschlag!«

Wieder diese unwissende, überhebliche Verurteilung des Ostens, denke ich und entscheide mich, eine Lesung meiner biografischen Texte zusammen mit meinem Mann im Stadt-

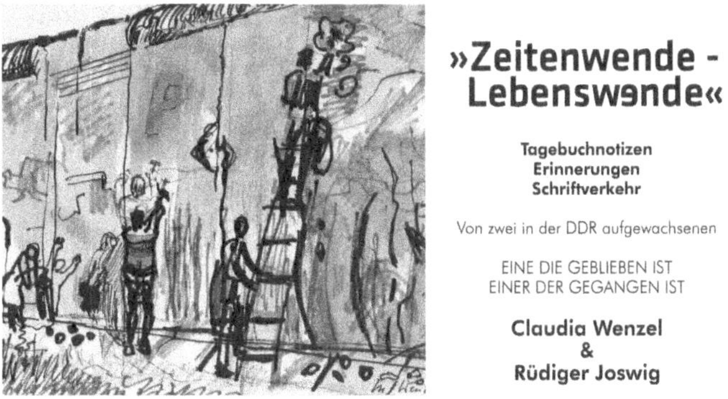

Skizze »Mauerspechte«, 1990, Manfred Wenzel

museum Wunsiedel und im Gymnasium der Stadt zu organisieren. Ich nutze meinen Kontakt zum Bürgermeister, der in unserer Premiere war, und bekomme einen Termin. Die Verantwortlichen in Wunsiedel sind offen und hilfsbereit, und an einem spielfreien Tag lesen wir, Rüdiger Joswig und ich, am Vormittag vor Schülern des Gymnasiums Wunsiedel. Die Lehrer sind dankbar für unser Angebot eines Thementages DDR, weil im Unterricht dazu gar keine richtige Zeit ist, sagt man uns. Abends lesen wir dann vor den Bürgern der Stadt.

Bei beiden Veranstaltungen schenken uns die anschließenden Gespräche die wahre Bereicherung und Erfüllung. Wir werden mit Fragen überschüttet. Die Schüler fragen, warum seid ihr nicht einfach weggegangen? Wie? Man wäre erschossen worden oder ins Gefängnis gekommen, wenn man das Land verlassen wollte? Diktatur – ist das so, dass man nicht sagen darf, was man denkt? Gab es auch legale Parteien? Welche Rolle spielte die Kirche in der DDR? Was heißt denn Demokratie?

Auf der Suche nach Antworten auf all diese Fragen tauche ich wieder tief in die Vergangenheit ein, und gleichzeitig spüre ich einmal mehr, wie weit weg die DDR für die Bürger der

BRD war. Wir versuchen den Schülern klarzumachen, dass Demokratie und ein Leben in Freiheit nichts Selbstverständliches sind. Dass sie großes Glück haben, so aufwachsen zu können, und dass sie dieses Gut schützen, behüten und immer wieder dafür einstehen müssen. Ich liebe diese Gespräche mit jungen Menschen und ihre Fragen.

Am Abend ein volles Museum, das Interesse ist groß, die beiden Schauspieler von der Freilichtbühne jetzt live bei einer Lesung zu erleben. Die Diskussion danach ist emotional. Die Westdeutschen sind erstaunt: So war es in der DDR? Na ja, uns hat das nicht interessiert, obwohl die Grenze so nah war. Viele Fragen folgen, die auch wir nicht alle beantworten können. »Warum gibt es diese Demonstrationen von Pegida in Dresden?« »Warum sind die »Ossis« so undankbar?« Ich bin froh, dass wir ins Gespräch kommen und uns Argumente von beiden Seiten anhören! Wir sind in respektvollem Dialog, um zu verstehen, was uns bewegt. Diesen Austausch liebe ich, und wenn ich nach so einer Lesung das Gefühl habe, zum Nachdenken angeregt zu haben, bin ich glücklich. Am Ende dieser Veranstaltung erzähle ich noch von Mödlareuth, dem Museum um die Ecke, das bisher nur einige wenige Zuhörer kannten. Ich bitte sie, dort einen Besuch zu machen. Er wird prägend sein. Die Zuschauer bedanken sich, sind angetan davon, persönliche Geschichten über das Leben in der DDR gehört zu haben. Und ich fühle mich bestärkt, dass diese Zeitzeugen-Lesung wichtig ist für unser Land, für unser gegenseitiges Verständnis.

2019
30 Jahre Mauerfall

Zum 30. Jubiläum des Mauerfalls fängt man endlich an, die Besonderheiten der Nachwendezeit und die ostdeutschen Biografien aufzuarbeiten und auch in der Öffentlichkeit zu thematisieren. Das Leben vieler Ostdeutscher ist durch Fehlhandlungen, Bevormundungen und Belehrungen von der Westseite bis zum heutigen Tag stark geprägt. Der »OSSI«, wie ist er denn? Der *Spiegel* betitelt im August 2019 sein Heft mit »So isser, der Ossi. Klischee und Wirklichkeit: Wie der Osten tickt – und warum er anders wählt«[21]. Mein Kommentar dazu: Klischeeberichterstattung und der Wirklichkeit nicht auf den Grund gegangen. Der Osten ist nicht mit Nazis, Stasi und kaputten Lebensläufen zu erklären. Die gehören dazu, aber der heutige Osten ist vor allem mit den ersten Wendejahren zu erklären.

1989 begann ein neues Leben in Freiheit und Demokratie, mit Umschwüngen und Veränderungen, wie wir sie uns gar nicht so schnell vorgestellt hatten.

1990 war man voller Zuversicht, Hoffnung und Mut. Bei der ersten freien Volkskammerwahl am 18. März 1990 waren drei Viertel der Wähler für die Wiedervereinigung, und die meisten wählten die »Allianz für Deutschland«, ein Bündnis aus CDU, Demokratischem Aufbruch und Deutscher Sozialer Union, mit 48 Prozent.[22] Man hoffte, dass wir nach und nach zusammenwachsen. Ein schönes Wort »Zusammen-wachsen«, beinhaltet es doch das entscheidende Wort: *zusammen!* Dieses Gefühl, zusammen Entscheidungen zu fällen, zusammen das wiedervereinte Land mit den neuen Bundesländern zu gestalten, blieb in vielen Bereichen auf der Strecke. Uns Ostdeutschen wurde gesagt, was gemacht werden soll oder muss, und viele Westdeutsche wurden im Osten in entscheidende Positionen gesetzt.

Zum 30. Geburtstag des Mauerfalls, am 9. November 2019, waren mein Mann und ich im Grenzlandmuseum Eichsfeld/Teistungen zum Festakt eingeladen. Vor rund fünfhundert Gästen hatte der Vorsitzende des Vereins Grenzlandmuseum Eichsfeld, Horst Dornieden, diese wichtige Feierstunde mit den Worten eröffnet, die Menschen im Eichsfeld seien zwischen zwei Welten eingepfercht gewesen. Wir lesen fünfundvierzig Minuten aus unserem Programm *Zeitenwende – Lebenswende.* In den anschließenden Gesprächen beim Empfang wird mir immer wieder erzählt, wie man sich am 9. November 1989 in den Armen lag, wie man rüberging und wie die Menschen aus der BRD neugierig zu ihnen kamen. Aber auch, wie die Verurteilung der »Ossis« und das Unverständnis für sie, die Intoleranz, in den letzten Jahren zugenommen haben. Umso wichtiger sind solche Begegnungsstätten, denn nur über das persönliche Gespräch kann man die vielen Vorurteile abbauen.

Unsere Lesung bestärkte mich wieder, dass es wichtig ist, als Zeitzeugin zu berichten, zu erzählen und mit den Menschen aus Ost und West ins Gespräch zu kommen. Bei den Gesprächen an diesem Tag fragte mich eine jüngere Frau, warum all die alten Kommunisten, welche schon gegen die Nazis und gegen Franco gekämpft hatten, in der DDR so lange mitgemacht haben. Die hatten doch andere Ideale von der sozialistischen Gesellschaft. Darauf habe ich auch keine Antwort.

Nach der Festveranstaltung laufen wir durch das beeindruckende Grenzlandmuseum, das durch die angrenzenden Bundesländer gefördert wird. Es befindet sich genau auf dem Gelände des ehemaligen innerdeutschen Grenzübergangs Duderstadt/Worbis. Zu DDR-Zeiten war es Sperrgebiet, und ohne Sonderausweis konnte man die Dörfer, die dort lagen, nicht betreten. Ich erinnere mich an meine Kindheit, an die Urlaube auf dem Darß. Tagsüber badeten wir am Strand, doch nachts galt dieser als Sperrzone, teils bewacht und an einigen Orten mit Scheinwerfern ausgeleuchtet, wie zum Beispiel in Ahrenshoop.

Für die Aufarbeitung der Geschichte leistet dieses Museum, dieser Ort einen wichtigen Beitrag. Es erinnert mahnend an die Teilung Deutschlands. Viele Schulklassen kommen hierher, um historisch wichtige Bildung zu erfahren, die für ihr weiteres politisches Denken Bedeutung haben sollte. Das hoffe ich, das wünsche ich mir.

2020
Wir helfen Schauspielern

Anfang Februar 2020 stirbt überraschend mein Vater, mit 85 Jahren. Zum Glück kann ich an diesem Tag bei ihm sein, zu Hause in der Thomas-Müntzer Straße in Wittenberg, in unserer Wohnung, wo meine Eltern seit Ende der Fünfzigerjahre lebten und wir als Familie sehr glücklich waren.

Schmerzhafte Tage, Wochen und Monate folgen, da ich ein Papa-Kind war, und auch heute fehlt mir mein Vater immer noch sehr. Nach der Beisetzung Anfang März in der Stadtkirche zu Wittenberg unter großer öffentlicher Anteilnahme brauche ich Abstand und fahre mit meinem Mann auf den Darß nach Born, an meinen Lieblingsrückzugsort. Seit Februar nimmt die Bedrohung durch ein Virus, das augenscheinlich aus China stammt, immer mehr zu. Es gibt viele lebensbedrohliche Erkrankungen und auch schon einige Todesfälle, im Land und weltweit. Keiner weiß, wie man mit dieser bisher unbekannten Bedrohung umgehen soll. Um Überlastungen der Krankenhäuser zu vermeiden, leitet man erste Schutzmaßnahmen ein. In Mecklenburg-Vorpommern sind diese besonders rigoros; so werden alle Touristen und nicht hauptwohnsitzlich gemeldeten Bürger des Bundeslandes verwiesen. Einige verstecken ihre Autos mit den Kennzeichen der anderen Bundesländer, die sie als Nicht-Mecklenburger ausweisen. Andere gehen nicht mehr aus ihren Häusern oder Ferienwohnungen. Doch genügend Einheimische schwärmen zu Kontrollgängen aus und bringen die angeblichen Missetäter zur Anzeige. Wir bleiben verschont, fahren aber zum letztmöglichen Zeitpunkt herunter von der Halbinsel. Die leeren Strän-

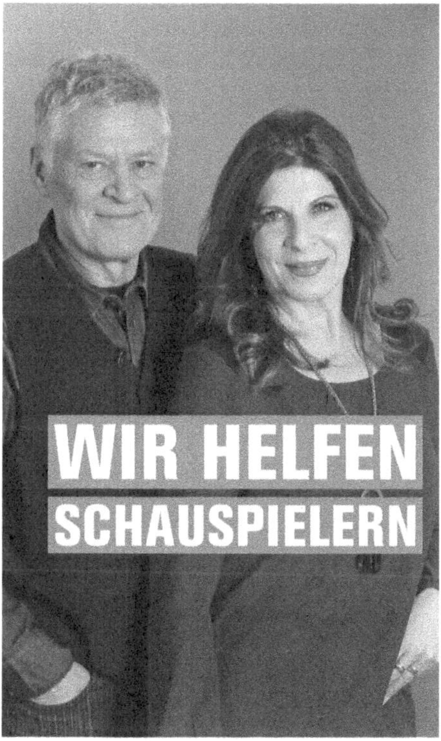

Unser Werbeflyer zur Hilfsaktion im Frühjahr 2020

de und Orte begeistern mich, und diese erholsamen Tage bleiben in Erinnerung. Einsamkeit pur!

In Berlin benutze ich sofort eine Maske, die noch im Keller von Renovierungsarbeiten lagerte, und werde auf der Straße und in Geschäften zum Teil missbilligend angesehen. Wenige Tage später sind die Straßen voll mit maskierten Menschen. Alles steht still. Alle Dreharbeiten wurden abgesagt und Theater geschlossen. Meine Berufsgruppe, die Schauspieler, besonders die Freiberuflichen, sind von einem Tag auf den anderen arbeitslos. Alle freischaffenden Künstler im Land, Musiker, Comedians, Tänzer usw. haben keine Möglichkeiten mehr zum Auftreten und somit kein Einkommen. Mein Bruder zum Beispiel hat in dem ersten Corona-Jahr sehr viele Absagen von

Konzerten. Die Regierung tut sich schwer, Hilfsprogramme aufzulegen, Kultur scheint nicht so wichtig zu sein, und so entschließen mein Mann und ich uns spontan Ende März 2020 zu einem Spendenaufruf. Wir richten ein Spendenkonto unter dem Namen »Wir helfen Schauspielern« ein und sprechen Freunde, Bekannte, Familie und gut verdienende Schauspieler an mit der Bitte, Solidarität zu üben. Wir wollen den Kollegen helfen, die besonders unter dem Verlust der Arbeitsmöglichkeiten leiden.

Erstaunlich viel Geld kommt zusammen, auch von vielen Fans, und so können wir Einmalzahlungen von je 500 Euro an zahlreiche Kollegen überweisen und ihnen aus der ersten Notlage helfen. Ihre Dankschreiben an uns haben uns sehr bewegt. Es war ein gutes Gefühl, Solidarität zu üben, anderen zu helfen, soweit man kann. Enttäuscht waren wir, mein Mann und ich, dass so wenige gut verdienende Schauspielkollegen sich an dieser Aktion beteiligten.

Ich erinnere mich, wie ich als Kind in der zweiten Klasse das erste Mal das Wort Solidarität hörte und ausübte. Wir sammelten Bleistifte und Schulhefte für die Kinder in Vietnam. Viele Solidaritätsaktionen folgten, angeordnete und freiwillige, aber Solidarität, dieses Zusammengehörigkeitsgefühl, sich für etwas starkzumachen oder einzusetzen, ist etwas Wunderbares, egal in welcher Gesellschaftsordnung. Heute vermisse ich es leider oft.

Trotz Corona gehörte ich zu den glücklichen Schauspielerinnen, die schon ab Juli 2020, wenn auch unter extremen Auflagen, zu Dreharbeiten nach Leipzig fahren konnten. Anreise mit eigenem Pkw (kein Zugfahren wegen eventueller Ansteckungsgefahr) nach erfolgtem negativem Test in einer der zahlreichen Teststationen in Berlin. Ankunft in einem leeren Hotel in Leipzig, das nur für die wenigen Schauspieler und ein paar Geschäftsleute geöffnet hatte, gefühlt fünfzehn Gäste in einem Haus für zweihundert. An der Hotelrezeption eine Aushilfe, kein Frühstück im Hotel und gespenstisch leere Gänge. Am nächsten Tag vor Drehbeginn der erneute Coronatest. Aufatmen nach zwanzig Minuten Wartezeit: negativ! Man durfte das Gelände betreten, die strengen Vorschriften zum Verhalten an diesen Drehtagen hingen überall aus. Das Catering war extra eingepackt und verschweißt für jeden, Abstandszeichnungen zum Einhalten auf dem Fußboden markiert, keine Umarmung und keine Annäherung im Spiel und mindestens 1 Meter Abstand zur Kamera und zum Partner. Aber wir haben gearbeitet, alle mit Maske am Set und Desinfektionsmittel überall. Es war eine unwirkliche Zeit.

Ende des Jahres trifft es mich dann auch mit unserem Theatergastspiel in Düsseldorf. Die Aufführung unseres Weihnachtsstücks *Alle unter eine Tanne* am Theater an der Kö, unter der Regie von Urs Schleiff, wird coronabedingt abgesagt. Für unser bunt zusammengewürfeltes Ensemble, Schauspieler aus dem Westen, dem Osten und einem Ausgereisten aus der DDR, natürlich ärgerlich. Aber es trifft mich nun eben auch, wie viele andere Künstler.

Ein Jahr später, ab November 2021, können wir unsere 38 ausverkauften Vorstellungen nachholen, immer noch unter extremen Bedingungen, aber wir stehen auf der Bühne und sind glücklich. Den Blick in den Zuschauerraum mit den vorgeschriebenen leeren Plätzen wegen des Abstands zum Nachbarn und die halben Gesichter mit den Masken werde ich nie vergessen. Was für eine Zeit!

2021
Dreharbeiten zu *Der Bergdoktor* in Österreich

Es gibt sie immer noch, diese Tage, an denen ich im Zug sitze, durch Deutschland fahre und die ehemalige Grenze zu Westdeutschland überquere. Hier war sie, die Mauer, und jetzt sieht man auf diesem einst unüberwindlichen Todes-Grenzstreifen Ökolandschaften, Wanderwege. Wenn ich das sehe, ruft es in mir immer wieder unendliche Freiheits- und Glücksgefühle wach. Was für ein schönes Land, mein Deutschland! Und ich kann weiterfahren, nach Österreich zum Drehort, und wenn ich wollte, könnte ich noch weiter und noch weiter!

Diese Reisefreiheit, diese Lebensfreiheit war ein starkes neues Gefühl nach 1989, als die Mauer fiel. Unsere Sehnsucht, die Welt zu sehen, erfüllte sich endlich. Ich glaube fest, dass jemand, der diese Sehnsucht nie hatte, der nie eingesperrt in einem Land lebte, gar nicht wirklich nachvollziehen kann, was das bedeutet.

Als Kind war für uns das Leben in der DDR schön. Wir hatten alles, was man für eine glückliche Kindheit braucht, Familie, Schule, Freunde, Hobbys, aber je älter man wurde, je mehr man wusste, las, sah und hörte, desto mehr wünschte man sich, auch den anderen Teil der Welt sehen zu können. Es sollte nicht Schluss sein an einer unüberwindlichen Grenzanlage. Jetzt fahre ich durch die ehemalige BRD, mein Land, über die Grenze nach Österreich, und ich könnte weiterfahren nach Italien, Spanien, Griechenland … Auch das ist für mich Freiheit.

In Ellmau drehe ich zum wiederholten Mal. Meine Figur der Thea Hochstätter war bereits in einer Staffel kurz dabei, nun bin ich wieder in der kompletten 15. Staffel als »böse Oma« mit von der Partie. In der TV-Spielfilm-Ankündigung im Streaming Dienst heißt es dazu: *Geübtes Serienbiest Thea-Darstellerin Claudia Wenzel.* Es ist eine schöne Rolle mit vielen Facetten, und ich spiele diese Thea mit einem wunderbaren Team vor und hinter der Kamera sehr gern.

An den drehfreien Tagen genieße ich die Wanderungen rund um den Wilden Kaiser, die fantastische Bergwelt. Meine Schwester Sylvia ist gekommen, besucht mich am Set, und wir wandern an einem heißen Sommertag in die Berge. Vor einer Berghütte bei einer Rast setzen sich zwei Wanderer zu uns an den Tisch. Nach einiger Zeit trauen sie sich, uns anzusprechen und sagen zu mir auf Sächsisch: »Sind Sie nicht die Schauspielerin …« Wir kommen ins Gespräch über die Schönheit der Natur, über den Urlaub in Österreich, und sie erzählen uns, dass sie aus dem Vogtland sind, nach der Wende gleich hier in Österreich in der Gastronomie gearbeitet haben, wegen des Geldes und wegen der Arbeitslosigkeit in ihrer Stadt Plauen. Ihr VEB wurde abgewickelt. Vor ein paar Jahren sind sie aber wieder in die Heimat zurückgekehrt. Sie waren immer die »Ossis«. Aber nach wie vor kommen sie zum Urlaub gern hierher.

Der Mann, Peter heißt er, erzählt mir von den Zügen, die in der Nacht vom 4. auf dem 5. Oktober mit den Botschaftsflüchtlingen aus Prag durch Plauen fuhren. Alles war großräumig abgesperrt. Er war mit seinem Bruder in der Nähe des Bahnhofs und weiß, dass einige Jungs aus der Stadt versuchten, auf die Züge aufzuspringen.

Die Szenen in der Prager Botschaft, die Worte des Außenministers der BRD Hans-Dietrich Genscher und der Jubelschrei der DDR-Bürger, die ausreisen durften, gehören auch zu jenen Bildern in meinem Kopf, die ich nie vergessen werde.

Wir reden über die Zeit im Herbst 1989 und von den Demonstrationen in seiner Stadt. Er war bereits am 7. Oktober zu einer Demo auf dem Theaterplatz in Plauen. Die Polizei setzte Wasserwerfer ein. Er lacht und sagt: »Weil sie zu wenige Wasserwerfer hatten, wurden sogar Fahrzeuge der Freiwilligen Feuerwehr benutzt, um die Demo aufzulösen.« Ich erfahre wieder neue Dinge von diesem heißen Herbst 1989, wo in der gesamten DDR demonstriert wurde. Seine Frau Bettina ist etwas ruhiger, sagt aber, dass sie mit ihren Eltern später demonstrieren war. Vorher hatte sie Angst. Ihre Tante hätte sich gar nicht über den Mauerfall gefreut. Ihnen ging es in der DDR gut, sie waren privilegiert, konnten sogar in den Westen zu Verwandten reisen und haben Urlaub in Bulgarien gemacht. Ich denke, sicherlich Parteibonzen, vertiefe diese Gesprächsrichtung aber nicht weiter.

Ja, und jetzt sitzen wir hier, vier »Ossis«, essen leckeren Kaiserschmarrn und freuen uns, dass wir das alles erleben dürfen. Das sagen Peter, Bettina, meine Schwester Sylvia und ich immer wieder.

August 2023
Mauerbilder-Ausstellung

Die erste Ausstellung der Berliner Mauerbilder meines Vaters fand 1992 in meiner Heimatstadt Wittenberg in der Cranach-Stiftung überwältigenden Zuspruch und große Resonanz. Richard von Weizsäcker trug sich damals in das Gästebuch ein und schrieb, wie wichtig diese Mauerbilder als Erinnerung gegen das Vergessen seien und dass wir noch einen langen, gemeinsamen Weg vor uns haben würden.

Viele Ausstellungen in Leipzig, Marienborn, Berlin usw. folgten. Im Jahr 2000 schrieb mein Vater zu den Mauerbildern folgenden Text:

> *Ich habe den Mauerstreifen als Kommunikationsraum, Erwerbsquelle, Streitobjekt, Ökoinsel, Freizeit- und Lupinenland, Museum und Ausflugsgelände, »Treff« zwischen Ost und West erlebt und kann sagen: Meine ganze Fantasie hätte nie die Bilderfülle und den Detailreichtum hervorbringen können, den mir die Realität anbot.*[23]

Fast 30 Jahre nach dem Fall der Mauer kann ich die Kunstwerke als Kuratorin endlich, zum ersten Mal, in den alten Bundesländern präsentieren.

In Niedersachsen findet im Rahmen des Innerdeutschen Ost/West Kulturdialogs Northeim die Ausstellung »So hoch war die Mauer« statt. Ich bin zusammen mit meinem Mann Schirmherrin dieser wichtigen Begegnung, die seit 2021 von Harald März, dem ehemaligen Kulturamtsleiter, und dem Förderverein der Stadt organisiert wird und zur besseren Verständigung zwischen Ost und West beitragen soll. Harald März hat schon zu DDR-Zeiten den kulturellen Dialog gepflegt und Künstler aus der DDR, darunter die Rockbands Puhdys, Karat und City, nach Niedersachsen geholt. Ich finde es großartig, dass es solche Initiativen gibt.

Neugierig bin ich auf diese Ausstellungseröffnung, die an einem heißen Sonntag im August im ehemaligen Grenzgebiet stattfindet, nicht weit von den Höhen des Harzes.

Das Heimatmuseum Northeim befindet sich in einem beeindruckenden, im gotischen Stil erbauten Fachwerkhaus und wurde erstmals 1478 urkundlich erwähnt.[24] Es ist sehr heiß in den Räumlichkeiten. Bei der Begrüßung erster Gäste sage ich: »Oh, ohne Klimaanlage, das wird hart.« Sofort kommt von einer Besucherin: »Ja, im Osten, die haben das alles, wir nicht!« Das sitzt. 34 Jahre nach dem Mauerfall ...

Meine vorbereitete Einführungsrede zur Ausstellung ändere ich nach diesem Erlebnis spontan um. Ich werde über den Osten und den Westen sprechen, über die Polarisierungen, die auch heute noch so stark und wirkmächtig sind.

Ich fange meine Rede damit an, dass einer der schönsten Momente in meinem Leben der Tag des Mauerfalls war. Endlich in einer Demokratie leben! Das Leben davor sieht man an den Kunstwerken, an den Darstellungen dieses unmenschlichen Bauwerks, das ein Volk über Jahrzehnte hinweg getrennt hat.

Die Mauer um Berlin war 155 Kilometer lang, bis zu 4,20 Meter hoch, hatte 186 Beobachtungstürme. Von den Machthabern wurde sie perfide »antifaschistischer Schutzwall« genannt. Dass wir heute in einem ungeteilten Land in einer Demokratie leben können, ist für mich nichts Selbstverständliches.

Das heißt aber auch, man muss diese Demokratie aktiv leben, sie schätzen und auch immer wieder um sie kämpfen.

Wir sind das Volk, wir müssen Dinge benennen, die wir so nicht für richtig halten. Wir müssen fair und respektvoll diskutieren über die Probleme, die es im Land gibt, und wir dürfen keine Verurteilung von anderen Meinungen oder Ansichten zulassen.

Denn Probleme gibt es, sonst gäbe es laut Umfragen und Wahlprognosen nicht 21 Prozent AfD-Wähler im August 2023.[25] Was ist das für eine Regierung – meine Regierung! –, die die Probleme der Bevölkerung ihres Landes nicht ernst zu nehmen scheint. Werden solche Themen etwa erst wahrgenommen, wenn man so massiv auftritt wie zuletzt die Bauern? Migration, Klimapolitik, der Krieg in der Ukraine, Altersarmut, Probleme in den Schulen … Themen gäbe es ja nun wirklich genug.

Was für eine Verarmung des Dialogs findet momentan in unserem Land statt?, frage ich meine Zuhörerinnen und Zuhörer in Northeim. In der DDR, hinter der Mauer, sind Menschen für die Meinungsfreiheit ins Gefängnis gegangen. Die Mauerbilder stehen gegen das Vergessen, eine deutsch-deutsche Geschichtsstunde. Unsere Vergangenheit prägt uns, vielleicht beschäftigt mich auch gerade deshalb die momentane Situation in meinem Land so. Demokratie heißt politische Freiheit, Gleichheit, politische Beteiligung. Ja, wir müssen uns politisch beteiligen, gerade jetzt. Auch in diesen schwierigen Zeiten, wo jeder mit einer anderen Meinung sofort in irgendeine politische Ecke gestellt wird.

In diesen Zeiten, wo Shitstorms im Internet alltäglich geworden sind, gerade in diesen Zeiten müssen wir fair, menschlich, freundlich und ehrlich bleiben. Nicht nur die Regierung, wir alle müssen die Probleme erkennen, benennen und Protestwähler durch eine Politik überzeugen, die Ängste und Sorgen ernst nimmt.

Wenn mein Bundeskanzler sich vor der Sommerpause hinstellt und sagt, er hat keine Bedenken wegen der nächsten Bundestagswahl, dann ist das für mich unfassbar. Warum fragt sich dieser Mann nicht öffentlich: Was machen wir falsch? Warum sind Menschen verunsichert, wie können wir ihr Vertrauen zurückgewinnen?

Wenn die Bürgerinnen und Bürger das Gefühl haben, es wird nicht auf sie gehört, wenn sie das Gefühl haben, im eigenen Land allzu oft hintanzustehen, muss die Politik handeln! Das verlange ich von meiner Ampelregierung, von der ich reichlich enttäuscht bin in diesem Sommer 2023.

Wenn ich in Berlin im Juni einen Antrag auf einen neuen Reisepass stelle und meinen Termin erst im September bekomme, weil die Behörde nicht in der Lage ist, freie Termine, die für Geflüchtete frei gehalten und nicht abgerufen wurden, rechtzeitig wieder freizugeben, dann fühle ich mich, ehrlich gesagt, ein bisschen auf den Arm genommen. Wenn ich dies anspreche, bin ich gegen Flüchtlinge oder sogar rechts!

Wenn sich in der Stadt Prenzlau bei einer Unterschriftensammlung unter 20000 Einwohnern 13000 gegen ein neue, weitere Flüchtlingsunterkunft in ihrer Stadt aussprechen, einfach weil die Sozialsysteme überlastet sind, weil es keine Wohnungen, keine Kitaplätze usw. gibt, dann muss man dies doch ernst nehmen und nicht über die Köpfe der Bevölkerung hinweg Entscheidungen fällen! Ein Land wie Deutschland sollte es schaffen, diese Krise zu stemmen und Menschen, die vor Krieg und Verfolgung flüchten, aufzunehmen.

Vielleicht sind wir »Ossis« durch unsere Diktaturerfahrungen sensibler, vielleicht spüren wir es schneller, wenn eine Regierung die Probleme nicht wahrhaftig benennt.

Bei dieser Eröffnungsrede sehe ich in viele ernste Gesichter, und danach kommen viele Besucher auf mich zu und sagen: »Sie haben recht!« Ein Besucher schreibt danach an die Museumsleitung:

Claudia Wenzel hat mich sehr beeindruckt, sie brennt ja für die Demokratie! Bei ihrer Lesung am 15. 9. 2023 werde ich versuchen, mit ihr ins Gespräch zu kommen. Lieber Gruß P.H.

Und wir kamen in ein angeregtes Gespräch auch mit den anderen Gästen dieser Veranstaltung. Wir haben offen und ehrlich miteinander diskutiert und geredet und vor allem zugehört. Manche Meinung entsprach nicht meiner Sicht auf die Dinge, aber ich habe sie akzeptiert und darüber nachgedacht. Vielleicht sollten wir das alle wieder öfter tun.

Herbst 2023
Schiffsreise in der großen, weiten Welt

Im Herbst 2023 steige ich im kanadischen Montreal auf ein Schiff und fahre über den Sankt-Lorenz-Strom und den Eriesee bis nach Chicago in den USA. Ich bin mit meinem Mann und der Schauspielerin Marie-Luise Marjan – Mutter Beimer aus der Lindenstraße – als VIP an Bord; wir machen dort einen Talk und eine Lesung. In diese Reise fällt der 3. Oktober, der Tag der Deutschen Einheit, und nach Absprache mit dem Kreuzfahrtdirektor entscheiden mein Mann und ich uns dazu, keinen Wilhelm-Busch-Abend oder eine andere unterhaltsame Veranstaltung zu machen, sondern eine politische Lesung anzubieten. Unser Vorschlag: Wir lesen aus unseren Biografien, berichten von unserer DDR-Vergangenheit. Die anfängliche Skepsis der Kreuzfahrtleitung können wir am Tag der Lesung zerstreuen. Denn unsere Mitreisenden, gut gemischt aus Ost- und Westdeutschen, sind durchaus interessiert. Wir lesen im oberen Deck, in der Weinstube, da man annimmt, der große Theatersaal würde nicht voll bei diesem politischen Thema. Um 17 Uhr ist die Bar-Etage überfüllt, über hundertfünfzig Leute sind da, Stühle müssen dazugestellt werden. Das Interesse ist riesig, und wer denkt, Deutschland mit all seinen Problemen sei auf dem Schiff in den USA und Kanada weit weg, der hat sich geirrt. Wir lesen unsere DDR-Geschichten, reden über das Heute und spüren, wie interessiert und beeindruckt die Menschen sind. Am Ende formuliere ich den Gedanken, der mich immer wieder bei Reisen ins Ausland einholt, egal, wie lange der Mauerfall her ist: »Ich könnte heute nicht mit

Ihnen hier auf diesem Schiff sitzen, wenn 1989 nicht die Mauer gefallen wäre, und am heutigen Tag der deutschen Wiedervereinigung sollten wir alle dankbar sein und unser Verständnis und unser Interesse für die unterschiedlichen Lebenswege in diesem vereinten Land respektieren und anerkennen.«

In den nächsten Tagen kommen immer wieder Urlauber auf uns zu, bedanken sich bei uns: »Das haben wir alles gar nicht gewusst«, heißt es mehr als einmal. »Unsere Überheblichkeit und Besserwisserei gegenüber der DDR tut mir leid«, sagt ein älterer Herr zu mir. »Frau Wenzel, Sie sollten in die Politik gehen, Ihre offene, ehrliche Art, Probleme anzusprechen, gefällt mir.« Ich denke, ich spreche einfach aus, was viele denken, und lasse mir mit über sechzig Jahren nicht verbieten, meine Meinung zu sagen. Vielleicht hat das auch mit unserem politischen Denken in der DDR zu tun? Wir sind anders aufgewachsen, wir bringen uns für die Gemeinschaft ein, was vielen Westdeutschen einfach fremd ist. Das ist ohne Vorwurf gesagt, aber diese Haltung ist mir immer wieder begegnet und aufgefallen.

Ein Gespräch mit einer Frau meines Alters aus NRW, die mich beim Frühstück an Bord ansprach, ist mir besonders in Erinnerung geblieben. Sie sagt mir, dass ihr mein selbstbewusstes Auftreten gefällt und sie dies bei vielen ostdeutschen Frauen beobachtet hätte. Sie ist mit zwei Brüdern aufgewachsen, und nach dem Schulabschluss Ende der Siebzigerjahre hätte ihr Vater am Küchentisch gesagt: »Ihr Jungs studiert jetzt, und du wirst Hausfrau!« Ich schaue sie ungläubig an und frage nach. Ja, sagt sie, sie hätte auch gern gelernt oder studiert, aber das war nicht möglich. Auch ich habe vieles nicht über die BRD gewusst.

Die Gespräche auf dem Schiff mit vielen Gästen hören in den folgenden Tagen nicht auf. Wir reden über den Osten, und immer wieder taucht die Frage auf: »Warum wählen da so viele rechts?« Ich versuche zu erklären, nicht zu entschuldigen. Protestwahl, aber mit der falschen Partei. Als ich 2012 in Dresden an der Komödie Theater spielte, ein wunderbares Drei-Personen-Stück mit dem bekannten Entertainer und Schauspieler Heinz Rennack in der männlichen Hauptrolle und mit Gisbert-Peter Terhorst, einem bekannten Kabarettisten in der DDR, hatte ich eine sehr prägende Begegnung mit einer jungen Mitarbeiterin des Theaters. Wir saßen nach der Vormittagsprobe zusammen, und ich fragte, was sie heute an dem probenfreien Abend macht. Sie sagte, sie geht zu einer FDJ-Party. Ein bisschen DDR-Nostalgie pflegen und gegen diesen ganzen Westscheiß sein. Was meint sie?, frage ich. Ihre Mutter hat ihr viel von der DDR erzählt, wie sie gearbeitet hat, ihren Job nach der Wiedervereinigung verlor, kein Geld hatte, um »mitspielen« zu können in der BRD. Wir seien doch sowieso nur ein Anhängsel, und die »Wessis« würden am Blauen Wunder in Dresden alle Häuser aufkaufen und alles besser wissen ... Es sprudelt nur so aus ihr heraus, und ich bin entsetzt über so viel negative Energie und Schuldzuweisung. Dieses Gefühl der Ausweglosigkeit bei einem jungen Menschen, der die DDR gar nicht erlebt hat und jetzt in einem wiedervereinten demokratischen Land lebt, dem doch alle Möglichkeiten geboten werden, die ich gern gehabt hätte ... Ich schaue sie verwundert an und frage noch mal nach: »FDJ-Party, was soll das sein?«

»Eine Veranstaltung mit viel Musik, es wird getanzt, und alle haben ein FDJ-Hemd an. Da wurde sich noch anständig um die Jugend gekümmert! Ich ziehe das FDJ-Hemd von meiner Mutter an.«

Ich atme tief durch. »Weißt du, was die FDJ war?«, frage ich nach und rede eindringlich auf sie ein. »Das war der kommunistische Jugendverband der DDR, in den man mit vierzehn Jahren aufgenommen wurde, und er diente der ideologischen Erziehung, bot aber auch ein riesiges Angebot an Freizeitbetreuung wie Singeklubs, Theatergruppen, Sportvereine, da hast du recht. Offiziell trat man in einer Feierstunde der FDJ bei. Freiwillig, aber wer nicht in der FDJ war, hatte erhebliche Nachteile in der Schule und später bei der Berufs- und Studienwahl zu befürchten. In meiner Abi-Klasse war ein Pfarrersohn, der war nicht in der FDJ. Er war von vielen Veranstaltungen ausgeschlossen und hatte nach dem Abitur Schwierigkeiten, sein Wunschstudium zu absolvieren. Je älter wir wurden, je mehr Fragen wir an unser Land, an unsere Staatsführung hatten, umso mehr drückten wir uns davor, dieses blaue Hemd anzuziehen. Bei dem FDJ-Gruß, der zu Beginn einer FDJ-Versammlung oder beim Fahnenappell vom Gruppenleiter uns zugerufen wurde – ›Ich begrüße euch mit dem Gruß der Freien Deutschen Jugend: Freundschaft!‹, antworteten wir als FDJ-Gruppe mit lang gezogenem, genervtem ›Freuuuuuuuundschaft‹. Das war unser Verhältnis zu diesem Jugendverband, je älter wir wurden. Und du ziehst jetzt freiwillig das FDJ-Hemd an?« Sie schaut mich an, sagt, das interessiere sie nicht, und am nächsten Tag auf der Theaterprobe hat sie den Eintrittsstempel der FDJ-Party noch auf ihrer Hand: »Freundschaft«.

Solche Begebenheiten erzähle ich manchem Schiffsgast, während wir mit Blick auf die Traumlandschaften Kanadas den Fluss hinauffahren. Unwirkliche Situation, denke ich. Aber sie hören mir interessiert zu, die Bürger aus den alten Bundesländern mit unterschiedlichsten Berufen, auch Rentner. Wenn sie nur ein bisschen darüber nachdenken, was falsch gelaufen ist in den Jahren nach der Wiedervereinigung mit den Brüdern und Schwestern aus dem Ostteil Deutschlands, der ehemaligen DDR, und ihr oft überhebliches Denken überprüfen, dann habe ich schon viel erreicht. Auf dem Schiffsdeck sitzend spüre ich wieder einmal, dass die Verständigung über das persönliche Gespräch, über den Austausch unserer Erfahrungen ein wichtiger Schritt zu unserem Miteinander ist. Warum sind so

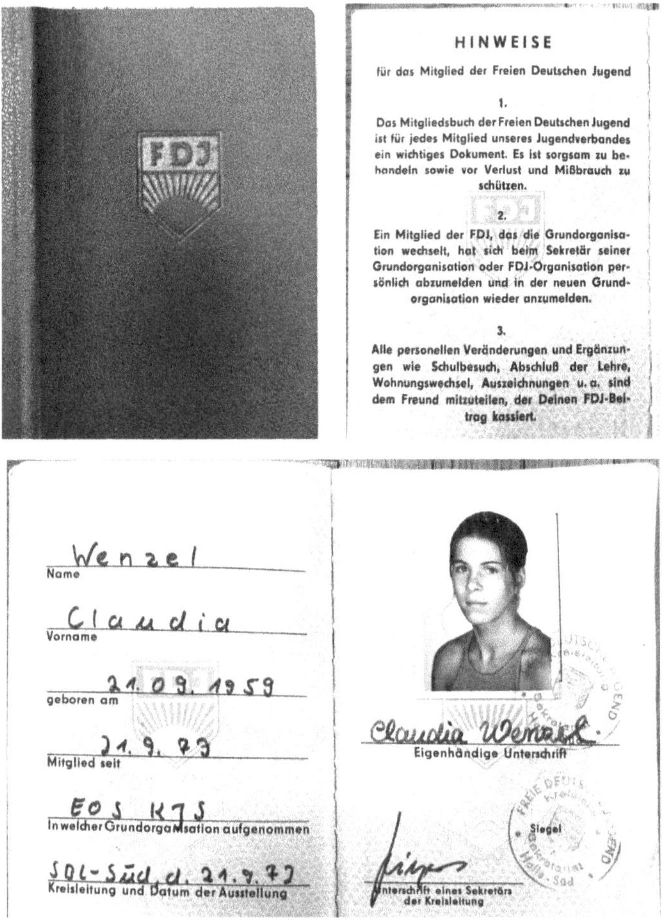

FDJ

HINWEISE

für das Mitglied der Freien Deutschen Jugend

1.

Das Mitgliedsbuch der Freien Deutschen Jugend ist für jedes Mitglied unseres Jugendverbandes ein wichtiges Dokument. Es ist sorgsam zu behandeln sowie vor Verlust und Mißbrauch zu schützen.

2.

Ein Mitglied der FDJ, das die Grundorganisation wechselt, hat sich beim Sekretär seiner Grundorganisation oder FDJ-Organisation persönlich abzumelden und in der neuen Grundorganisation wieder anzumelden.

3.

Alle personellen Veränderungen und Ergänzungen wie Schulbesuch, Abschluß der Lehre, Wohnungswechsel, Auszeichnungen u. a. sind dem Freund mitzuteilen, der Deinen FDJ-Beitrag kassiert.

Wenzel
Name

Claudia
Vorname

21.09.1959
geboren am

21.9.73
Mitglied seit

EOS KJS
In welcher Grundorganisation aufgenommen

SDL-Süd, d. 21.9.73
Kreisleitung und Datum der Ausstellung

Claudia Wenzel
Eigenhändige Unterschrift

Siegel

Unterschrift eines Sekretärs der Kreisleitung

Mein Mitgliedsbuch der Freien Deutschen Jugend

viele junge Menschen besonders im Osten mit dem Hintergrundwissen ihrer Eltern und Großeltern so unzufrieden? Wo kommt das her? Wird, wie so oft in der Geschichte, die Vergangenheit schöngeredet? Ich mag pauschale Verurteilungen nicht, sondern möchte, dass diese unterschiedlichen Leute auf dem Schiff vielleicht auch über sich nachdenken: Was weiß ich eigentlich von dem Teil Deutschlands, der mal die DDR war?

9. November 2023
34. Jahrestag des Mauerfalls

Ein grauer Novembertag in Berlin, und doch für mich immer *der Tag*. Jedes Jahr kommen die Erinnerungen: wie Schabowski seine historischen, unglaublichen Worte sagte: »Ja, wie ick das sehe, gilt das ab sofort, unverzüglich!« Fassungslos sahen wir im Fernsehen die Bilder von den Berlinern, die nachts auf der Mauer saßen, wie die Mauer sich öffnete. Die Emotionen sind immer wieder da an diesem 9. November, die Freude, das Glück. Es ist der Tag, der mein Leben verändert hat, einer der schönsten in meinem Leben. Ich krame meine Notizen raus, manches habe ich später nachgetragen aus den Zeitungen.

Donnerstag, 9. 11. 1989
18.57 Uhr: Schabowski verkündet die neuen Reiseregelungen.
20 Uhr: Der Grenzübergang Invalidenstraße ist noch leer, keiner weiß was, Neugierige laufen wohl herum.
20.35 Uhr: In der Bornholmer Straße ruft die Polizei dazu auf, den Platz zu verlassen.
21 Uhr: Von der Westseite wird gerufen: »Macht das Tor auf!«
21.25 Uhr: An der Bornholmer Straße versammeln sich immer mehr Menschen; manche rufen: »Tor auf – wir kommen wieder!«
21.35 Uhr: In der Bornholmer Straße gehen die ersten DDR-Bürger nach Westberlin über den Grenzdurchgang.

21.45 Uhr: Das Heute-Journal im ZDF berichtet über die Ereignisse.
22.30 Uhr: Im DDR-Fernsehen bringt die Aktuelle Kamera einen Bericht über die neuen Reisebestimmungen.
22.35 Uhr: Beim Grenzübergang Sonnenallee soll der erste Trabi nach Westberlin gefahren sein.
22.45 Uhr: Die Tagesthemen der ARD berichten über den historischen Tag.
23.15 Uhr: Am Checkpoint Charlie rufen die Westberliner: »Wir wollen Kaffee trinken am Alexanderplatz!«
23.55 Uhr: Der Bürgermeister von Westberlin, Walter Momper, tritt im Fernsehen auf.
0.15 Uhr: Die ersten Menschen sitzen von der Westseite auf der Mauer am Brandenburger Tor, vom Osten sind Wasserwerfer auf sie gerichtet.
1.05 Uhr: Brandenburger Tor, die Menschen sitzen auf der Mauer.
Die Nacht der Nächte beginnt.

Was geht mir heute durch den Kopf, wenn ich das lese? Wie die Welt sich verändert hat, wie dieser symbolträchtige Tag heute in Deutschland von einem Antisemitismus entstellt wird, den ich mir nie hätte vorstellen können. So viel Dummheit und Nichtwissen über unsere Vergangenheit macht mich sprachlos. Dabei weiß doch jeder, oder sollte es wissen, dass wir nur durch die Aufarbeitung unserer Vergangenheit unsere Gegenwart und Zukunft gestalten können!

Ja, und das Wissen über die DDR, über das geteilte Deutschland gehört auch dazu.

Das »Ossi-und-Wessi-Gerede«, das Unwissen vieler Deutscher über die DDR ist für mich im 34. Jahr des Mauerfalls immer noch und immer mehr unglaublich. Warum gibt es in der Bundesregierung einen »Ostbeauftragten«? Die strukturellen Unterschiede in Ost und West sollten doch längst behoben sein! Woher kam das jahrelange Desinteresse, die Geringschätzung für alles Ostdeutsche?

2023 verständigt sich die Ampelkoalition im Koalitionsvertrag darauf, die Repräsentation der Ostdeutschen in Führungspositionen und Entscheidungsgremien in allen Bereichen zu verbessern. 2023!

Der 9. November 2023 ist in doppelter Hinsicht ein historischer Gedenktag. Mit den negativen Ereignissen, die mit diesem Tag verbunden sind, setzen wir uns mit aller Macht auseinander, und das ist richtig und wichtig! Aber was ist mit dem positiven 9. November, dem Tag des Mauerfalls, der vielen Menschen die Freiheit brachte und Deutschland wieder vereinte?

Vor dem Humboldt Forum in Berlin sollte das Freiheits- und Einheitsdenkmal, die »Einheitswippe«, entstehen. Eine begehbare Schale, bei der durch das Betreten von Personen die Wippe schwankt oder ins Gleichgewicht kommt. Ein Denkmal, bei dem Bürger in Bewegung sind und dadurch Veränderungen bewirken können. Aber auf die Masse kommt es an, so wie es im Herbst 1989 auf die vielen Bürgerinnen und Bürger der DDR ankam, die mutig und friedlich die Veränderungen in ihrem Land in Bewegung setzten.

2020 war endlich der Spatenstich in Berlin für dieses wichtige Denkmal zum 9. November 1989. Wo ist es drei Jahre später? Wird es zum 35. Jahrestag des Mauerfalls fertig sein und uns an dieses wichtige geschichtliche Ereignis erinnern? Im Moment sieht es eher düster aus.

DENK-MAL: Dieses Wort sagt doch alles!

Dieser graue November endet mit der letzten Veranstaltung der Innerdeutschen Kulturtage Ost/West in Northeim. Als Schirmherrin, zusammen mit meinem Mann, bin ich das ganze Jahr über präsent bei dieser wichtigen Initiative des Fördervereins Northeim in Niedersachsen. Harald März, ein begeisterter erfahrener Veranstalter und jetziger Projektleiter, hat diesen Kulturdialog ins Leben gerufen. Es sind überwiegend Ehrenamtliche, die von April bis Ende des Jahres diese Begegnungen und Veranstaltungen organisieren.

Bei der Abschlussveranstaltung präsentiere ich an einem Sonntagvormittag in dem zauberhaften alten Jugendstilkino der Stadt Northeim den Kino-Dokumentarfilm meines Bruders, *Glaub nie, was ich singe,* zusammen mit dem Regisseur Lew Hohmann. Nach dreijähriger Arbeit ist der Film im Mai in Berlin mit der erfolgreichen, umjubelten Premierenaufführung gestartet. Danach wurde er in vielen Kinos gezeigt, leider fast nur im Osten, obwohl gerade dieser DDR-Lebenslauf eines Künstlers sehr viel über Ostdeutschland erzählt.

Zur Aufführung im ausverkauften Kino in Lutherstadt Wittenberg ist der Ministerpräsident Sachsen-Anhalts, Dr. Reiner Haseloff, anwesend. Bei der anschließenden Diskussion sagt er sinngemäß: »Ich werde diesen Film meinen Ministerpräsidenten-Kollegen empfehlen, um von der Ostmentalität und dem DDR-Leben mehr zu verstehen.«

Eine Freundin schreibt mir dazu: »Der Film muss in die Schulen, deutsch-deutsche Geschichtsstunde!« Nachdem die Dokumentation im Oktober 2023 im Fernsehen beim ORB und MDR im späten Abendprogramm läuft, bekomme ich viele Anrufe von Kollegen und Freunden, die ihn zufällig im Fernsehen gesehen haben und voller Interesse an dieser Dokumentationsgeschichte dranblieben.

Eine liebe, bekannte Kollegin rief mich an und sagte: »Jetzt verstehe ich erst mal, wofür ihr immer im Osten gekämpft habt. Was euch wichtig war. Ich war so oft in der DDR, leider immer zu kurz und zu desinteressiert am Sozialismus in diesem anderen Teil Deutschlands. Das habe ich nie so gesehen oder mitbekommen, wie euer Leben war, was euch wichtig war. Darum geht ihr immer gleich auf die Straße. Ich habe etwas von der Ostmentalität begriffen.«

Im Grußwort der Schirmherren für den Innerdeutschen Ost/West-Kulturdialog 2023 in Northeim schreiben mein Mann und ich: »Als die Bitte, die Schirmherrschaft für diese bedeutenden Kulturtage zu übernehmen, an uns herangetragen wurde, waren wir sofort dazu bereit. Denn immer noch, selbst im Jahr 33 nach der Wiedervereinigung beider deutscher Staaten, kennen Ost und West einander zu wenig. Steht zu viel Unkenntnis, gleich einer neuen Mauer, ihrer notwendigen Verständigung im Wege.«

Dezember 2023
Auch eine Mauergeschichte

Ich spiele Theater im Schlosstheater Neuwied am Rhein. Nicht weit weg von Koblenz, jener Stadt an Rhein und Mosel, die so geschichtsträchtig ist. Natürlich will ich endlich das Deutsche Eck sehen, deutsche Geschichte spüren, erleben. Also fahre ich an einem vorstellungsfreien Montag nach Koblenz und stehe vor dem heroischen Kaiserdenkmal, dem Reiterstandbild. Braucht man das? Ja, auch das ist Geschichte. Ich weiß zu wenig darüber, kaufe mir ein Infoblatt zum Kaiser-Wilhelm-Denkmal und erfahre, dass der damalige Bundespräsident Theodor Heuss 1953 den übrig gebliebenen Denkmalsockel (das Reiterstandbild wurde im Krieg zerstört) zum »Mahnmal der Deutschen Einheit« erklärt hat. Als ich um das gigantische Denkmal herumlaufe, entdecke ich unmittelbar hinter dem Deutschen Eck auf der Seite der Mosel drei Originalstücke der Berliner Mauer mit den Aufschriften:

Den Opfern der Teilung – 17. Juni 1953–9. November 1989.

Also doch ein geschichtsträchtiger Ort, ein »Mahnmal der Deutschen Einheit«. Das rekonstruierte Reiterstandbild kam 1993 wieder dazu und später die Teile der Berliner Mauer. Ein guter Ort gegen das Vergessen, zur Erinnerung und Mahnung unserer Geschichte.

Da ich gerade in der Gegend bin, fällt mir eine lustige Episode aus dem Jahr 1992 ein, wo ich mit meiner geschätzten Kollegin Christa Gottschalk um die Ecke in Bonn war. Wir gastierten mit unserer Eigenproduktion *Ein Marlene-Dietrich-Abend* in der ehemaligen westdeutschen Hauptstadt.

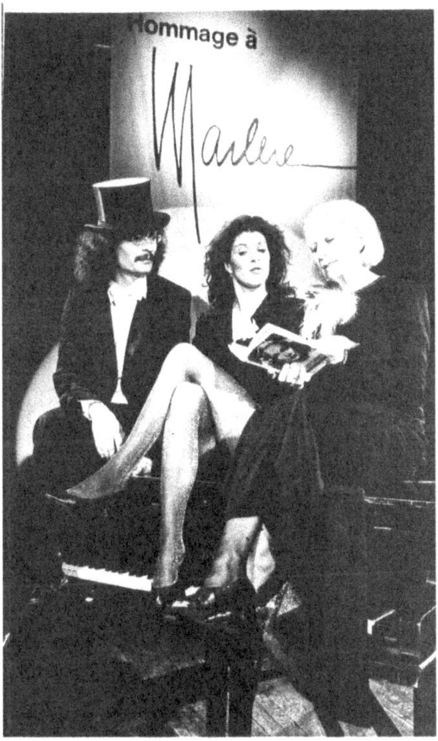

Meine erste eigene Produktion, gemeinsam mit Christa Gottschalk (und Stephan König am Piano), hatte 1991 im Kellertheater der Oper Leipzig Premiere.

Natürlich schauten wir uns am Nachmittag die Innenstadt an und waren begeistert: das Geburtshaus von Beethoven, das Bonner Münster, ein Stück alte Stadtmauer … Als wir die Stadtmauer entlanggingen, kamen zwei japanische Touristen auf uns zu, Kameras um den Hals, ganz Klischee. Und sie fragten uns tatsächlich, ob das da – Fingerzeig auf die mittelalterliche Stadtmauer – denn nun die Reste »der Mauer« seien. Ein klassisches Missverständnis, die beiden hatten leider die falsche Hauptstadt erwischt – Bonn statt Berlin.

5. Februar 2024
Mauergedanken

Die Mauer hat 10 316 Tage gestanden! Am 5. Februar 2018, also genau heute vor sechs Jahren, war sie genauso lange gefallen. Sie ist jetzt also schon deutlich länger wieder fort, als sie jemals Bestand hatte.

Kann das wirklich sein? Viele Ereignisse aus der Zeit des Mauerfalls sind mir noch so unmittelbar in Erinnerung, als wäre es gestern gewesen! Ich sitze im Flieger nach Teneriffa mit meinem Mann. Zehn Tage Sonne tanken und vielleicht auch dem ganzen Wahnsinn, der gerade in Deutschland stattfindet, ein wenig entfliehen. Ich schaue auf das traumhafte Wolkenmeer und summe ein Lied der Band Keimzeit von 1993 vor mich hin: »… bloß von hier weg so weit wie möglich, bis du sagst, es ist Zeit, wir müssen aus Feuerland zurück nach Hause im Wiener Walzerschritt …«.

»Kling-Klang« heißt das Lied. Aber noch müssen wir nicht zurück, jetzt kommen wir erst mal an, obwohl auch bei den Fluggesellschaften gestreikt wird wie in so vielen Bereichen in Deutschland.

Der Januar war ein wahrer Streikmonat: die Bauern, die Bahn, die Busfahrer … Ich verstehe ihre Anliegen und ihre Interessen und finde es richtig, dass sie dafür auf die Straße gehen. Sie müssen ihrer Regierung zeigen können, dass sie mit Entscheidungen nicht einverstanden sind, dass sie das Gefühl haben, nicht ernst genommen, oder besser: nicht wahrgenommen zu werden. Als die Bauern mit ihren Traktoren am 15. Januar 2024 zum Brandenburger Tor fahren und friedlich demonstrieren, laufe ich nachmittags zur Bismarckstraße. Ich möchte ihre Rückfahrt sehen und schauen, wie die Menschen reagieren, die gerade aus den Supermärkten vom Einkauf oder von der Arbeit kommen. Einige stehen am Straßenrand und applaudieren den vorbeifahrenden Bauern zu, und diese hupen erfreut zurück. Ich stelle mich dazu, klatsche auch, und ich lese die Losungen an den Traktoren:

»Ohne uns kein Essen«

»Ist der Bauer ruiniert, wird klima-schädlich importiert«

»Wer Bauern quält, wird nicht gewählt«

»Bauern Tod bringt Menschen Not«

»Zukunft? Nur mit uns«

»Zu viel ist zu viel«

»Ampel hör auf – Bürger steh auf!«

»Wenn Unrecht zu Recht wird, wird Widerstand zur Pflicht«

All die Parolen auf diesen Transparenten, die ich mit meinem iPhone abfotografiere, sagen viel über die momentane Situation in unserem Land aus. Die Unzufriedenheit, nicht nur bei den Bauern, ist gewaltig.

Ich bin emotional sehr berührt und gleichzeitig glücklich, dass die Bauern für ihre Rechte demonstrieren. In der kleinen Menschenansammlung an der Bismarckstraße entstehen natürlich Diskussionen:

»Die kriegen doch genug Geld vom Staat!«

»Es müssten viel mehr Menschen auf die Straße gehen!«

»Ja, die Ampel muss weg …«

Ich denke, so ist die Stimmung in diesem Land seit Monaten, und meine Regierung nimmt die Probleme, Ängste und Bedenken der Bürger ihres Landes immer noch nicht ernst genug, zumindest scheint es mir so.

Vieles entlädt sich in diesen Wintermonaten 2024 in meinem Land. Die Bahn streikt, der öffentliche Verkehr, die Flughäfen stehen zeitweise still. Die Menschen sind es leid, dass so viele Probleme nicht angepackt werden. Viele haben das Gefühl, die Politik hört ihnen zu wenig zu. Wir Bürger können doch mit den Tatsachen umgehen, wenn sie uns vermittelt werden! Aber an diesem Vermitteln scheint es oft zu fehlen. Hält man uns für dumm? Warum? Fehlen die Politiker, deren kluge und konsequente Art uns beeindruckt?

Willy Brandt, Helmut Schmidt, Hans-Dietrich Genscher, selbst Helmut Kohl und auch Angela Merkel waren in meinen Augen Politiker mit Charisma. Wenn eine grüne Außenministerin der ganzen Welt erklären will, wie sie zu leben hat, und ein grüner Wirtschaftsminister und Vizekanzler schreibt, er habe Vaterlandsliebe zum Kotzen gefunden und wisse mit Deutschland bis heute nichts anzufangen (so in seinem Buch *Patriotismus: Ein linkes Plädoyer*[26]), dann frage ich mich schon, was ist das für ein Politiker? Natürlich, dieses Buch ist vor vielen Jahren, 2010, erschienen. Und natürlich hat sich der Mensch Habeck, mein Vizekanzler, weiterentwickelt und sieht dieses Zitat mittlerweile auch kritisch, aber ich frage mich, wenn man solche Gedankengänge hat, wie will man da ein Land, sein Land vertreten? Politiker sollen doch auch Vorbilder sein, durch ihr Denken, ihr Tun und ihr Handeln! Sie sollen die Probleme in der Gesellschaft, in ihrem Land zu lösen versuchen! Dinge ehrlich anzusprechen und sich mit den anderen Sichtweisen, Vorstellungen und Wünschen auseinanderzusetzen, das sehe ich als Aufgabe meiner gewählten Volksvertreter an.

Und dann beginnen die Demonstrationen gegen rechts, gegen Antisemitismus und Demokratiefeindlichkeit. Sonnabend, 3. Februar 2024, demonstrieren rund 150 000 Menschen vor dem Bundestag, um die Demokratie vor dem Rechtsextremismus zu schützen.

Es ist wichtig, dass so viele Menschen endlich aus ihrer Komfortzone herauskommen! Um die Demokratie zu schützen, müssen wir gegen alle ihre Feinde demonstrieren. Im Oktober rief ein breites Bündnis zu einer Großkundgebung am Brandenburger Tor auf. Das Motto damals: »Aufstehen gegen

Terror, Hass und Antisemitismus.« Da war dies alles noch nicht so aktuell, und es kamen nur etwa 10 000 Menschen.

Ich freue mich darüber, dass Menschen für die Demokratie aufstehen: Diese vielen Kundgebungen sind gut und wichtig. Gleichzeitig muss man aufpassen, dass dieser Kampf gegen rechts unsere Grundrechte nicht unterwandert. Die Innenministerin Faeser äußert im März 2024 Pläne für ein »Gesetz zur Demokratieförderung«. Ich denke, wir leben in einer starken Demokratie. Wozu bedarf es da eines Gesetzes?

Wichtig ist das Miteinander. Wir dürfen nicht zulassen, dass Bürger unseres Landes, die eine kritische Meinung zur heutigen Flüchtlingspolitik oder zur Migration vertreten, sofort als Rechte oder als Nazis beschimpft werden. Wir sind eine starke Demokratie und müssen uns auch so zeigen und präsentieren. Fehler können korrigiert werden.

Ich möchte nicht missverstanden werden. Wir müssen der AfD die Stirn bieten, wo immer es geht. Dafür braucht es Stärke und Mut der Demokraten. Wenn auf der Berlinale 2024 Politiker der AfD ausgeladen werden, halte ich dies aber nicht für ein Zeichen von Stärke, sondern von Schwäche. Jurymitglied Regisseur Christian Petzold benannte dies eindrucksvoll auf einer Pressekonferenz: »Wenn wir es nicht aushalten, dass fünf Personen von der AfD im Publikum sitzen, werden wir den Kampf verlieren.«[27] Gerade auf einem internationalen, weltweit anerkannten Filmfestival wie der Berlinale zeigen und unterstützen wir viele politische Filme, machen auf Probleme in der ganzen Welt aufmerksam, und dazu gehören auch unsere eigenen.

Die momentane Weltlage beschäftigt jeden Menschen. Wir haben in den letzten Jahren in Europa immer noch weit weg von den Kriegen in der Welt gelebt, haben versucht zu helfen, haben diplomatische Lösungen unterstützt.

Nun werden wir durch den Ukraine-Krieg und den Krieg in Nahost tagtäglich hautnah damit konfrontiert. Ukrainer, die bei uns als Flüchtlinge leben; Antisemiten, die sich ermutigt fühlen, ihre unerträglichen Parolen zu schreien oder – schlimm genug – zu flüstern; Palästinenser und Israelis, die bei uns auf den Straßen demonstrieren; endlose Diskussionen über Waffenlieferungen.

Das macht etwas mit mir, mit uns.

April 2024
Was weißt du von der DDR?

Ich sitze mit der Enkeltochter meines Mannes, siebzehn Jahre alt, zusammen und stelle ihr die Frage: »Was weißt du eigentlich von der DDR?«

Erste spontane Antwort: »Oh, eigentlich nicht so viel.«

Ich frage weiter: »Was habt ihr denn in der Schule über die DDR gehört, erfahren und gelernt?«

Ihre Antwort: »Die DDR haben wir gar nicht behandelt.«

»Ja, aber was habt ihr denn in Geschichte gelernt?« Ihre erneute Antwort: »Siebte Klasse Antike, achte Klasse Mittelalter, neunte Klasse 18. und 19. Jahrhundert, zehnte Klasse 20. Jahrhundert, Erster und Zweiter Weltkrieg, und dann war Schluss. Jetzt in der elften Klasse vertiefen wir alle Themen des Grundkurses, und wer mehr wissen will, geht in den Leistungskurs Geschichte.«

Ein Berliner Gymnasium. Ich schaue verwirrt und frage weiter, was sie so gehört hat über die DDR. »Na ja, Berlin war geteilt. So, wie Nord- und Südkorea.«

Ich frage nach: »Wie, nur Berlin?«

Ihre Frage: »Was, das ganze Land war geteilt?«

Wir kommen in ein angeregtes Gespräch. Sie erzählt: »Na ja, es gab da nicht viel, die Leute lebten wie in einem Freiluftgefängnis, konnten nicht reisen, es gab die Stasi, die hat Menschen bespitzelt, abgehört. Aber warum, wieso? Weiß ich nicht.«

Anmerkung von mir: Diese junge Frau ist eine gute Schülerin, ist lernbegierig und macht nächstes Jahr auch sicherlich hervorragend ihr Abitur. Ich fühle mich bestätigt in dem Eindruck, den unsere Lesungen in Schulen immer wieder zeigen: Die gesamtdeutsche Geschichte nach dem Zweiten Weltkrieg wird vernachlässigt.

Damit meine ich die Aufteilung Deutschlands in Besatzungszonen und die Gründung der BRD und der DDR. Dabei ist dies ein wichtiger Geschichtsabschnitt, der nach dem furchtbaren Zweiten Weltkrieg begann. Mein Gefühl, dass die Ostdeutschen mit der Gründung der DDR und dem Versuch einer klassenlosen Gesellschaft durch die Besatzungsmacht der UdSSR mehr bestraft wurden für die Verbrechen des Naziregimes als der westliche Teil Deutschlands, bestätigt sich nun im Negieren von vierzig Jahren DDR-Geschichte. Sicherlich hart ausgedrückt, aber eine Menge ist dran an diesen gesammelten Erfahrungen der letzten Jahre.

Warum sind die »Ossis« so, warum ist der Ostteil Deutschlands so anders? Das hat mit der Vergangenheit zu tun: Erinnerung prägt unser Tun und Handeln. So wie wir uns bis heute mit der Nazivergangenheit auseinandersetzen und unser Auftreten und Handeln in der Welt immer noch geprägt ist durch die grauenhaften Verbrechen in dieser Zeit, genauso müssen wir uns mit der DDR, mit unserer gesamtdeutschen Geschichte auseinandersetzen.

Die oberflächlichen Verurteilungen der Ostdeutschen ohne Wissen über das System und unsere damaligen Hoffnungen auf eine klassenlose Gesellschaft, all die pauschalen Beurteilungen des Lebens in der DDR sind bis heute für mich immer wieder erschreckend.

Mai 2024
Worüber ich heute nachdenke

Während ich die letzten Seiten dieses Buches schreibe, habe ich das Gefühl, dass ich mit meinen Erinnerungen an die DDR und die Jahre nach der Wiedervereinigung der aktuellen Weltlage hinterherhinke. Ich sage es ganz deutlich: Ich blicke nach wie vor mit Zuversicht auf mein Land, auf dieses Deutschland. Und doch, gleichzeitig spüre ich wie viele andere auch, dass die Euphorie von 1989, als wir vor Freude über das Zusammensein auf den Straßen tanzten, verloren gegangen ist. Das macht mich traurig, und ich frage mich, wo ist die Begeisterung für das vereinte Deutschland und für die Demokratie geblieben? Vielleicht hatte Bertolt Brecht doch recht, der in seinem Gedicht *Wahrnehmung* 1949 (damals über die junge DDR) ernüchtert über die »Mühen der Ebene« sprach.[28] Vielleicht war uns damals, 1989, nicht ausreichend klar, wie viel harte Arbeit vor uns liegt, um die Einheit wirklich leben zu können.

Nicht nur unser Land, die ganze Welt hat sich in den letzten Jahren stark verändert: Kriege, Gewalt und Autokratien prägen das Bild. Ich spüre, wie mich Sorgen umtreiben, die ich vor wenigen Jahren noch gar nicht kannte. Und was den Zustand meines eigenen Landes angeht: Er macht mich ungeduldig, vor allem aber macht er mich unzufrieden. Viele Gedanken gehen mir durch den Kopf, längst nicht zu Ende gedacht.

Unser einstiges Vorzeigeland hat aus vielerlei Gründen abgebaut: Arbeitskräftemangel trotz hoher Arbeitslosenzahlen in manchen Regionen, das Wirtschaftswachstum schrumpft, aktuell stagnieren wir, und die Regierung rechnet mit 0,2 Prozent Wachstum. Damit sind wir fast Schlusslicht in der Europäischen Union.[29]

Auch die Bildung im Land der Dichter und Denker bereitet mir Sorgen. Was passiert da? Kümmern wir uns in diesem Bereich um die wirklich wichtigen Dinge? Sollten wir nicht unsere Energie darauf verwenden, das Wissen um unsere gemeinsame Geschichte und davon ausgehend das Geschichtsbewusstsein zu stärken? Nur wenn wir wissen, woher wir kommen, warum es zwei deutsche Länder nach 1945 gab und wie unterschiedlich sich diese Länder entwickelten, kann man junge Menschen aufklären und sie vor Falschinformationen aus den Netzwerken unserer Zeit schützen.

Das Außenministerium wirbt in den sozialen Netzwerken für die doppelte Staatsbürgerschaft. Werbung für unser Land, in dem die Menschenrechte garantiert werden und der Sozialstaat sich um alle kümmert – erst mal ist das eine gute Sache. Doch wer kommt da zu uns? Wie integrieren sich diese Menschen – und wie können wir ihnen dabei helfen? Wie sehen die Leitplanken aus, an denen entlang sich das Miteinander entwickelt? Ich finde es wichtig, sich darüber Gedanken zu machen und vor allem Taten folgen zu lassen. Und dabei auch vor dem Begriff der Leitkultur nicht zurückzuschrecken.

Das große Thema Klimawandel wird viel diskutiert, dennoch geschieht zu wenig. Junge Menschen haben Angst vor der Zukunft, werfen uns Älteren vor, wir hätten den Planeten kaputt gemacht. Achten sie in ihrer berechtigten Sorge genug auf den Respekt vor den Generationen ihrer Großeltern und Eltern, die den Wohlstand, in dem sie aufgewachsen sind, erst möglich gemacht haben?

Hier und an vielen anderen Stellen denke ich, wir reden einfach zu viel übereinander und zu wenig miteinander. Das gilt auch für unsere jetzige Regierung, die ich für die schlechteste seit der Wiedervereinigung halte. Unsere Politiker müssen Probleme im Land klar benennen und sich damit ehrlich auseinandersetzen, ohne Eiertänze und leichtfertige Verurteilungen. Wir müssen politische und parteiliche Machtkämpfe in einer offenen, ehrlichen, respektvollen Diskussion führen. Toleranz und Meinungsfreiheit sind die Zauberworte. Akzeptanz von Kritik und klares Benennen der Probleme, die wir tagtäglich in unserem Leben spüren.

Ich reise viel durch Deutschland und denke immer wieder: Was für ein schönes Land ist das! Ein gutes Land mit einer wunderbaren Sprache und zauberhaften Landschaften. Ein Land, in dem es uns im Vergleich zu den meisten Ländern auf der Erde geradezu unfassbar gut geht. Es lohnt sich doch wirklich, das alles zu erhalten! Nicht nur Regierungen und Politiker, auch wir Bürger haben dabei große Aufgaben. Wir müssen uns einmischen und selbstbewusst auftreten, zur Wahl gehen, uns einbringen! Dazu gehören Zivilcourage und Mut.

Erinnern, Geschichtsbewusstsein, Erfahrungen der vorherigen Generationen prägen unser Denken und Handeln. Wenn wir nur oberflächliches Wissen von der Geschichte abspeichern, wenn wir nichts aus ihr lernen, dann verfallen wir in alte Muster.

Die persönlichen Erzählungen, Erfahrungen und Erlebnisse sind es, die uns zuhören lassen, verstehen lassen und uns bereichern. Aufgeschrieben in Büchern – wie in diesem hier – oder wie sie in meinem Beruf in Filmen gezeigt und auf den Theaterbühnen erzählt werden.

Wir sollten einander zuhören, bestimmt von einer freundlichen Grundhaltung und egal, wo: im Plenarsaal des Bundestages, in Veranstaltungen, im Theater oder Kino, am Küchentisch oder auch bei einer zufälligen Begegnung auf einer Parkbank. »Gehorcht der Zeit und dem Gesetz der Stunde«, sagt Maria Stuart in dem gleichnamigen Theaterstück von Friedrich Schiller.[30]

2024
Wünsche zum 35. Jahrestag des Mauerfalls

Was wünsche ich mir zu diesem Jahrestag?

Erinnerung, Respekt und Anerkennung für die Leistung und den Mut vieler ehemaliger DDR-Bürger. Verständnis für die unterschiedlichen Lebensläufe in diesem Deutschland. Viele Ostdeutsche haben nach der Wiedervereinigung ihr Leben komplett umkrempeln müssen, wurden von Westdeutschen besserwisserisch belehrt, arbeiten in manchen Regionen im Osten immer noch für weniger Geld. Dass endlich Schluss ist mit Äußerungen wie der des Springer-Chefs Mathias Döpfner im Jahr 2023: »Die Ossis sind entweder Kommunisten oder Faschisten. Dazwischen tun sie es nicht.«[31] Es dreht mir den Magen um, wenn ich so etwas lese. Dass wir es vielleicht endlich in den paar Jahren bis zum 40. Jubiläum der Wiedervereinigung (so lange gab es die DDR) schaffen, die unsäglichen »Ossi-und-Wessi-Bezeichnungen« nicht mehr zu benötigen.

Die nächste Generation kennt unser Leben ja auch nur noch aus Erzählungen. Aber gegen das Vergessen und für unsere gemeinsame Zukunft sind diese Erinnerungen an ein Land, mein Land, in dem ich aufgewachsen bin, wichtig, um zu verstehen, warum wir eben doch anders sind und uns in diesem Deutschland stark machen für Demokratie und eher auf die Straßen gehen und »kämpfen«. Dass Mathias Döpfner dann vielleicht die Größe hat zu sagen: »Toll, was wir von den Ossis lernen konnten, das tut unserer Demokratie gut.«

Wir haben diese Ostmentalität und bringen sie ein in unserem Land, in dieses schöne Deutschland, und das ist gut so.

Mein Bruder hat ein wunderbares Lied dazu geschrieben, und damit möchte ich meine Erlebnisse, meine Gedanken zu unterschiedlichen Zeiten in meinem Leben, mein Verständnis von Politik, meinen Einblick in mein Ost-West-Dasein beschließen:

Vertane Jahre, die verloren sind
Zählt man nicht nach wie Geld.
Das Land in dem ich geboren bin
Liegt nicht mehr auf dieser Welt.

Eine fremde Stadt hieß damals noch Leningrad,
Und das Meer hieß einfach Meer,
Und das Wasser kochte erst bei 100 Grad,
Und der Wein war viel zu süß und schwer.

Der Wind, der dir damals die Haare zerzaust,
Hat mehrmals die Erde umkreist.
Das Zimmer, in dem wir drei Jahre gehaust,
Liegt wie ausgebombt und verwaist.

Die Straße, in der wir uns plötzlich gesehn,
Trägt längst einen anderen Namen.
Die Freunde, die hochmütig von uns gehen,
Warn andre, als sie zu uns kamen.

Das Auto, mit dem wir ans Meer gefahrn,
Das rostet auf einem Schrotthaufen.
Was wir uns erträumt in all den Jahrn,
Das kann man uns nicht abkaufen.

Das utopische Lächeln in deinem Gesicht,
Das hätte es sonst nicht gegeben,
Ein falsches Leben gibt es nicht,
es gibt nur den Tod oder Leben.

Vertane Jahre, die verloren sind
Zählt man nicht nach wie Geld.
Das Land, in dem ich geboren bin,
Liegt nicht mehr auf dieser Welt.[32]

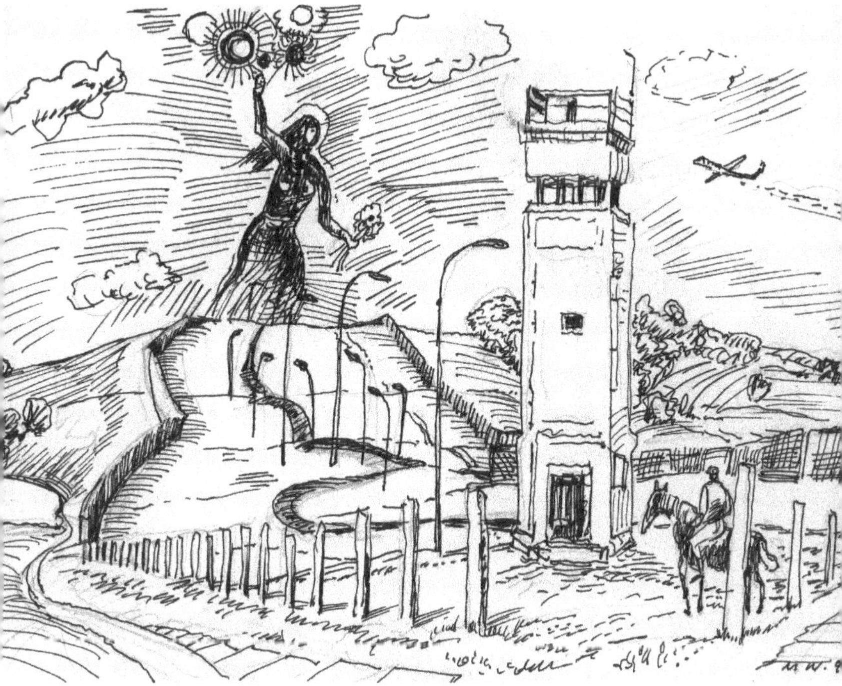

»Vision bei Schildow«, 1990, nach Mattheuer-Zitat,
Ideenskizze, Manfred Wenzel

Dank

Es gibt sie, diese Etappen im Leben, diese Orte, die immer wieder auftauchen und prägend für mich waren und sind.

LEIPZIG, hier habe ich studiert, hier war ich zwölf Jahre festes Ensemblemitglied am Leipziger Schauspielhaus, hier habe ich all die ersten Erfahrungen für meinen Beruf sammeln können, meine beruflichen Erfolge gefeiert. Hier habe ich mich politisch eingemischt und engagiert, hier war ich bei der friedlichen Revolution im Herbst 1989 mittendrin dabei, hier habe ich zwölf Jahre in der ARD-Erfolgsserie *In aller Freundschaft* mitgespielt, und jetzt erscheint mein Buch beim Droemer Knaur Verlag, der in Leipzig gegründet wurde.

Ich danke dem Verlag für das Vertrauen und die Bereitschaft, diese persönlichen Zeitdokumente, diese persönlichen Gedanken im 35. Jahr des Mauerfalls zu veröffentlichen. Julia Gommel-Baharov, Markus Röleke und viele andere im Verlag an meiner Seite zu wissen, zu erleben, dass sie meine Vorstellungen und Wünsche unterstützten, das war wunderbar. Den Besuch im Verlagshaus in München, das Kennenlernen der freundlichen Mitarbeitenden dort werde ich als gute Erinnerung behalten.

Ich danke ganz besonders meiner Lektorin Ulrike Strerath-Bolz für die vielen Gespräche, Diskussionen und das Nachfragen, für unsere vielen Videokonferenzen, die ich am Anfang furchtbar »technisch« fand (inzwischen bin ich ein Fan dieser Art von Kommunikation). Egal, wo ich gerade war, ob zu Dreharbeiten, Lesungen, zum Theaterspielen in NRW, in Tschechien, Teneriffa, auf Mallorca, in Born auf dem Darß oder zu Hause in Berlin: Wir konnten uns sehen und reden, und Ulrike hat mir Mut gemacht, auch in den Phasen des Zweifelns, dranzubleiben an diesem Buch, an meiner Idee und der neuen Erfahrung des Schreibens. Ihr Satz »Man muss Zeit haben, um sich denken zu hören« hat mich bei dieser langen Arbeit begleitet, und jetzt weiß ich, dass es gut war, mir diese Zeit zu nehmen. Ulrike Strerath-Bolz war, als »Wessi», seit Anfang der Achtzigerjahre immer wieder in Leipzig, und so konnte sie mir in meinen Gedankenwegen folgen. Danke, liebe Ulrike, ich bin glücklich, dass wir uns durch diese Arbeit begegnet sind.

Ein großer Dank geht auch an meine Presseagentin Daniela Reineke, die mich zu diesem Projekt ermutigte, überzeugte und bei der Realisierung durch den Verlag half.

Ich danke meinem Mann für seine Geduld, die intensiven Gespräche über die DDR-Zeit, das monatelange Ertragen meiner vielen Kisten und Hefter mit Tagebüchern und gesammeltem Material der letzten Jahrzehnte, die sich großzügig in unserer Wohnung verteilten.

Großer Dank gilt meiner wunderbaren Familie, besonders meinem Bruder Hans-Eckardt für die Erlaubnis zur Veröffentlichung seiner Liedtexte und seiner Frau Tilla, meiner Schwester Sylvia und meinem Schwager Wilfried, meinen Schwestern Monika und Cornelia für die guten Gespräche.

Ein Dankeschön auch an die Enkeltochter meines Mannes, Helena, meine Freundinnen und Freunde Wolfgang T., Ulrike T., Kerstin H.-R., Daniela H., Sandra B., Gerlinde G., meine Studienkollegin Silke M., meine ehemaligen Agentinnen G. Tatsch und A. Reuter und meine Agentin G. Gwisdek und meine Trainerin W. Pöhlitz für die Gespräche und Erinnerungen.

Herzlichst Danke für die Unterstützung beim Bildmaterial an Udo Lindenberg, Erwin Schneider, Peter Bischoff, M. Knickriem, B. E. Volkmer, Elly Schneider, Sandra Ehle, Oliver Durek und Coppy Robby. Danke an meine lieben Schauspielkollegen von »Alle unter einer Tanne«, Urs Schleiff, Monika Reithofer, Daniela Wutte, Frank Habatsch, Armin Riahi und Johanna Paliatsou. Großer Dank an all die lieben Freunde und Bekannten, denen ich von meinem Buchvorhaben erzählte und die mir Mut machten, dranzubleiben an meinen Geschichten.

Im Frühjahr 2023 habe ich mit meinem Buch begonnen, ein Jahr später liegen nun die Seiten vor mir. Ein schönes Gefühl, eine neue Erfahrung! Zum 35. Jahrestag des Mauerfalls wird es in den Buchhandlungen liegen, und ich hoffe, dass sich viele Leserinnen und Leser dafür interessieren.

Berlin, im Mai 2024

Vita Claudia Wenzel

Geboren in Lutherstadt Wittenberg, 1959

ELTERN:
Kunsterzieher und Maler Manfred Wenzel, 1934–2020
Lehrerin und Erzieherin Nelly Wenzel, geb. Amler 1929–2012
NOCH VIER GESCHWISTER:
Lyriker, Musiker und Regisseur Hans-Eckardt Wenzel, geb. 1955
Schach-Weltmeisterin und Diplom-Finanzwirtin Sylvia Wolf, geb. 1962
Die Zwillinge Monika Ehrlich (Unternehmerin) und Cornelia Wegner (Lehrerin), geb. 1964

Beruflicher Werdegang

1978 Abitur an der EOS »Philipp Melanchthon« in Wittenberg
1978–1982 Theaterhochschule »Hans Otto« in Leipzig
Abschluss als Diplom-Schauspielerin
1984–1985 Musikschule Leipzig
1982–1994 Schauspielhaus Leipzig in festem Engagement
Gast an der Musikalischen Komödie
Gast am Maxim-Gorki-Theater Berlin
Gast am Gewandhaus Leipzig
1995 Gast am Renaissance-Theater Berlin
2002 Tourneetheater Kempf
2005/6, 2013 Tourneetheater Landgraf
2016, 2018/19 Tourneetheater Landgraf

Wichtigste Theaterrollen

1980

»Tagebuch der Anne Frank«, Rolle: Margot Frank
»Antigone«, Rolle: Chor

1981

»Faust I«, Rolle: Gretchen
»Von einem, der auszog, das Fürchten zu lernen«, Musical, Rolle: Räubermädchen Cilly

1982

»Faust II«, Rollen: Gretchen, Sphinx, Trojanerin
»Peer Gynt«, Gewandhaus, unter der Regie von Kurt Masur, Rolle: Anitra

1983

»Rockballade«, Musical, Rolle: Sängerin
»Raub der Sabinerinnen«, Rolle: Marianne
»Bruder Eichmann«, Rolle: Irmgard Möller
»Antigone«, Rolle: Ismene
»Nathan der Weise«, Rolle: Sittah
»Der Teufel mit den drei goldenen Haaren«, Rollen: Königin, Räuberin

1984

»Drei Schwestern«, Rolle: Mascha
»Diener zweier Herren«, Rolle: Clarice
»Der Fall«, Rolle: Evi

1985

»Der Widerspenstigen Zähmung«, Rolle: Bianca
»Teamwork«, Rolle: Susn

1986

»Meister und Margarita«, Rolle: Hexe Hella
»Carmagnole«, Musical, Rolle: Colette
»Der Tag zieht den Jahrhundertweg«, Rollen: Saripa, Begimai

»Hahn im Korb«, Rolle: Lucienne
»Julius Cäsar«, Rolle: Porcia

1987

»Die alte Frau brütet«, Rolle: Mädchen
»Mephisto«, Rolle: Nicoletta von Niebuhr
»Sicheloperette«, Projekt der freien Theatergruppe KARLS ENKEL, als Gastrolle: Tiffany von Monaco
»Majakiade«, Rolle: Veronika

1988

»Frauen vor Flusslandschaft«, Rolle: Eva Kreyl-Plint
»Kaufmann von Venedig«, Rolle: Nerissa
»Neapolitanische Hochzeit«, Rolle: Diana

1989

»Purpurstaub«, Rolle: Averil
»Selbstmörder«, Rolle: Kleopatra
»Heinrich der IV«, Rolle: Lady Percy
»Nackter Wahnsinn«, Rolle: Poppy
»Aus dem Leben der Regenwürmer«, Rolle: H. L. Heiberg
»Sugar«, Musical nach dem Film
»Mache mögen's heiß«, Musikalische Komödie, Gastrolle: Sugar

1990

»Das Lügenmaul«, Rolle: Rosana
»Die Station«, Rolle: Käutzchen
»Ich möchte so gern …«, Erotikabend, Rolle: Frau

1991

»Shite Samurai«, Rolle: Ado
»Das Spiel von Liebe und Zufall«, Rolle: Lisette
»Nehmt nur mein Leben«, Hommage à Marlene Dietrich, EIGENPRODUKTION
»Mein Kampf«, Rolle: Frau Tod

1992

»Savannah Bay«, Rolle: junge Frau

»Geschichten aus dem Wiener Wald«,
Rollen: Baronin, Tante
»Boulevard of Broken Dreams«,
Marilyn Monroe, Musical für eine Schauspielerin,
EIGENPRODUKTION
»Loriot-Abend«, verschiedene Rollen
»Die Besessene«, Rolle: Lehrerin

1993

»Bernada Albas Haus«, Rolle: Prudencia

1995

Renaissance-Theater
»Alle Reichtümer der Welt«, Rolle: Sara Harford

2001/ 2002

»Blue Room«, Theatertournee nach Artur
Schnitzlers »Reigen«, mehrere Rollen

2003

»Jedermann«, Festspiele Heppenheim,
Rolle: Buhlschaft

2003/2004

»Kohlenpaul«, Winterhuder Fährhaus Hamburg

2005/2006

»Ein später Gast«, Theatertournee

2010

»Kundendienst«, Komödie Dresden, vier Frauenrollen

2011

»Kundendienst«, Winterhuder Fährhaus Hamburg

2013

»Kundendienst«, Theatertournee

2015

»Ein Sommernachtstraum«, Rollen: Hippolyta,
Titania

2016

»Wanja, Sonja, Mascha und Spike«, Theatertournee,
Hauptrolle: Mascha

2018/19

»Wunschkinder«, Theatertournee, Rolle: Bettine

2019–2024

»Alle unter eine Tanne«, Köln/Düsseldorf/München/ Neuwied, Hauptrolle: Elli Berger

Film und TV, eine Auswahl:

Hauptrollen oder durchgehende Rollen

Kino-Film »Schwierig sich zu verloben« 1983
DDR-Fernsehserie »Zahn um Zahn« 1986–1988
ZDF-Serie »Unser Lehrer Dr. Specht« 1992–1999
ORF-Serie »Lieben wie gedruckt« 1994–1995
RTL-Serie »Dr. Stefan Frank – der Arzt, dem die Frauen vertrauen« 1995–2001, 105 Folgen
ARD-Serie »Klinik unter Palmen« 1996
SAT-1-Serie »Parkhotel Stern« 1998–1999
ARD-Telenovela »Sturm der Liebe« 2005/2006, 110 Folgen
ARD-Serie »In aller Freundschaft« 2008–2022
ZDF-Serie »Der Bergdoktor« 2021/2023, 17 Folgen

Gastrollen u.a. im *Tatort, Polizeiruf 110, Soko Leipzig, Soko Wismar, Soko Stuttgart, Soko Köln, Soko München, Fröhlich geschieden, Die Küstenwache, Mord in bester Gesellschaft, Rosa Roth,* Pilcher-Verfilmung usw.

Talkshows u.a.: Pyramide, Dingsda, Karl Dall Show, Versteckte Kamera, Hier ab Vier, Riverboat, Hier und Heute, Volle Kanne, Morgenmagazin, RBB Magazin usw.

Schauspielagentur: GWISDEK die agentur
Presseagentur: Reineke-Partner GmbH
Claudia Wenzel: cwmanagement.berlin@gmail.com

Anmerkungen

1 Ausschnitte aus dieser Botschaft sind in mehreren Quellen zu finden, vgl. Florian Fischer: Völkermord: Armenier – Sudetendeutsche – Im Schicksal gleich. Sudetenpost. 21.02.2008. URL: www.sudeten post.eu/Archiv/2008/4.pdf, Abrufdatum: 10.06.2024.

2 Becher, Johannes R.: Der an dem Schlaf der Welt rührt – Lenin. (1929) Musik: Hanns Eisler (1953)

3 Tschechow, Anton; Knipper, Olga: Mein ferner lieber Mensch: Liebesbriefe. Berlin: S. Fischer, 1998.

4 von Weizsäcker, Richard: Rede zur Gedenkveranstaltung im Plenarsaal des Deutschen Bundestages zum 40. Jahrestag des Endes des Zweiten Weltkrieges in Europa. 08.05.1985. URL: https://www.bundespraesident.de/SharedDocs/Reden/DE/Richard-von-Weizsaecker/Reden/1985/05/19850508_Rede.html, Abrufdatum: 11.06.2024.

5 Tschechow, Anton: Drei Schwestern: Drama in vier Akten. Übersetzt und herausgegeben von Peter Urban. Zürich: Diogenes, 1999.

6 Vgl. Grunert, Brigitte: Berliner Chronik 8. April 1987. Tagesspiegel. 08.04.2012. URL: https://www.tagesspiegel.de/berlin/8-april-1987-2060224.html, Abrufdatum 11.06.2024.

7 Nationalhymne der DDR, »Auferstanden aus Ruinen«. Text: Johannes R. Becher, Musik: Hanns Eisler. Erscheinungsjahr: 1949

8 Kramer, Theodor: Andre, die das Land so sehr nicht liebten, aus: Theodor Kramer: Gesammelte Gedichte in 3 Bänden. Herausgegeben von Erwin Chvojka. Band 1. Paul Zsolnay Verlag, Wien. 1997 u. 2005, S. 369.

9 Schatrow, Michail F.: Blaue Pferde auf rotem Gras. Drama. 1979.

10 Schefke, Siegbert: Schlüsselmoment der Geschichte: Der 9. Oktober 1989 in Leipzig. Deutschland Archiv. Bpb. 09.10.2023. URL:

https://www.bpb.de/themen/deutschlandarchiv/297873/schluesselmoment-der-geschichte-der-9-oktober-1989-in-leipzig/, Abrufdatum: 01.07.2024.

11 Kellerhoff, Sven Felix; Keil, Lars-Broder: Seine sonore Stimme verhalf der Friedlichen Revolution zum Sieg. Welt. 09.10.2021. URL: https://www.welt.de/geschichte/kopf-des-tages/article234287740/Kurt-Masur-Die-Leipziger-Stimme-der-Friedlichen-Revolution.html, Abrufdatum: 11.06.2024; Häfner, Falk: Wie Kurt Masur zum Helden der Friedlichen Revolution wurde. BR Klassik. 08.10.2019. URL: https://www.br-klassik.de/aktuell/news-kritik/kurt-masur-aufruf-friedliche-revolution-konzert-100.html, Abrufdatum: 11.06.2024.

12 Häfner, Frank: Wie Kurt Masur zum Helden der Friedlichen Revolution wurde. BR-Klassik. 08.10.2019. URL: https://www.br-klassik.de/aktuell/news-kritik/kurt-masur-aufruf-friedliche-revolution-konzert-100.html, Abrufdatum: 03.07.2024.

13 Resolution von Mitarbeitenden des Staatsschauspiels Dresden. 06.10.1989. URL: https://www.ddr89.de/texte/erklaerung25.html, Abrufdatum: 13.06.2024.

14 Hein, Christoph: Rede am 04.11.1989. URL: https://www.dhm.de/archiv/ausstellungen/4november1989/hein.html, Abrufdatum: 13.06.2024.

15 Wenzel, Manfred: Totale Demokratie – Potsdamer Platz. Text zum Gemälde. September 2009. URL: http://manfredwenzel.info/bilder/bilder_mauer2.html, Abrufdatum: 13.06.2024.

16 Müller-Stahl, Armin: Verordneter Sonntag. Berlin: Aufbau Taschenbuch, 2010.

17 Lutherstadt Wittenberg. Bevölkerung 1989 u. 2023. URL: https://genesis.sachsen-anhalt.de/genesis/online?operation=abruftabelleBearbeiten&levelindex=2&levelid=1718279602168&auswahloperation=abruftabelleAuspraegungAuswaehlen&auswahlverzeichnis=ordnungsstruktur&auswahlziel=werteabruf&code=12411-0001&auswahltext=&werteabruf=Werteabruf#abreadcrumb, Abrufdatum: 13.06.2024.

18 Wikana Keks und Nahrungsmittel GmbH. Historie. URL: https://www.wikana.de/historie.html, Abrufdatum: 11.06.2024.

19 MDR Geschichte: DDR und BRD im Vergleich: Gleichberechtigung der Frau. MDR. URL: https://www.mdr.de/geschichte/ddr/alltag/familie/gleichberechtigung-mann-frau-ost-west-loehne-renten-100.html, Abrufdatum: 11.06.2024.

20 Bundeszentrale für politische Bildung: 8. März: Internationaler Frauentag. bpb kurz & knapp. 05.03.2020. URL: https://www.bpb.de/kurz-knapp/hintergrund-aktuell/287033/8-maerz-internationaler-frauentag/, Abrufdatum: 11.06.2024.

21 Der Spiegel: So isser, der Ossi. Nr. 35/ 23.08.2019. URL: https://www.spiegel.de/spiegel/print/index-2019-35.html, Abrufdatum: 11.06.2024.

22 Petschow, Annabelle: Freie Volkskammerwahl, in: Lebendiges Museum Online, Stiftung Haus der Geschichte der Bundesrepublik Deutschland, URL: https://www.hdg.de/lemo/kapitel/deutsche-einheit/weg-zur-einheit/freie-volkskammerwahl.html, Abrufdatum: 11.06.2024.

23 Wenzel, Manfred: Mauerbilder. Text zu den Gemälden. 2000. URL: http://manfredwenzel.info/bilder/bilder_mauer.html, Abrufdatum: 13.06.2024.

24 Vgl. Heimat- und Museumsverein für Northeim und Umgebung. Website. URL: https://www.hmv-northeim.de/heimatmuseum.html, Abrufdatum: 11.06.2024.

25 ARD-DeutschlandTrend: AfD erreicht neuen Höchstwert. 03.08.2023. URL: https://www.tagesschau.de/inland/deutschlandtrend/deutschlandtrend-3388.html, Abrufdatum: 11.06.2024.

26 Vgl. Habeck, Robert: Patriotismus: Ein linkes Plädoyer. München, Gütersloh: Gütersloher Verlagshaus, 2010.

27 Tagesspiegel: Die Bären-Jury der Berlinale. 15.02.2024. URL: https://www.tagesspiegel.de/kultur/die-baren-jury-der-berlinale-die-berlinale-kann-funf-afd-politiker-aushalten-11215855.html, Abrufdatum 05.06.2024.

28 Brecht, Bertolt: Wahrnehmung. (1949), in: Brecht, Bertolt: Werke. Große kommentierte Berliner und Frankfurter Ausgabe. Band 15. Gedichte. Frankfurt, Berlin: Aufbau-Verlag, Suhrkamp, 1993.

29 Vgl. Statista: Prognosen zur Entwicklung des realen Bruttoinlandsprodukts (BIP) in Deutschland für die Jahre 2024 und 2025. URL: https://de.statista.com/statistik/daten/studie/73769/umfrage/prognosen-zur-entwicklung-des-deutschen-bip/, Abrufdatum: 11.06.2024; Vgl. Tagesschau: EU-Kommission senkt Konjunktur prognose ab. 15.05.2024. URL: https://www.tagesschau.de/wirtschaft/konjunktur/konjunkturprognose-europa-abgesenkt-deutschland-100.html, Abrufdatum: 11.06.2024.

30 Schiller, Friedrich: Maria Stuart. Ein Trauerspiel in fünf Aufzügen. 1809.

31 Gilbert, Cathrin; Stark, Holger: Mathias Döpfner »Aber das ist dennoch die einzige Chance, um den endgültigen Niedergang des Landes zu vermeiden«. Die Zeit Nr. 16/2023. 13.04.2023. URL: https://www.zeit.de/2023/16/mathias-doepfner-axel-springer-interne-dokumente, Abrufdatum: 11.06.2024.

32 Wenzel, Hans-Eckardt: Leningrad [Liedtitel], aus: Traurig in Sevilla [Album], 1998, Buschfunk.

Bildnachweis

Textteil

S. 5 Schneider-Press / Erwin Schneider; S. 53, 126, 130, 165, 179, 221 Manfred Wenzel, CWManagement / Claudia Wenzel; S. 140 Franz Josef Rüdel, Fimpostkartenverlag, Foto: Jutta Schwöbel; S. 170 Gestaltung: Claudia Wenzel, Sandra Ehle; alle anderen Bilder: Archiv Claudia Wenzel

Tafelteil

1–13, 15, 20–22, 25 Archiv Claudia Wenzel; 14 DEFA-Stiftung / Klaus Goldmann, Wolfgang Bangemann; 16 Leipziger Schauspielhaus / Foto Helga Wallmüller; 17 Heinrich Pawlick; 18 Schauspielhaus Leipzig / Helga Wallmüller; 19 Getty Images / Peter Bischoff; 23 Schneider-Press / Erwin Schneider; 24 MDR / ARD / Sebastian Kiss

LAURA KARASEK • ARMGARD KARASEK

Das Gespräch unseres Lebens

Ein aufrichtiges Mutter-Tochter-Buch

Ein Gespräch über Höhen und Tiefen in der Liebe und im Beruf, über Macht und Ohnmacht, über die Bedeutung von Familie und Abschied, das alle Mütter und ihre Töchter führen sollten! Was war bisher wichtig in unserem Leben? Welche Träume haben sich erfüllt? Was wünschen wir unseren Kindern?

Die Beziehung zur Mutter ist prägend. Wir wenden uns von ihr ab, sehnen uns nach ihr, brauchen sie. Die Moderatorin und Autorin Laura Karasek und ihre Mutter, die Literaturkritikerin Armgard Karasek, werfen in diesem Buch einen Blick auf die ganz großen Themen. Aus der Perspektive zweier unterschiedlicher Generationen sprechen sie über das Leben als Frau, als Mutter, als Tochter, als Liebhaberin, als Freundin, als Anwältin, als Journalistin, als Teenager, als Witwe.

Berührend offen, mitunter schonungslos, aber immer liebevoll und selbstironisch stellen sich die beiden Frauen in einem unterhaltsamen und intimen Dialog jenen Fragen, die uns alle bewegen.

»Dieses Buch enthält alle relevanten Buchstaben, Satzzeichen und Gefühle.« *Laura Karasek*

»Dieses Buch ist für alle, die eine Mutter haben!« *Armgard Karasek*

KNAUR